# LES GROUPES EN CRISE ?

## Eléments pour une étude comparée des problèmes de la psychosociologie d'expression française

Le texte de ce volume a donné matière à une thèse de doctorat en psychologie, qui a été présentée à l'Université de Montréal en 1979.

*PSYCHOLOGIE ET SCIENCES HUMAINES*

**Roger Rondeau**

# les groupes en crise?

## Eléments pour une étude comparée des problèmes de la psychosociologie d'expression française

PIERRE MARDAGA, EDITEUR
2, GALERIE DES PRINCES, BRUXELLES

Pierre Mardaga, éditeur
37, rue de la Province, 4020 Liège
2, Galerie des Princes, 1000 Bruxelles
D. 1980-0024-8
I.S.B.N. 2-87009-124-9
Printed in Belgium

A Doris GAUTHIER :

sans son soutien attentif, ce travail n'aurait pas pu être mené à son terme.

L'auteur désire remercier également le Conseil des Arts du Canada qui, en lui accordant une bourse de perfectionnement en 1974-75 et en 1975-76, lui a permis de commencer sa recherche.

# Introduction

Pour situer avec plus de précision l'origine et les objectifs de la présente recherche, l'auteur a l'audace (ou la naïveté ?) de penser que, sans tomber pour autant dans le style anecdotique, dans le récit subjectif ou dans la confidence indiscrète, il lui serait plus facile, même si «le moi est haïssable» [1], d'éclairer son intention et ses buts en s'impliquant de façon directe, au moins dans les pages de cette introduction. Il pourrait plus aisément faire saisir au lecteur le dessein qui l'a guidé en replaçant ce travail dans le contexte de son évolution personnelle et dans le cadre général des expériences qu'il a vécues [2].

Pendant quatorze années (1956-1970), j'ai eu à occuper dans deux diocèses de l'Eglise catholique de France (le diocèse de Luçon de 1956 à 1969, le diocèse de Créteil en 1969-1970) des postes qui se situaient à un niveau de responsabilité assez élevé. J'ai eu à animer, à diriger, à orienter un certain nombre d'organismes et de mouvements, pour jeunes et pour adultes, à l'intérieur des structures officielles de l'Eglise, dans le cadre de ce qu'on appelait alors «les oeuvres catholiques»: mouvements éducatifs et culturels, groupes de formation et de réflexion, école chrétienne, catéchèse, enfance déficiente, mouvements d'enfants, associations de parents, action catholique, paroisse, loisirs, etc. A ce titre, j'ai eu à m'intéresser à tout ce qui concernait les méthodes de groupe. Entre 1961 et 1966, j'ai découvert la «dynamique des groupes» et la «non-directivité». C'était l'époque où, en France, on s'enthousiasmait , dans les milieux chrétiens les plus ouverts, pour la «pastorale d'ensemble» et le renouveau des méthodes catéchétiques, où l'on commençait à lire les premières traductions de Carl Rogers et les premiers commentaires en français sur sa pensée et ses orientations, où l'on faisait, avec une ferveur naïve, un amalgame confus de «valeurs humaines et chrétiennes» dans lequel se retrouvaient pêle-mêle la compréhension empathique, le sens du dialogue, l'inspiration non directive, l'ouverture oecuménique, l'acceptation inconditionnelle, la rencontre de l'autre.

Le Concile Vatican II fut reçu comme un courant d'air bienfaisant, qui chassait hors de la vieille bâtisse de l'Eglise les miasmes stagnants de la Contre-Réforme et des condamnations anti-modernistes. Un peu plus tard, la révolte étudiante et les événements de mai 1968 allaient provoquer un choc profond: un changement important dans le domaine des mentalités et des comportements, qui atteindrait l'Eglise comme les autres insitutions, comme l'Etat et comme l'Université. L'ouverture devenait contestation; l'évolution devenait révolte.

Lorsque, en 1971, j'ai entrepris d'acquérir, par les études et par le travail, une qualification professionnelle dans le domaine de la psychologie, après avoir renoncé à l'exercice de toute responsabilité en contexte ecclésial ou confessionnel, et après avoir pris un emploi qui m'apportait enfin un salaire lié uniquement à des tâches dites «profanes», je me suis trouvé plongé, à Paris, dans un milieu universitaire bouillonnant, politisé, imprévisible, où le concept d'autorité était remis en cause, où les professeurs ne pouvaient plus s'imposer par le prestige de leur titre ou de leurs fonctions. Les cours magistraux, dévalorisés, cédaient de plus en plus la place aux séances collectives de «travaux pratiques» ou de «travaux dirigés». Les étudiants, qui avaient pris la parole en 1968 comme le peuple de Paris avait pris la Bastille en 1789[3], se défiaient cependant de la magie du verbe. Le discours ne leur suffisait pas pour que change la vie. Ils voulaient, dans les actes et dans la réalité concrète, que croulent tous les tabous: ceux des dogmes, du sexe, de l'argent, de la course à l'abondance, de l'obéissance passive, de la supériorité des «mandarins».

Dans cette ambiance, mes intérêts pour les travaux de groupe, pour les échanges communautaires, pour les perspectives d'un changement social voulu et assumé par la collectivité se sont précisés et accrus. Au printemps 1973, à l'occasion d'une recherche sur la psychothérapie de groupe, j'ai été amené à recueillir pour la première fois des informations sur les nouvelles méthodes de thérapie inspirées de Reich, de Lowen ou de Perls. Quelques mois plus tard, à l'Université Paris VII (Censier), où la direction affichait, en psychologie, une stricte orthodoxie freudienne, j'ai proposé la création d'un groupe de travail qui prendrait comme thème de sa recherche: «les nouvelles formes de thérapie de groupe et les techniques de développement du potentiel humain». Grâce à l'aide de Rémi Hess et de Peter Bruce, tous deux chargés de cours à l'Université de Vincennes, ce groupe put fonctionner de janvier à juin 1974 non seulement comme groupe de réflexion théorique et de confrontation, mais surtout comme groupe de rencontre et d'expérimentation bio-énergétique[4].

Entre temps, pour essayer d'approfondir une spécialisation en psychologie clinique et en psychothérapie, j'avais sollicité et obtenu une bourse du Conseil des Arts du Canada, pour aller préparer le Doctorat en psychologie à l'Université de Montréal. J'étais attiré par une recherche sur les pratiques de groupe, sans avoir déterminé au préalable de façon très précise le point d'impact d'une telle recherche. Je souhaitais profiter d'un séjour outre-Atlantique pour étudier de plus près, dans le contexte social et culturel nord-américain, l'origine et l'évolution des différentes techniques, depuis le T-group de Bethel, inspiré par Lewin, jusqu'au foisonnement des méthodes à l'Institut Esalen, sans oublier les travaux des disciples de Moreno à l'Institut de Beacon, ou les recherches du Centre d'Etude pour la Personne auxquelles participe Rogers à La Jolla en Californie.

Mes ambitions étaient vastes ! Le réalisme m'a contraint à les modérer ... En particulier, mes limites dans la connaissance et le maniement de la langue anglaise m'ont obligé à me cantonner principalement, depuis mon arrivée au Canada, dans des lectures de textes rédigés ou traduits en français et dans des contacts en milieu francophone québécois. Mais j'ai apprécié l'originalité inégalable et la richesse culturelle de ce milieu québécois, où, en raison de l'histoire, de la situation linguistique et de la géographie, on est attiré à la fois par les modèles américains et par les modèles européens, où l'on est séduit en même temps par la culture des Etats-Unis et par celle de la France, et où cette séduction n'empêche pas de développer une culture propre et des traits spécifiques. Nulle part ailleurs mieux qu'au Québec les caractéristiques diverses et les apports variés des « Vieux Pays » et du « Nouveau Monde » ne se rejoignent avec autant d'intensité; nulle part ailleurs on ne perçoit aussi nettement ce qui les sépare, mais aussi leur complémentarité et leurs capacités d'enrichissement réciproque.

De telles considérations ne sont pas aussi éloignées qu'on pourrait le penser du thème essentiel de cette introduction. Elles expliquent, en effet, comment j'ai été amené à réfléchir aux problèmes posés par l'évolution des groupes des deux côtés de l'Atlantique : en Europe et au Québec. Mon origine et mes expériences passées m'avaient sensibilisé à la situation des groupes en France, aux controverses théoriques et aux différents types de pratiques qui s'y développent. Mon insertion récente au Québec, les rencontres que j'y ai faites, les amitiés que j'y ai nouées m'ont permis de découvrir qu'un certain nombre de problèmes du même ordre existent également sur les rives du Saint-Laurent. Ils ne sont peut-être pas totalement identiques, et leur intensité, plus ou moins grande, n'est pas forcément la même que celle des problèmes vécus en France; mais il m'a semblé qu'il pourrait être intéressant d'établir un parallèle entre les deux situations, de faire un bilan des convergences et des divergences, pour essayer de mieux apprécier l'influence relative des contextes culturels et politiques dissemblables, et pour voir quelle importance peut avoir la proximité géographique ou l'éloignement du modèle américain.

Sur le conseil de deux amis belges, professeurs à l'Université de Montréal, J.-L. Laroche et J. Morval, j'ai pensé, par ailleurs, qu'il pourrait y avoir intérêt à apporter quelques compléments au tableau de la situation en France par un bref aperçu sur l'évolution des groupes en Wallonie, dans la Belgique francophone. On trouvera donc ultérieurement, dans le cours de cette recherche, des éléments de comparaison sur la vie des groupes, leurs problèmes actuels et leurs perspectives d'avenir au Québec d'une part, en France et en Belgique d'autre part.

J'ajouterai encore que plusieurs événements m'ont aidé à mieux cerner les contours exacts du champ de mon étude et à en circonscrire les limites avec davantage de précision. Déjà, en France, la perception de l'opposition entre la psychologie expérimentale de l'Université René-Descartes (Paris V) et la psychologie clinique de l'Université Paris VII, la constatation de la très grande réserve des responsables de Paris VII à l'égard des nouveaux courants de la psychologie des groupes, les contacts occasionnels avec le courant institutionnaliste et socianalytique à travers des rencontres avec Rémi Hess et Georges Lapassade m'avaient fait prendre nettement conscience de l'existence de tensions et de conflits.

A Montréal, j'ai d'abord mis en chantier un projet de recherche qui visait à évaluer les résultats et l'efficacité d'un nouveau type de thérapie de groupe, la «psychothérapie d'auto-développement», dont l'Institut de Formation par le Groupe (I.F.G.) était l'initiateur et le seul promoteur. Mais les sessions d'auto-développement prévues pour l'été et l'automne 1975, qui devaient me servir d'instrument de base en vue de la vérification de mes hypothèses, n'ont pas eu lieu, faute d'un nombre suffisant de participants; et à l'automne 1976, l'I.F.G. a cessé définitivement ses activités; ma recherche n'a donc pas pu être menée à son terme. Dans la même période, j'entendais parler de certains problèmes de recrutement rencontrés par le *National Training Laboratory* (N.T.L) à Bethel. Ces problèmes, ainsi que la mort de l'I.F.G., m'apparaissaient comme les indices possibles d'une crise; et je formulais l'hypothèse que s'il y avait crise, elle n'était peut-être pas sans liens avec les tensions et les conflits rencontrés en France.

J'ai donc désiré faire le point sur les différents aspects de cette «crise»: quelle est sa réalité? quelle est sa portée? quelles en sont les causes? quelle en est l'ampleur? quelles en sont les manifestations? J'ai voulu savoir quelle est la situation présente de cette discipline qu'on désigne souvent sous le nom de « psychosociologie », qui concerne apparemment la théorie et la pratique de la psychologie sociale appliquée aux petits groupes, et qui se situe au confluent de la psychologie et de la sociologie. J'ai cherché à identifier les raisons profondes du malaise dont il est question à la fois en Amérique du Nord et en Europe. Je me suis demandé si ce malaise est d'ordre économique, ou méthodologique, ou idéologique, ou socio-politique. Je me suis interrogé sur ses implications de tous ordres, présentes et futures, avec l'intention d'esquisser, si possible, une réflexion prospective sur ce que pourrait être l'avenir.

Si les allusions au « malaise », ainsi qu'à un « désenchantement » ou à une « démystification », ne sont pas rares, il n'existe pas jusqu'à maintenant, à ma connaissance, de présentation d'ensemble de la situation ou d'étude synthétique regroupant les données majeures du problème. Pour éclairer ma recherche, je suis donc allé recueillir des informations à la base, auprès de ceux qui ont une expérience pratique de l'intervention dans les groupes : j'ai rencontré et interviewé, en France, en Belgique et au Québec, une trentaine de spécialistes hautement qualifiés, représentant les principales écoles et tendances. Dans les pages qui vont suivre, j'analyserai leurs déclarations; j'étudierai leurs points de vue, leurs commentaires, leurs suggestions; je comparerai leurs avis respectifs. Mais auparavant, il sera nécessaire, pour situer leurs opinions dans le contexte des problèmes actuels de la psychosociologie, de procéder à une présentation détaillée de la situation.

# PREMIERE PARTIE

# Y A-T-IL UNE CRISE DE LA PSYCHOSOCIOLOGIE ?

# Chapitre I
# Pour une approche du problème : notions et histoire

L'intention de cette étude est de faire le point sur l'état présent de la pratique des groupes, sur les problèmes et les interrogations qui se posent à ceux qui exercent une telle pratique, en ce qui concerne leur situation d'aujourd'hui et leur rôle futur. L'avis des principaux intéressés, c'est-à-dire des spécialistes qui oeuvrent « sur le terrain » à l'animation des groupes, nous sera précieux. Mais, au préalable, il importe de fournir, autant que faire se peut, l'éclairage théorique et pratique qui situera mieux les éléments en cause.

Pour que le champ de la recherche soit bien délimité, pour lever au maximum les ambiguïtés touchant à son objet, pour apporter un peu plus de clarté dans un domaine où la précision ne règne pas toujours, il nous faudra commencer par expliciter quelques notions et définitions qui ont trait à l'étude des groupes et à la mise en application des méthodes de groupe. Puis, en second lieu, nous ferons un survol schématique de l'histoire de ces méthodes et de leur évolution, en évoquant aussi brièvement que possible leurs liens avec les théories qui les sous-tendent. Ainsi, on peut penser que le terrain sera suffisamment déblayé pour permettre d'aborder au chapitre suivant la présentation détaillée de la problématique actuelle.

## A. Psychosociologie et intervention : notions et définitions

### *1. L'ambiguïté des mots*

Un numéro assez récent de la revue *Sociologie et sociétés* (1977), qui est publiée par le Département de sociologie de l'Université de

Montréal, s'était donné un objectif qui n'était pas sans quelque similitude avec celui de la présente recherche : il visait à « faire le point sur le développement de la psychosociologie et sur l'apport possible de la psychosociologie au Québec » (p. 3) [5]. Ce numéro portait le titre : « Psychologie — Sociologie — Intervention ». Et déjà, on peut penser que ce titre, à lui seul, était révélateur de certaines ambiguïtés; il faisait référence, en effet, à deux domaines connus et répertoriés des sciences humaines : la psychologie et la sociologie; mais il ne jugeait pas nécessaire de les rapprocher et d'en faire une synthèse en affichant immédiatement, sur la page de couverture, le mot de « psychosociologie ». On pouvait donc se demander, à première vue, si le troisième terme du titre, le mot « intervention », se rapportait lui aussi à une science que les responsables de la publication situaient sur un pied d'égalité avec les deux autres, ou s'il désignait seulement un point d'application pratique de la science psychologique et de la science sociologique, sans préjuger à l'avance de l'usage ou de l'intérêt de ce point d'application pour l'une ou l'autre des deux sciences.

A vrai dire, le mot « psychosociologie » apparaissait dès les premières pages du texte, à l'intérieur de la revue; mais on n'en donnait pas de définition précise. On se contentait d'indiquer que chacun des articles du numéro visait, « à sa façon, à poser le problème de la relation entre l'individu, les groupes de divers types et le système social, ( ... ) le problème de la relation entre la psychologie et la sociologie » (p. 4). Il était question de « l'intervention psychosociologique » et des « psychosociologues interventionnistes ». Mais, si l'on évoquait différents types d'interventions (en thérapie, en pédagogie, en relations industrielles, etc.), si l'on faisait allusion à « une multitude de théories et de pratiques », on ne fournissait qu'une « définition approximative des champs de l'intervention psychosociologique », sans expliciter avec exactitude la signification du mot « intervention », et sans préciser si l'intervention constitue à elle seule le tout de la psychosociologie, ou, en d'autres termes, s'il y a forcément équivalence entre le titre de « psychosociologue » et le qualificatif d'« interventionniste »

Dans ce même numéro de *Sociologie et sociétés*, un article de Jean-Yves Roy (1977 a) soulignait avec force les incertitudes et les ambiguïtés qui entourent les termes « psychosociologie » et « intervention ». L'auteur évoquait la confrontation de « deux disciplines (psychologie et sociologie), deux regards sur l'événement humain dont la fusion, loin d'être acquise, constitue justement le problème » (p. 105). Il parlait de la « double défroque où (le psychosociologue) se vit à la fois comme un sociologue rétréci, réduit à l'intérêt des petits groupes, voire des individus, et comme un psychologue un peu superficiel délaissant l'être de la profondeur pour butiner son miel aux fleurs faciles du collectif » (p. 106). Etendant sa réflexion à la notion d'intervention, il écrivait encore : « S'il faut ajouter à ce premier propos de la psychosociologie une seconde thématique qui voudrait se nommer intervention, le délire, définitivement, atteint au comble. Car entre qui et quoi faut-il, y a-t-il lieu de venir ? A quoi au juste convient-il de s'entre-mêler ? Dans quelle dynamique ou entre quels protagonistes et de quel drame prétendra-t-on s'inter-poser ? » (p. 106).

Dans la ligne des interrogations que formule Roy, la psychosociologie pourrait être perçue comme une discipline hybride, une sorte de « monstre à deux têtes » qui tiendrait à la fois de la psychologie et de la sociologie, et qui essaierait d'exploiter pour son propre compte un champ commun à ces deux sciences, à l'intersection de leurs domaines respectifs. Elle apparaîtrait en quelque sorte comme le lieu géométrique où s'affronteraient et se résoudraient les vieilles oppositions entre individu et société. Que faut-il en penser ?

## 2. *Psychologie sociale et psychosociologie*

Faudrait-il établir une identité entre la psychologie sociale et la psychosociologie ? Il ne le semble pas. Avec J. Maisonneuve (1950), on pourrait présenter ainsi la psychologie sociale :

> Le propre de l'homme, c'est d'être simultanément un être sociable et un être socialisé; entendons par là qu'il est à la fois un sujet aspirant à communiquer avec ses semblables et le membre d'une société qui existe préalablement, le forme et le contrôle, bon gré mal gré. Et le propre de la psychologie sociale, c'est de le saisir à cette espèce de carrefour des influences externes et des spontanéités; elle constitue donc, non certes une science indépendante, mais une étude spéciale qui ne se confond ni avec la psychologie classique, ni avec la sociologie (pp. 12-13).

La psychologie sociale étudie l'ensemble des interactions entre l'individu et la société ou la culture. Elle cherche à savoir comment l'individu peut influencer la société tout en étant conditionné par elle. Elle établit des rapports entre les fonctions psychologiques et les phénomènes sociologiques. Elle souligne les liens qui existent entre, d'une part, les sentiments, les attitudes, les comportements des personnes, et, d'autre part, les « cadres sociaux » et l'environnement collectif qui constituent le milieu de vie habituel. Elle s'intéresse aux relations entre les problèmes individuels et les conduites sociales.

La psychosociologie, quant à elle, est considérée, en général, comme une branche de la psychologie sociale. Dans le vaste champ des interactions entre les phénomènes psychologiques et les phénomènes sociaux, le psychosociologue privilégie un mode d'approche spécifique en se consacrant à l'étude d'un secteur particulier : le secteur des groupes restreints et de l'interaction entre la personne et le groupe. Il s'intéresse essentiellement aux processus d'influence, de communication, de coopération, de dépendance, de commandement, de domination, de compétition, ou encore d'intégration ou de rejet, tels qu'on peut les observer dans un « petit groupe », c'est-à-dire dans un ensemble de personnes réunies dont le nombre est tel qu'il leur est possible de se situer en face à face et de communiquer directement sans le détour de relais. Dans cet ensemble qu'est le petit groupe, les individus sont en interaction, c'est-à-dire qu'ils opèrent des transformations les uns dans les autres et des transformations dans l'ensemble qu'ils forment.

### *3. A la fois recherche et action*

On s'est demandé si la psychosociologie est seulement l'application pratique de la psychologie sociale dans le domaine des groupes, si elle n'est qu'un champ expérimental, si sa spécificité ne consiste que dans la mise en oeuvre concrète des méthodes d'animation et d'action favorisant les apprentissages et les changements au sein du groupe, — ou si, au contraire, il faut la considérer comme une science, sous-tendue par une conception des structures qui traversent l'individu et le groupe, centrée sur l'analyse et la recherche des significations des processus, conscients et inconscients, qui sont à l'oeuvre dans les comportements individuels et dans les conduites de groupe. Tient-elle davantage de l'approche positiviste ou de la réflexion spéculative ?

En réalité, il semble bien qu'elle relève indissociablement des deux domaines à la fois. Elle est en même temps, et sans aucun cloisonnement, recherche et expérience, analyse et action.

Le psychosociologue ne peut se dispenser de se référer à une théorie générale de l'homme et à une élaboration conceptuelle au sujet du groupe; mais il ne peut pas, non plus, ne pas être interventionniste : il lui est impossible de mettre à l'épreuve les hypothèses de la psychologie groupale autrement que dans une certaine pratique sociale. Il ne trouve sa justification que s'il unit étroitement théorie et pratique, réflexion et application, recherche et action, que s'il est chercheur et praticien. On comprend donc que la psychosociologie ait pu être définie essentiellement comme un processus de recherche-action (K. Lewin parlait d'*action research*), ou encore, selon une expression de Max Pagès, « comme une science de l'action, une praxis, c'est-à-dire précisément une science de la complexité » (1974, p. 20).

### *4. L'intervention psychosociologique*

C'est dans l'intervention que se réalise de façon privilégiée, comme dans un laboratoire expérimental, le lien entre réflexion et application; c'est là que se concrétise, pour le psychosociologue, la liaison étroite entre ses préoccupations de recherche et d'action. J. Ardoino (1974 a) a défini l'intervention « comme une démarche plus ou moins systématique effectuée, à titre onéreux, au moins professionnel, par un ou plusieurs praticiens, à la demande d'un client, généralement collectif (groupe, organisation ou institution), pour contribuer à libérer ou à susciter des forces, jusque là inexistantes ou potentielles, parfois bloquées, en vue d'un changement souhaité» (p. 77). Les interventions peuvent être de différents types: brèves ou de longue durée, visant à la formation des personnes ou à l'évolution des institutions, cherchant une amélioration des relations humaines ou une modification des structures sociales, se situant d'abord dans l'optique des individus ou envisageant plutôt une perspective organisationnelle.

Que le but recherché soit la prise de conscience éducative ou l'avancée thérapeutique des participants, ou la modification de leurs comportements interpersonnels, ou un changement structurel au niveau des organisations, c'est toujours dans et par la médiation du groupe et des techniques de groupe que s'opère l'intervention psychosociologique. Cette intervention a évidemment des objectifs différents et elle se fait selon des modalités diverses, suivant qu'elle s'adresse à un groupe centré sur lui-même et sur son propre fonctionnement, ou à un groupe centré sur les individus qui le composent et sur leurs intercommunications, ou à un groupe centré sur une tâche ou tourné vers l'exécution d'une activité extérieure.

## 5. *La notion de changement*

De toute façon, la perspective du changement tient toujours une place importante dans l'intervention psychosociologique. Lewin a évoqué l'opposition qui existe au sein du groupe, entre d'un côté son statut de structure stable, et de l'autre les processus susceptibles de transformer cette structure; il a parlé d'un premier mode de régulation visant à maintenir le système en fonction de buts fixes, et d'un second qui cherche à adapter le groupe à de nouvelles exigences et qui facilite la transition d'un niveau d'équilibre à un autre [6]. On conçoit donc aisément que le changement, qui implique l'abandon d'une certaine stabilité préexistante, rencontre des résistances. La dynamique de l'intervention met en présence les facteurs de résistance et les agents de changement, et fait éclater leur conflit.

Mais quand on parle de changement en psychosociologie, il faut bien admettre que l'on ne se réfère pas à une notion univoque et que le mot comporte des ambiguïtés. La stratégie du changement et l'ampleur des modifications souhaitées sont rarement définies. La finalité du changement et son champ d'application n'apparaissent pas toujours avec netteté. L'incitation à changer s'adresse-t-elle à l'individu ou au citoyen? Le groupe qui vit des processus de changement n'est-il qu'un «agrégat transitoire», ou bien doit-il être considéré, au moins à titre d'évocation, comme quelque chose de plus stable, comme une cellule de la société? Veut-on susciter chez les participants une ouverture et une disponibilité qui les aideront à accueillir ultérieurement des changements non planifiés, ou bien cherche-t-on à les conduire vers des objectifs normatifs? A-t-on en vue le changement sans risque et la « révolution tranquille », ou l'éclatement des structures et le craquement définitif ? A-t-on suffisamment perçu les nuances nombreuses qui existent entre évolution et bouleversement, innovation et réforme, transformation et rupture, adaptation et opposition, intégration et transgression ? A-t-on opté entre ce qu'on pourrait désigner, suivant une distinction marxiste classique, comme étant, d'une part, un changement micro-social au niveau des facteurs subjectifs, ou, d'autre part, un changement macro-social au niveau des facteurs objectifs [7] ?

Toutes ces questions s'imposent en arrière-plan, comme une toile de fond, lorsqu'on considère avec quelque attention la situation présente de la psychosociologie. Mais il faut bien dire qu'il ne s'agit pas là de problèmes nouveaux qui auraient surgi récemment dans le contexte de l'évolution précipitée des méthodes. L'histoire de la psychologie sociale et de la psychosociologie montre que l'étude des groupes et leur animation ont souvent posé autant d'interrogations qu'elles présentaient de certitudes.

## B. Cinquante ans d'histoire

Il n'entre pas dans le cadre de la présente recherche de retracer par le détail toutes les péripéties de l'histoire de la psychosociologie; il y faudrait plus d'un volume. Mais il ne sera pas inutile, pour mieux percevoir et comprendre les difficultés actuelles, de rappeler quelles ont été les grandes étapes de cette histoire, d'évoquer les principales élaborations théoriques et de présenter à larges traits les réalisations les plus importantes.

### *1. Les origines*

Déjà, à la fin du XIX^e^ siècle et au début du XX^e^ , les intuitions de Tarde, soutenant contre Durkheim que la sociologie n'existe pas si elle n'est pas psychologique, et les analyses de Le Bon sur les phénomènes de masse et la psychologie des foules avaient préparé la voie à une science moderne des groupes. Certaines initiatives de médecins, comme Camus et Pagniez en France, Pratt et Klapman aux Etats-Unis, qui se livraient avec leurs malades à des essais d'action dirigée du groupe sur le groupe, pouvaient être considérées comme les premiers balbutiements de la psychothérapie de groupe.

Les véritables débuts de la psychosociologie doivent être rattachés aux expériences réalisées par Elton Mayo entre 1924 et 1933, dans une usine des environs de Chicago. En étudiant les conditions de travail et les comportements de groupes d'ouvriers et d'ouvrières occupés à l'assemblage de relais téléphoniques, Mayo constata que le moral du groupe de travail joue un rôle décisif dans les variations de la productivité. Il comprit que le groupe, avec sa mentalité commune et ses normes propres, est un puissant facteur de rendement, qui libère les possibilités individuelles et en facilite la réalisation. Ces constatations allaient être à l'origine du développement de l'étude des relations humaines dans l'entreprise.

### 2. *Moreno: sociométrie et psychodrame*

Un peu plus tard, le courant des relations humaines va rencontrer le courant sociométrique, issu de J.L. Moreno. Psychiatre d'origine roumaine, formé à Vienne (Autriche), Moreno s'est installé aux Etats-Unis en 1925. Il y élabore, sous le nom de sociométrie générale, une théorie de l'existence humaine[8].

Selon lui, chaque personne est un «atome social», un tissu, un enchevêtrement de relations. L'existence de chaque individu dépend dans une très large mesure des rapports interpersonnels qui se nouent à travers les échanges sensori-moteurs et émotionnels, à travers la communication non verbale, à travers la situation affective réelle des gens. La mise en commun spontanée et la distribution des sympathies et des antipathies, au sein des groupes, instaurent des rapports humains tout à fait différents de ceux qui sont officialisés par l'organigramme des institutions; il y a là une humanité des relations qui s'oppose à l'inhumanité de la machine administrative. En explorant l'éventail des rôles et des possibilités que chacun porte en soi, en découvrant le jeu des attirances et des répulsions sous-jacentes aux procédures d'organisation, en prenant conscience des réalités socio-affectives qui existent dans les cellules de travail, l'individu fait émerger sa spontanéité créatrice. Une meilleure connaissance des relations sociales concrètes, souvent inexprimées, permet d'améliorer ces relations. Par l'introduction d'une plus grande cohésion dans les groupes restreints et les équipes de travail, les gens deviennent plus heureux et plus libres; ils acquièrent la capacité d'aller plus loin dans l'exploration de leurs potentialités. Ainsi la sociométrie contribue à leur libération; elle se veut technique de changement social et instrument d'une révolution thérapeutique.

Pour aider l'individu à prendre conscience de ses rôles, pour lui faciliter la compréhension de lui-même et d'autrui, Moreno met sur pied un traitement psychologique, qui est en même temps une véritable expérience sociologique, utilisant l'action dramatique théâtrale. C'est le psychodrame, qui, au moyen d'une improvisation dramatique, recrée, de façon d'abord imaginaire puis symbolique, une situation qui a été source de conflits intérieurs. Le rappel, par l'action, de ces conflits non résolus qui perturbaient l'équilibre psychique vise à provoquer une réaction de libération: la «catharsis».

L'apport de Moreno aux sciences humaines, aux méthodes de groupe, à la thérapie, à la pédagogie, a été important. Son influence doit être soulignée avec force; elle se poursuit encore aujourd'hui, notamment à travers les travaux et les pratiques des différentes écoles de psychodrame: psychodrame classique américain (diffusé surtout à partir de l'Institut Moreno de Beacon, dans l'Etat de New York), psychodrame analytique français (Lebovici, Anzieu, Widlöcher), psychodrame triadique (avec A. Ancelin-Schützenberger, associant la psychothérapie analytique de groupe, le psychodrame et la sociométrie).

*3. Lewin: champ psychologique, changement et démocratie*

Un autre chercheur d'origine européenne émigré aux Etats-Unis a joué un rôle primordial dans l'élaboration d'une science des groupes, dans l'étude des problèmes du « champ social » et dans la préparation de ce qui allait devenir l'intervention psychosociologique: il s'agit du psychologue allemand Kurt Lewin, qui, après avoir participé un moment aux travaux de Moreno en 1936, ne cessa ensuite, jusqu'à sa mort en 1947, de rivaliser avec l'inventeur du psychodrame à l'avant-garde de la psychologie sociale américaine.

Pour Lewin, la conduite d'un individu ou d'un groupe s'inscrit dans un « champ », ou espace de vie; elle doit être comprise comme une fonction de la relation dynamique qui lie l'individu ou le groupe et l'environnement. L'interdépendance est l'essence du social. Le groupe est une « totalité dynamique » qui résulte non seulement des interactions entre ses membres, mais aussi de l'interdépendance entre les variables qui interviennent dans le fonctionnement du groupe.

Au sein du groupe, les individus interagissent dans un système d'équilibre. Le groupe constitue un « champ de forces », avec ses tensions internes, ses frontières et ses propres canaux de communication. Les apports extérieurs et les informations nouvelles ne peuvent y être acceptées qu'à condition de s'intégrer dans l'équilibre du champ psychologique du groupe. Pour que des changements se réalisent dans les attitudes et les comportements, plusieurs étapes sont nécessaires: il faut d'abord « décristalliser », c'est-à-dire informer, expliquer, sensibiliser; ensuite, il convient de déplacer les résistances et de réduire les tensions; enfin on peut songer à « recristalliser », c'est-à-dire à créer un nouvel état d'équilibre satisfaisant pour les membres du groupe et à consolider cet état.

Parce que le principal motif de résistance au changement est la crainte de s'écarter des normes du groupe, il est plus facile de changer les attitudes d'un groupe que celles d'un seul individu, même lorsqu'il s'agit d'une décision concernant non pas un but commun, mais des comportements individuels dans un cadre social. Quand le groupe se sent libre et solidaire, une décision de groupe peut être plus forte que les préférences individuelles qui pousseraient les membres à agir en sens inverse. La prise de décision a surtout chance d'être efficace si elle se fait dans un style de démocratie directe. En permettant une participation plus active des membres dans la détermination et la poursuite des buts, le groupe démocratique contribue à une meilleure mise en commun des ressources psychologiques de chacun et favorise une résolution continue des tensions [9].

### 4. *Le « T-Group », Bethel et son influence*

Lewin ne s'est pas limité à l'élaboration d'une théorie : pour lui, théorie et pratique ne peuvent se séparer. Au-delà des perspectives strictes de l'expérimentation en laboratoire, il a tenu à étayer sa connaissance sur une pratique sociale et à intervenir dans des situations sociales réelles. C'est ainsi qu'après de nombreuses autres expériences il eut l'occasion en 1946 d'animer un séminaire de formation de soixante-cinq professeurs, sur les problèmes de compréhension interraciale. Rompu comme il l'était à l'analyse graphique des forces agissant dans un groupe, il se mit, avec son équipe de chercheurs, à analyser, entre les séances, les réactions des auditeurs. Quelques stagiaires, qui avaient demandé à assister à ces examens critiques, furent enthousiasmés. Ce fut l'origine des « réunions de base », qui allaient donner naissance au groupe de formation, ou *training group*, ou *T-group*.

La mort de Lewin en février 1947 n'empêcha pas ses collaborateurs de poursuivre les travaux sur les phénomènes de groupe, sur les résultats de l'implication personnelle des participants, et spécialement sur les effets du système de « rétroaction », ou de message en retour (le *feed-back*), qui fournit au groupe des informations sur lui-même. Sous la direction de L. Bradford, le *First National Training Laboratory in group development* (N.T.L.) était créé à Bethel dans l'Etat du Maine. Des centaines de chercheurs, de professeurs, de sociologues, de psychologues, d'éducateurs, d'animateurs, ou tout simplement de curieux, allaient s'y succéder, pour s'initier à l'autocritique de leurs attitudes au sein d'un groupe.

Par la suite, les descriptions de Lewin concernant les conduites de groupe ont été critiquées par un auteur comme Sartre (1960) [10], qui les a jugées idéalistes et qui a dénoncé ces « synthèses gestaltistes » imposées à la réalité [11]. Pourtant, il n'en reste pas moins vrai que, à travers la diversification des méthodes, les principaux fondements théoriques et stratégiques qui ont servi de base aux grands courants ultérieurs de la psychosociologie se rattachent, de façon au moins indirecte, aux « principes de rééducation » formulés par Lewin (cf. Roussel, 1972, p. 13).

### 5. *Rogers et la communication authentique*

Au début, les groupes de formation de Bethel mettaient surtout « l'accent sur la sociologie des groupes plutôt que sur leur psychologie, c'est-à-dire sur les rôles et fonctions du *leadership* et des membres plutôt que sur la personnalité individuelle et le développement personnel » (Ruitenbeek, 1970, p. 107) [12]. L'objectif recherché était la «resocialisation», c'est-à-dire un changement sur le plan des attitudes et du comportement par la «décristallisation» des perceptions de soi, d'autrui et du milieu social ambiant. Peu à peu une évolution va se faire, qui donnera davantage d'importance à l'expérience affective vécue dans le groupe par les participants, à leurs problèmes de relations, aux questions d'évolution personnelle et de changement individuel. D'«expérimental», le groupe va devenir «expérientiel» (Ancelin-Schützenberger et Sauret, 1977, p. 17). A l'origine de cette évolution, il faut sans doute situer, pour une bonne part, l'influence de Carl Rogers, de son point de vue sur les rapports interhumains, de sa pensée qui met l'accent sur la dimension affective des relations et sur l'acceptation profondément sentie, alors que Lewin privilégiait plutôt les processus cognitifs.

Les premières publications de Rogers s'intéressaient surtout aux relations duelles, sans analyser vraiment les problèmes du groupe restreint en tant que tel; cependant, ses principes de base ont trouvé rapidement une application dans la pratique des groupes. Psychologue clinicien, professeur, psychothérapeute, Rogers ne s'est pas contenté d'observer les changements qu'il voyait se produire chez ses clients. Réfléchissant sur son expérience, il a explicité les concepts-clés d'une théorie de la personnalité, qui comporte, pour l'essentiel, les éléments suivants: le noyau le plus profond de la personnalité est fondamentalement positif, socialisé, dirigé vers l'avant, rationnel et réaliste; chaque individu est animé d'une tendance innée («tendance actualisante») à développer toutes ses potentialités (c'est la notion de *growth*: développement, ou maturation); mais le processus naturel et «organismique» de valorisation se trouve plus ou moins entravé, aliéné, parce qu'il existe un écart entre l'expérience propre de l'individu (*self-concept*) et les «conditions de valeur» (*conditions of worth*) sélectionnées par autrui.

Le chemin du développement vers la maturation psychologique et vers le fonctionnement optimal de la personnalité passera par la création de certaines conditions de relations interpersonnelles, dans lesquelles sera réalisée une communication authentique entre les personnes, permettant à l'individu d'être très proche à la fois de son expérience propre et de celle des autres. La première de ces conditions sera la «congruence»: être congruent, c'est être soi-même, être authentique, vrai, réel, lucide, conscient et ouvert dans la relation avec autrui; c'est faire preuve d'une authenticité transparente. Une seconde condition sera la «considération positive et inconditionnelle», c'est-à-dire l'acceptation chaleureuse de chaque aspect de l'expérience de l'autre; il ne s'agit pas seulement d'une neutralité bienveillante, mais d'un engagement affectif et positif, ou encore, comme le dit Rogers lui-même, d'un amour non possessif. Enfin, il faudra la présence de cette forme de compréhension que Rogers nomme l'«empathie», qui consiste à comprendre de l'intérieur la «conscience» que l'autre a de ses expériences, à ressentir les émotions ou l'angoisse ou la confusion comme si l'on était l'autre personne, mais sans jamais perdre la condition «comme si ...», sinon il s'agirait d'identification [13].

### 6. *La pensée rogerienne et le groupe*

Rogers ne s'est pas penché de façon spécifique sur les modalités du fonctionnement d'un groupe; il n'a même pas développé une psychologie thérapeutique de groupe. Mais il s'est occupé de l'individu ou des individus dans le groupe. Il a contribué à orienter l'intervention des conducteurs de groupes vers l'épanouissement individuel et vers l'amélioration des relations. Le T-group qui avait d'abord visé en priorité une perspective d'apprentissage en vue d'une stratégie de changement social s'est intéressé davantage à une perspective de développement en vue de l'épanouissement des personnes. L'intérêt s'est centré moins sur les processus de groupe que sur les valeurs vitales. Les «groupes de formation» sont devenus «groupes de sensibilisation» et «groupes de rencontre».

La transposition aux activités de groupe des orientations non directives de Rogers a été faite surtout par deux de ses collaborateurs, N. Hobbs et T. Gordon (Roussel, 1972, pp. 35-43). Un autre collaborateur immédiat de Rogers a joué un rôle important dans la reformulation et l'approfondissement de certains aspects des théories rogeriennes, et en conséquence dans leur application à la conception du changement thérapeutique et du rôle du moniteur de groupe restreint, ainsi que dans l'adaptation possible au changement social de la conception du développement personnel: il s'agit du philosophe et psychologue E. Gendlin (Roussel, 1972, pp. 44-49; Garneau, 1973; Poulin, 1975).

### 7. *Le développement du groupe*

La renommée des expériences de groupes de Bethel, avec la double tendance lewinienne et rogerienne du T-group, a débordé assez rapidement les limites de l'Etat du Maine et les frontières des Etats-Unis. En 1951, Anne Ancelin-Schützenberger, qui s'était déjà intéressée aux travaux de Moreno, était la première Européenne à participer aux activités du N.T.L. L'année suivante, Max Pagès, à la suite d'un stage auprès de Rogers, publiait le premier exposé d'ensemble en langue française sur «la psychothérapie non directive» (1952). Pendant l'été 1955, dans le cadre d'une mission envoyée par l'Agence Européenne de Productivité, cinq chercheurs français (C. Faucheux, G. Hasson, R. Merrheim, Max Pagès, Robert Pagès) avaient l'occasion de séjourner à Bethel pour y étudier les méthodes de formation aux relations humaines. Ensuite étaient organisés en 1956, à Paris et à Samois, deux «programmes d'entraînement au travail et au diagnostic de groupe», animés en commun par des experts américains et par des spécialistes du Laboratoire de psychologie sociale de la Sorbonne. Enfin, en 1959, la parution d'un volumineux numéro spécial du *Bulletin de psychologie* consacré aux groupes [14] venait en quelque sorte officialiser l'intronisation de la psychologie des groupes par l'Université française [15].

En Belgique, Mertens de Wilmars animait un premier «groupe de base» à Bruges en 1960. Il se consacrait ensuite spécialement à l'utilisation du groupe dans l'industrie et les organisations. Il inspirait en ce sens les recherches du Centre d'études psycho-médico-sociales et du Laboratoire de psychologie industrielle de l'Université catholique de Louvain.

Dans la même période, au Québec, la proximité des Etats-Unis favorisait la participation aux sessions d'été de Bethel, ainsi que la connaissance des travaux de Lewin et de Rogers. Sous l'impulsion de Bernard Mailhiot, qui fut l'un des premiers stagiaires du N.T.L., le *Centre de recherches en relations humaines*, affilié à l'Institut de psychologie de l'Université de Montréal, et orienté jusqu'alors vers la recherche sur la psychologie des minorités ethniques et sur les problèmes des relations inter-ethniques, se spécialisait désormais dans la dynamique de groupe: à partir de l'été 1959, des stages de formation au travail d'équipe et de sensibilisation aux relations humaines par le T-group étaient mis sur pied. F. Roussel, fidèle à l'orientation rogerienne, et B. Mailhiot, qui allait publier un peu plus tard une importante étude sur l'oeuvre de Lewin (1968), préparaient l'ouverture d'un programme de formation à la psychologie sociale à l'Université de Montréal.

A Paris, c'était d'abord C. Faucheux qui apparaissait comme le théoricien le plus proche de la ligne de Lewin, tandis que Max Pagès entreprenait des recherches qui se situaient davantage dans la ligne du courant rogerien. Mettant l'accent sur les aspects cognitifs sous-jacents à la technique du T-group bethelien, Faucheux (1959) proposait l'appellation «groupe de diagnostic», en précisant d'ailleurs que, pour éviter toute confusion, il eût fallu employer la dénomination «groupe de formation au diagnostic de groupe». Mais déjà J.-B. Pontalis (1959) soulignait l'ambiguïté de cette appellation en rappelant qu'il s'agissait à la fois d'un diagnostic sur l'état du groupe et aussi, pour chacun des participants, d'un diagnostic sur soi-même. Max Pagès (1959) se disait également insatisfait de l'étiquette «groupe de diagnostic», précisant que le groupe va au-delà d'un simple apprentissage du diagnostic social puisqu'il vise à l'évolution des attitudes [16]. Il préférait conserver l'expression «T-group» qui, selon lui, «n'a plus en français aucun contenu rationnel; elle est une sorte de nom de code qui identifie d'une manière très précise, parce qu'historique, une certaine famille de méthodes sans véhiculer avec elle d'interprétation limitative ou déformante sur le contenu de la méthode» (p. 454).

### 8. *Le courant psychanalytique*

En plus du courant lewinien et du courant rogerien, une autre école de pensée a marqué fortement l'histoire des méthodes de groupes: c'est la psychanalyse. Son champ étant celui du «relationnel», la psychanalyse ne pouvait, en effet, rester à l'écart des problèmes liés au fonctionnement social.

S'il est bien vrai que Freud a peu contribué à une étude directe des groupes, il a cependant esquissé les embryons d'une approche psychanalytique des phénomènes sociaux et culturels, notamment dans *Totem et tabou* (1913) et dans *Psychologie collective et analyse du moi* (1921). En soulignant que la psychologie sociale précède la psychologie individuelle, et en proposant une théorie du fonctionnement des «foules», naturelles ou «artificielles», il a ouvert la voie à une recherche sur les processus psychiques à l'oeuvre dans les groupes. Ces processus ne sont pas sans relation avec ceux dont la théorie psychanalytique rend compte pour les individus. Il a donc semblé possible à un certain nombre de psychanalystes de sortir de la situation «fauteuil-divan» qui caractérise extérieurement la cure individuelle, sans trahir pour autant l'héritage freudien, et d'appliquer dans le cadre de petits groupes la notion de «travail psychanalytique».

C'est surtout en Europe que se sont faites les recherches sur la façon d'appliquer la psychanalyse aux groupes. Aux Etats-Unis, en effet, la pensée freudienne, après avoir atteint le point culminant de son influence et de son prestige aux environs de 1950, a connu ensuite un net reflux[17]. En France, au contraire, l'engouement pour la psychanalyse a commencé au début de la décennie 1960-1970; et, depuis, l'influence qu'elle exerce tant sur la psychiatrie que sur la philosophie ou la littérature n'a pratiquement pas cessé de croître[18], bien qu'elle soit en butte, en même temps, à de nombreuses attaques (cf. Debray-Ritzen, 1972; Castel, 1973; Deleuze et Guattari, 1972 et 1974). Il est caractéristique de noter que, dans le numéro de *Sociologie et sociétés* déjà cité (1977), la «table ronde» qui évoque l'histoire de la psychosociologie au Québec ignore presque totalement le courant psychanalytique. R. Sévigny se contente de remarquer qu'il se sentait «assez étranger» à la façon qu'avaient certains psychosociologues français de «se garder contre des attaques venant de la psychanalyse et de toutes les branches et les sous-branches de la psychanalyse» (p. 164).

L'école psychanalytique anglaise, essentiellement constituée par des disciples de Mélanie Klein, travaillant au *Tavistock Institute of Human Relations* et à la *Tavistock Clinic* de Londres, a été la première à mettre en évidence et à explorer à l'aide de la méthode psychanalytique la dimension de l'imaginaire dans les groupes. Dans l'apport de l'école anglaise, deux noms surtout doivent être mentionnés: celui d'Elliott Jaques (1948, 1951,1955), qui a tenté d'établir un parallèle entre les processus psychotiques et les phénomènes sociaux; et celui du psychiatre W.R. Bion (1961; cf. Grinberg *et al.*, 1972), qui a fourni un schéma d'analyse de groupe s'appuyant sur une comparaison entre certains phénomènes de groupe et certains mécanismes psychiques individuels de la première enfance[19].

Les premiers travaux de l'équipe du *Tavistock Institute* remontent à la fin de la seconde guerre mondiale. En France, c'est beaucoup plus tard que l'on commencera à se poser la question de la validité de l'extension au groupe de l'interprétation analytique. Dans un article écrit en 1962, D. Anzieu soulignera la parenté entre groupe de diagnostic et psychanalyse; mais, en réalité, il restera encore persuadé jusqu'en 1968 « qu'un travail intégralement psychanalytique ne pouvait être accompli dans les groupes de formation » (Anzieu *et al.*, 1972, p. 190). Ce n'est qu'à partir de 1968 que s'organisera la tendance psychanalytique dans l'intervention, avec une visée principalement psychothérapique. Anzieu formulera alors des réflexions fort intéressantes (1971b, 1972, 1975a) au sujet de la notion d'«angoisse de morcellement», qui serait, selon lui, fondamentale au sein des groupes, parce que le groupe est un grand «corps» dont les participants sont les «membres», - et au sujet de l'«illusion groupale», qui apporterait une tentative de solution au conflit entre d'une part un désir d'unité et de sécurité, et d'autre part l'angoisse de morcellement du corps.

## 9. *Les deux orientations du T-group*

Avant d'en arriver ainsi, avec l'évocation des travaux d'Anzieu et de ses collaborateurs, à l'histoire la plus récente des méthodes de groupe, il nous faut revenir en arrière pour suivre succinctement l'évolution, en Amérique et en Europe, du mouvement issu de Bethel. Nous avons indiqué précédemment comment le T-group, à ses origines, avait été influencé par les idées de Lewin, qui voulait former les participants aux conditions de fonctionnement de la démocratie sociale et qui cherchait à accélérer l'accession à une démocratie dans les rapports sociaux. Nous avons dit comment le T-group avait également été marqué par les perspectives éducatives de Rogers, qui, en favorisant l'émergence dans le groupe des sentiments non symbolisés, voulait faciliter l'évolution de la personnalité dans une attitude d'ouverture à autrui. Ainsi, dès les premières années du N.T.L.,

> deux définitions du T-group coexistent, certains auteurs insistant plutôt sur la coopération, les processus de pouvoir et l'apprentissage psycho-social de la «démocratie de groupe», tandis que d'autres mettent plutôt l'accent sur les relations interpersonnelles et sur les sentiments. (...) Les deux axes du

T-group étaient donc l'axe socio-politique ou micro-politique, d'une part - c'est l'axe lewinien -, et, d'autre part, l'axe personnaliste et thérapeutique, et c'est l'axe rogerien (Lapassade, 1976, pp. 588-589).

Il n'est donc pas étonnant que le N.T.L. ait attiré « une double clientèle : le personnel d'encadrement et les gens mal dans leur peau » (Dreyfus, 1975, p. 65). Avec la première catégorie, l'accent est mis sur la conception du *leadership*, sur les problèmes de commandement, de délégation de responsabilité, de participation, sur les processus de fonctionnement du groupe; cette tendance va s'épanouir dans des « ateliers spécialisés » de « recherche-action », centrés sur la formation d'agents de changement social, et dans des interventions psychosociologiques près des entreprises, pour améliorer le fonctionnement des organisations par le changement planifié ou non planifié. Avec la seconde catégorie, prédominent plutôt l'exploration affective et la recherche d'une meilleure connaissance de soi-même, dans un but de croissance personnelle et de conquête des ressources individuelles; c'est la tendance humaniste et existentielle (Allport *et al.*, 1965; May, 1967) qui va s'affirmer de plus en plus dans le domaine de la pédagogie et dans le domaine de la psychothérapie.

### *10. L'« enchantement » du groupe et de la non-directivité*

Au début des années soixante, les techniques de groupe connaissent un immense succès : elles sont dans leur « période conquérante » (M. Pagès, 1974, p. 12); elles provoquent « un véritable *enchantement*, au sens magicien du terme » (Hameline, 1975a, p. 14); elles sont érigées « en modèle moderniste universel de la formation » (Hameline, 1975b, p. 20). Le psychosociologue, qu'il agisse comme animateur dans un groupe restreint ou comme intervenant dans une organisation, fait preuve d'un optimisme quasi constant : il se définit comme agent de changement capable de mettre en branle des processus de transformation dans les rapports humains et dans la société.

Au Québec, où s'achève le « règne » politique de Duplessis et où commence, sous le gouvernement de Jean Lesage, la période de changements très profonds qui va être appelée la « Révolution tranquille », il n'est pas surprenant de constater l'importance de la présence du clergé, des religieux et religieuses, et aussi des animateurs et des membres les plus dynamiques des mouvements catholiques, dans les sessions de groupe. L'ambiance d'écoute et de dialogue vécue dans un contexte de « fraternité fondamentale », la priorité de l'expérience sur l'enseignement, la remise en cause, dans le cadre de la non-directivité, du modèle traditionnel de l'autorité paternante exercent un puissant attrait : elles correspondent, en profondeur, à l'aspiration au renouveau qui s'exprime à ce moment-là par rapport à la religion et à l'Eglise, qui avaient toujours constitué jusqu'alors des éléments fondamentaux liés au mode de vie coutumier des Québécois et presque à l'essence même de leurs traditions et de leur culture.

A la même période, à Louvain, en Belgique, R. Hostie et A. Godin travaillent eux aussi à appliquer en milieu catholique les concepts et la méthode de Rogers par leurs réflexions sur la relation d'aide dans le dialogue pastoral, à la lumière des principes du *counseling* et de la psychothérapie non directive (Hostie, 1963; Godin, 1963). De même, en France, un courant catholique très actif (de Peretti, 1966; fiches *Culture et Promotion*, Paris, 1966) se reconnaît, paradoxalement, dans la pensée de cet ex-théologien devenu agnostique qu'est Rogers. Il se produit, comme l'a fort bien décrit Hameline (1971; Hameline et Dardelin, 1977), une sorte de «canonisation» de la pensée rogerienne chez des intellectuels catholiques, militants et partisans de l'ouverture tant pédagogique que sociale.

Mais l'idéologie chrétienne n'est pas la seule à se référer aux nouvelles orientations de la psychologie sociale. Le courant libertaire anarchisant, représenté par Lobrot (1965), fait usage lui aussi de la non-directivité. Et le courant laïque «psychosociologie-éducation», qui donne naissance en 1959 à l'«Association pour la Recherche et l'Intervention Psychosociologiques» (A.R.I.P.), se réclame également de la pédagogie et de la psychologie des groupes.

### *11. De Bethel à Esalen*

Cependant, aux Etats-Unis, une évolution se produit, qui va infléchir profondément le développement des expériences de groupe. Dans un souci de décentralisation, le N.T.L. avait créé un avant-poste, dès 1952, à l'Université de Californie, à Los Angeles. Rapidement, les recherches du laboratoire de Los Angeles prennent une orientation différente de celles de Bethel: elles se tournent vers l'étude de la dynamique individuelle plutôt que vers l'étude de la dynamique de groupe; elles se centrent non plus sur l'exploration de l'expérience «inter-personnelle», mais sur l'exploration de l'expérience «intra-personnelle» en situation d'interaction. De nouvelles méthodes sont utilisées: techniques non verbales, expression corporelle, exercices physiques.

Des conflits éclatent entre Bethel et Los Angeles. Mais le mouvement prend de l'ampleur et semble irréversible. A partir de 1962, les principaux animateurs du courant de Los Angeles se regroupent à l'Institut Esalen, à Big Sur, sur la côte californienne. Faute de pouvoir bloquer le nouveau courant de pensée, les responsables du N.T.L. essaient de l'intégrer: en même temps que des sessions de «T-group classique», Bethel se met à offrir des «laboratoires d'épanouissement personnel». La coexistence de ces orientations divergentes va faire mûrir peu à peu une situation de crise, qui éclatera en 1970, au moment où L. Bradford, responsable et premier directeur de Bethel, prendra sa retraite; Bethel se spécialisera alors dans les activités de formation, et renoncera aux activités plus thérapeutiques de recherche personnelle.

Dans les années 1963-1965, l'essor d'Esalen s'affirme: «La Californie est aux thérapies de groupe ce que l'Autriche fut à la psychanalyse au début du siècle: leur berceau, en quelque sorte; à tout le moins, un creuset où les idées s'élaborent et s'affrontent en s'inscrivant dans une pratique»[20]. En réalité, on pourrait se demander s'il s'agit vraiment de thérapies *de* groupe; il serait sans doute plus exact de parler de thérapies *en* groupe. A Esalen, l'individu est souvent considéré comme s'il était seul dans le groupe.

Ce qui se passe, c'est une déviation par rapport à l'orthodoxie de l'école de dynamique de groupe: (...) on va voir s'estomper la dimension de groupe et apparaître une nouvelle utilisation de ces rencontres, qui ne sont plus des groupes. Il s'agit plutôt de rencontre: des gens sont là ensemble, mais finalement pour s'occuper chacun de soi, et non plus pour apprendre les processus de groupe. On «dégroupise» le groupe. On le dépolitise aussi, dans la mesure où on le «dégroupise» et où on le psychologise de plus en plus (Lapassade, 1975b, p. 11).

### *12. L'influence de Reich*

Par delà la diversité des techniques et l'éclectisme des méthodes, la plupart des animateurs d'Esalen se réclament d'une perspective commune: le développement du «potentiel humain» par la prise en compte de la dimension corporelle. Ce courant de pensée, qui vise à l'intégration du corps dans une démarche de croissance personnelle et qui insiste sur la nécessité d'une approche somatique pour résoudre les difficultés psychologiques, a été largement influencé par les travaux de Reich au sujet du caractère.

Pour Wilhelm Reich (1897-1957), c'est l'impossibilité de laisser se décharger l'énergie sexuelle accumulée qui est à l'origine de toutes les névroses. Les efforts thérapeutiques se heurtent à la cuirasse caractérielle, qui se constitue en réaction contre l'angoisse et contre l'agressivité suscitées par la privation sexuelle. La cuirasse caractérielle s'accompagne d'une cuirasse musculaire: la rigidité de la musculature est le côté somatique du refoulement, et la base de son maintien. Reich définit donc une technique thérapeutique visant à relâcher la rigidité musculaire au moyen d'exercices et de manipulations corporelles; c'est la «végétothérapie», seule capable, selon lui, d'amener la guérison véritable, qui est l'instauration ou la restauration de l'unité organique dans ses composantes biologiques et psychiques[21].

### *13. L'analyse bio-énergétique*

Héritage direct de la végétothérapie, l'analyse bio-énergétique a été lancée par un médecin, Alexander Lowen, qui avait d'abord été avocat et professeur, et qui, intéressé par la liaison entre le corps et l'esprit, était devenu un disciple fervent de Reich de 1940 à 1952. D'après Lowen, il y a identité fonctionnelle entre ce qui se passe dans le corps et ce qui se passe dans l'esprit: l'un est le reflet de l'autre. Par ailleurs, tous les processus psychiques ou somatiques sont fondés sur les processus énergétiques du corps. Il est donc important de savoir combien un individu a d'énergie et de comprendre ses processus énergétiques. Le problème des gens qui n'ont pas assez d'énergie pour se débrouiller dans la vie courante n'est pas surtout psychologique; il est d'abord «bio-énergétique».

L'analyse bio-énergétique est fondamentalement une forme d'analyse du caractère; ou, si l'on veut, c'est l'analyse du caractère conçue dans une optique énergétique: c'est l'analyse de cette énergie spécifique qui existe par hypothèse chez l'homme et que l'on peut appeler bio-énergie (cf. D. Royer)[22]. Pour influencer les processus énergétiques, notamment la fonction respiratoire, la cure bio-énergétique propose une série d'exercices, effectués individuellement ou en groupe, qui ont pour objet d'éliminer la répression émotionnelle des sentiments et d'unifier l'organisme par la réduction des tensions.

### *14. La gestalt-thérapie*

Comme Lowen, F.S. Perls, le créateur de la «gestalt-thérapie», a eu l'occasion de fréquenter Reich qu'il a connu en Europe aux environs de 1930, alors que Reich dirigeait le «séminaire de technique psychanalytique» de Vienne. La «théorie de la forme», ou *Gestalttheorie*[23], est apparue en Allemagne au début du XXe siècle (Wertheimer, Köhler), en réaction contre la psychologie de la fin du XIXe siècle qui isolait des éléments et qui était centrée sur l'analyse des faits de conscience ou des conduites. On sentait le besoin d'une psychologie des ensembles, des structures, des formes[24]. On insista donc sur la «structure» qui est un ensemble dont les parties sont modifiées du fait de leur appartenance au tout. Appliquée à la biologie par le neuropsychiatre Kurt Goldstein (1934), la théorie de la forme a affirmé l'impossibilité d'isoler une fonction sans modifier l'ensemble de l'organisme. Etendue en psychologie au domaine de la perception, elle propose d'appréhender les phénomènes dans leur totalité, sans vouloir dissocier les éléments de l'ensemble où ils s'intègrent. Elle présente une vue unitaire et structurée de la personne, qui est à comprendre comme un ensemble: l'individu est un et inséré dans un environnement. Les conflits intérieurs et la non-satisfaction des besoins créent une désunion dans la structure de la personne. Le rôle de la gestalt-thérapie sera de faire prendre conscience de cette structure désunie, de travailler sur le morcellement de l'expérience vécue dans le présent, pour que le sujet, en se regardant vivre, puisse faire lui-même le diagnostic de ses contradictions et tente ainsi de retrouver sa propre unité.

Dans un groupe de gestalt-thérapie, l'accent est mis sur la perception que chacun a de soi-même. En profitant de la présence du groupe et des effets incitateurs de la relation avec les autres, chaque participant centre son attention sur son propre «ressenti», sur sa posture, sur son tonus, sur ses émotions; il se pose la question de son identité personnelle et de sa responsabilité. La mise en commun, au sein du groupe, du symbolisme personnel de chacun en facilite la réappropriation. L'animateur et les membres du groupe, en contribuant à organiser, «ici et maintenant», des expériences de prise de conscience des «vécus» individuels, agissent comme miroirs de l'identité de chacun.

## *15. Diversification des méthodes*

Depuis 1962-1963, et surtout depuis 1968, les formes de groupe n'ont cessé, aux Etats-Unis, de se multiplier et de se diversifier. Il n'est évidemment pas dans le propos de la présente étude d'en établir une liste exhausive ou d'en dresser le catalogue. Pourtant il semble nécessaire de citer au moins les plus importantes ou les plus connues parmi les nouvelles techniques, parce que la prolifération des méthodes constitue l'un des traits essentiels de la situation actuelle de la psychosociologie.

George Bach, F.H. Stoller et William Schutz ont lancé les groupes intensifs à durée prolongée, ou groupes «marathon», dans lesquels la pression du groupe brise les défenses, grâce au facteur de déconditionnement qu'est la durée. Moshe Feldenkrais, Ida Rolf et Charlotte Selver ont développé des techniques de prise de conscience à partir de la libération du mouvement, de l'expression corporelle et du relâchement musculaire. Charles Dederich , à Synanon, et Daniel Casriel, à Daytop, ont créé des groupes de confrontation pour toxicomanes, qui cherchent à provoquer une catharsis immédiate des sentiments agressifs. Bernard Gunther a introduit le massage au service de l'éveil émotionnel et sensoriel. Paul Bindrim s'est fait l'initiateur des «groupes nus», parce que, selon lui, la nudité débarrasse l'individu des prétentions et des défenses de son moi, et parce qu'elle supprime tout secret et rabaisse tout orgueil. Arthur Janov a utilisé le groupe dans la phase ultime de sa thérapie du «cri primal» qui amène les patients, par des décharges émotionnelles violentes et bruyantes, à «abréagir» les émotions refoulées de toute leur vie. Eric Berne s'est appuyé également sur le groupe et sur les techniques des jeux de rencontre pour mettre au jour, dans l'«analyse transactionnelle», les communications cachées et les transactions qui se croisent entre les différents pôles de l'échiquier psychologique de l'individu.

Il faudrait encore faire mention de l'emploi du groupe par certains utilisateurs des «thérapies behaviorales», ou par ceux qui se réclament de la *reality therapy* de William Glasser, ou par ceux qui travaillent à la mise en application des principes de la «psychosynthèse» énoncés par le psychiatre italien R. Assagioli, ou par ceux qui dans la «thérapie du sentiment» (*feeling therapy*) veulent transformer leur vie grâce à une «communauté thérapeutique» ... Mais cette énumération, forcément incomplète, pourrait devenir fastidieuse.

### *16. Pour une réhabilitation de l'irrationnel*

Il importe enfin d'évoquer un autre courant qui a exercé et exerce une profonde influence dans le mouvement américain des groupes. Dans le but d'explorer toutes les capacités latentes et les potentialités de l'univers psychique, ce courant s'intéresse au domaine du non-cognitif et de l'intuitif; il vise à élargir les capacités perceptives, sensitives et émotionnelles par le refus de la vision rationaliste du monde ou par l'utilisation des «techniques d'expansion de la conscience» (Racine, 1977).

C'est ainsi que sous l'influence du «théologien hippie» Alan Watts, certains groupes d'Esalen se sont tournés vers les psychothérapies orientales. Pour acquérir la maîtrise de l'énergie vitale, ils ont fait appel à des techniques de méditation, inspirées, par exemple, du tantrisme bouddhique thibétain ou de la pratique hindoue des *mantra* [25]; ils ont utilisé les techniques du zen, du «t'ai chi ch'uan» ou du yoga; ils se sont intéressés à l'aïkido japonais, qui est à la fois un art d'auto-défense et une philosophie-psychologie dynamique de l'être.

L'exploration des voies de l'ésotérisme et du syncrétisme a conduit parfois à la recherche d'expériences d'extase mystique et cosmique. L'usage des drogues hallucinogènes et le «voyage psychédélique» ont été perçus comme des moyens de connaissance des «espaces intérieurs». L'attention portée à la parapsychologie et aux phénomènes de clairvoyance, de télépathie, de psychokinésie, est apparue comme une preuve de l'intérêt accru pour les différents états de conscience et leur modification [26].

### *17. Des voies complémentaires pour la psychosociologie québécoise*

L'influence d'Esalen, du mouvement californien et des thérapies corporelles a atteint rapidement le Québec et les psychosociologues québécois. Dès 1964, Aimé Hamann, qui rentre d'Europe où il a animé des groupes pendant près de trois ans, en France et en Belgique, avec A. Ancelin-Schützenberger, découvre l'expression corporelle et la dimension psychologique du geste au cours d'une session, à Bethel, dirigée dans la ligne du courant de Los Angeles par John et Joyce Weir. Avec A. Hamann, deux autres Québécois, Yvan Tellier et Roger Tessier, participent à cette session. C'est l'époque où Hamann s'associe avec Tellier et Michèle Roussin (qui viennent, eux aussi, de faire un séjour d'étude d'une année en France) pour fonder l'Institut de Formation par le Groupe. Désormais l'I.F.G. va proposer des sessions qui se différencieront des stages lewiniens de dynamique de groupe organisés par B. Mailhiot. On retrouvera à Montréal des aspects du clivage entre croissance personnelle et T-group, qui oppose aux Etats-Unis la côte Ouest et la côte Est, et qui a suscité, à Bethel, les conflits entre W. Schutz et L. Bradford.

Après l'I.F.G., d'autres organismes apparaissent, pour répondre aux demandes de plus en plus nombreuses du public dans le domaine de la croissance personnelle, et aussi dans le domaine de la formation aux relations humaines, de la consultation et de l'intervention psychosociologique. C'est ainsi que sont créés successivement le « Centre d'étude des communications » en 1966, le « Centre interdisciplinaire de Montréal » (CIM) et la « Société de recherches en sciences du comportement » (SORECOM) en 1969. Comme l'écrira E. Enriquez en 1973, « aucun autre pays du monde n'a probablement été aussi réceptif à l'influence de la psychosociologie que le Canada français. En témoignent la quantité de projets d'envergure dont les psychosociologues québécois ont été concepteurs ou conseillers, ainsi que les milliers de participants à divers types de stages de formation » [27].

Il faut souligner, en effet, que les activités centrées sur le développement individuel n'accaparent pas à elles seules tout le champ de la psychosociologie québécoise et ne monopolisent pas tout le « marché » des techniques de groupe. S'il est vrai qu'Esalen est connu et exerce une grande séduction, et s'il est vrai qu'un bon nombre de psychologues vont se former au *Gestalt Institute* de Los Angeles, ou au *Gestalt Institute* de Cleveland, ou encore à l'*Institute for Bioenergetic Analysis* à New York, il n'en reste pas moins vrai, également, que la pratique de l'intervention psychosociologique près des organisations, dans le domaine du changement planifié et du développement des entreprises, a toujours été très vivante au Québec.

Il y a toujours eu des psychologues et des psychosociologues qui ont préféré jouer un rôle de « consultants », de conseillers, de spécialistes de la formation professionnelle ou de chercheurs dans les secteurs de l'éducation, de l'industrie, de la fonction publique, plutôt qu'un rôle de thérapeutes. Parmi les illustrations les plus marquantes de ce qui a été réalisé en ce domaine, on citera notamment : la participation de l'I.F.G. à l'élaboration et à l'exécution de plusieurs projets-pilotes du Ministère de l'Education du Gouvernement du Québec [28], les travaux d'Alexander Winn à l' « Alcan » (*Aluminium Company of Canada Ltd*) et ses publications (cf. Winn, 1971, 1972), la réflexion théorique et les réalisations pratiques présentées dans le volume *Changement planifié et développement des organisations* (1973) [29].

### *18. Problèmes politiques des psychosociologues français*

En France, où l'on ne parlera guère d'Esalen avant le début des années soixante-dix, ce sont aussi des interventions et des consultations près des organisations sociales (quelles qu'elles soient : organisations commerciales, industrielles, syndicales, administratives, hospitalières, scolaires et universitaires) qui ont principalement été demandées à l'A.R.I.P. depuis sa fondation en 1959. D'autres organismes, comme l'« Association nationale pour le développement des sciences humaines appliquées » (A.N.D.S.H.A.) et son prolongement l'« Institut de psychosociologie industrielle, commerciale et administrative » (IPSICA), ont été sollicités, dans le même sens que l'A.R.I.P., pour aider des organisations et des institutions cherchant une amélioration de leur fonctionnement ou, plus profondément, une transformation de leurs politiques et de leur conception des rapports humains. Ce type de demande va être à l'origine, en 1962, d'une réflexion approfondie des psychosociologues français sur le sens de leur pratique.

C'est d'abord la revue *Arguments* qui, dans un numéro qui restera célèbre (janvier-juin 1962), lance une première tentative d'analyse idéologique et politique des pratiques de la psychosociologie [30]. Lapassade, Morin, Filloux, Robert Pagès, Max Pagès, Moscovici, Faucheux et Gabel essaient d'y dégager les conditions d'une pratique psychosociologique intégrant à la fois la dimension du groupe et la dimension politique. Ils soulignent « l'impensé politique » de la psychosociologie française, et ils tentent de la « politiser » en mettant l'accent sur la transformation des organisations micro-sociales et sur l'élaboration possible d'un « micro-socialisme ». Il s'agit, selon Lapassade et Morin, « de trouver de nouvelles formes de praxis visant à étudier la société en la transformant » (1962, p. 4). Et Filloux écrit : « La psychosociologie (plus exactement le progrès de la psychosociologie) est un instrument nécessaire, quasi *sine qua non*, de la construction du socialisme » (1962, p. 5).

En décembre 1962, des psychosociologues de tendances diverses se réunissent en colloque à Royaumont pour procéder à des échanges de vues sur les fondements de leur discipline et sur leur rôle concret [31]. Ils n'hésitent pas à formuler et à affronter quelques interrogations qui leur paraissent fondamentales : pourquoi des psychosociologues ? quel est le sens de l'action du psychosociologue dans la société ? s'il est agent de changement, de quel changement s'agit-il ? la psychosociologie peut-elle changer la société en améliorant les relations inter-individuelles ? le psychosociologue joue-t-il seulement un rôle de réformateur, ou bien peut-il jouer un rôle de révolutionnaire ? peut-il être indépendant s'il reçoit son salaire de la direction des entreprises qui font appel à ses services ? etc ...

### *19. Analyse institutionnelle et socianalyse*

Les questions posées à Royaumont vont faire leur chemin. On ne pourra plus ignorer que le T-group revêt forcément des aspects politiques, dans la mesure où il s'y pose des problèmes d'autorité, de pouvoir et de source de la décision. L'idée est lancée d'une évolution qui transformerait le groupe de formation, ou groupe de diagnostic, en groupe autogéré, c'est-à-dire en groupe totalement non directif, où se développeraient des motivations et des décisions véritablement collectives, qui auraient leurs racines dans la «vie affective» et dans la «culture» du groupe, et où les participants auraient eux-mêmes le choix des méthodes et des programmes de formation [32]. C'est l'origine du courant institutionnaliste, qui va donner naissance à l'analyse institutionnelle et à la socianalyse: l'intervention psychosociologique ne se limitera plus à l'analyse des groupes, mais débouchera sur une prise en charge de l'organisation puis de l'institution.

A ce propos, il est frappant de souligner, au passage, les aspects tout à fait divergents de l'évolution qui se produit dans la même période (1962-1963) des deux côtés de l'Atlantique. En France, un courant important se tourne vers la politique, le champ social et l'analyse des phénomènes institutionnels, alors qu'aux Etats-Unis le mouvement des groupes s'oriente, avec Esalen, vers l'individu, le corps et l'expression directe des émotions (cf. Lapassade, 1975 a, p. 197). Par un curieux mouvement de balancier, la problématique inverse se présentera dix ans plus tard: en 1972-1973, au moment où la France s'ouvrira aux nouveaux groupes de thérapie et aux techniques non verbales, une question sera posée au Québec avec insistance et avec une certaine acuité: à quoi sert l'intervention du psychosociologue au plan socio-politique? (cf. *Changement planifié et développement des organisations*, 1973, pp. 736-825) [33].

Pour fonder en théorie l'analyse institutionnelle, Lourau et Lapassade partent des insuffisances de l'intervention psychosociologique dans les organisations sociales. Selon eux, l'analyse fonctionnelle des organisations met au jour les phénomènes de pouvoir, les crises d'adaptation aux changements technologiques, les contraintes de la bureaucratie; mais elle méconnaît un certain nombre de particularités d'appartenance et de référence qui traversent l'organisation; elle ne tient pas compte de la communication qui tend à s'instaurer, dans la réalité de l'organisation, entre les différents niveaux et dans tous les sens; elle sous-estime ce que Lourau et Lapassade désignent sous le nom d'«institution», et qu'ils définissent comme étant l'inconscient politique de la société, l'équivalent dans le champ social de ce qu'est l'inconscient dans le champ psychique (Lourau, 1970; Lapassade et Lourau, 1971; Lapassade, 1975 a). L'institution est un «carrefour des instances» (économique, politique, idéologique); il s'agit d'une dimension fondamentale qui traverse et fonde à tous les niveaux la structure sociale, et qui reproduit les rapports sociaux dominants au sein de l'organisation ou de la collectivité.

L'analyse institutionnelle vise à dégager la « dimension institutionnelle » des organisations par l'exploration active de l'inconscient politique. Cela se fait au moyen de la « socianalyse », qui peut se définir comme le travail d'intervention dans les organisations sociales dans une relation de consultation, ou encore comme l'analyse institutionnelle en situation d'intervention. L'un des éléments essentiels de l'intervention socianalytique consiste dans la construction ou l'élucidation des « analyseurs », c'est-à-dire d'éléments révélateurs ou catalyseurs permettant (ou imposant) la manifestation d'une vérité sociale, d'une situation jusque-là cachée ou insuffisamment connue.

Analyser l'institution, c'est en « dévoiler le non-dit » et les conflits latents, c'est libérer la parole sociale, c'est mettre au jour les contradictions et la violence implicite de la société globale; c'est « faire surgir dans sa réalité concrète le caractère dialectique, à la fois positif et négatif, de tout groupement organisé » (Lapassade et Lourau, 1971, p. 177). Aux yeux des socianalystes, le changement social ne peut pas se limiter à une « réforme organisationnelle » de la société; il s'agit d'un véritable « changement institutionnel », qui passe par « le dépérissement et la destruction des formes organisées » (Lapassade et Lourau, 1971, p. 165), qui doit atteindre tous les niveaux de la structure sociale, et qui s'insère dans un « processus révolutionnaire (...) par lequel l'ensemble du système et de ses instances est transformé par l'intervention active de tous » (Lapassade, 1971, p. 29) [34].

Dans l'optique de la présente recherche, il n'est pas sans intérêt de noter que l'une des interventions socianalytiques les plus connues (et aussi l'une des plus contestées), parmi celles que revendique le courant institutionnaliste, a été réalisée à Montréal par Lapassade, en mars-avril 1970, dans le cadre d'un essai d'évaluation sur la validité des structures de participation à l'« Université du Québec à Montréal » (U.Q.A.M.) [35].

### *20. L'approche sociopsychanalytique*

Un autre courant récent de la psychosociologie française s'est montré fort préoccupé des problèmes politiques : c'est le courant sociopsychanalytique animé par G. Mendel, qui, en se réclamant à la fois de la théorie psychanalytique et de certaines analyses marxistes, a centré sa recherche autour du phénomène-clé que sont les relations de pouvoir. Mendel parle de l'appartenance de chaque travailleur à une « classe institutionnelle » définie par sa place dans le processus de production : la classe institutionnelle est constituée par le groupe des gens ayant la même fonction dans l'institution. Ainsi, dans une école, Mendel peut distinguer la classe des enseignants, la classe des enseignés, la classe du personnel d'entretien, du directeur ... Chaque individu dispose d'une pulsion politique, la «pulsion d'exigence du pouvoir de classe institutionnelle», qui le pousse à exiger le maximum de pouvoir à l'intérieur de sa classe institutionnelle, et qui, par un processus en chaîne, est à l'origine d'une véritable lutte de classes, parce que chaque niveau veut capter à son profit une «plus-value de pouvoir» par rapport à l'échelon inférieur.

Dans notre société, le drainage de plus-value de pouvoir vers le sommet de la société fait que le pouvoir social d'un individu est pratiquement réduit à néant. Les conflits sociaux et politiques sont vécus sur le mode «psycho-familial» et se transforment en conflits d'ordre psychologique, de la même manière que les conflits psychiques individuels ont tendance à se déplacer vers le corps dans des manifestations psycho-somatiques: il y a une occultation du politique par le psychique, une régression du politique au psychique; il se produit une réduction de la problématique du pouvoir et de la lutte des classes à des éléments du moi psycho-affectif archaïque. Les personnes qui ne parviennent pas à entrer dans la lutte de classe institutionnelle ne peuvent atteindre une réelle maturité: si elles ne tentent pas d'agir sur le devenir de la société, elles ne peuvent prétendre vivre au niveau de leur «moi politique». Pour Mendel, un individu qui ne tente pas d'exercer son pouvoir social n'est pas quelqu'un de totalement développé, même s'il est apparemment épanoui au plan psychologique.

L'intervention du sociopsychanalyste ne s'applique pas à l'institution dans son ensemble, mais à une ou plusieurs classes institutionnelles (par exemple: aux élèves, ou aux professeurs, dans une école); ainsi elle ne risque pas d'étouffer la lutte de classe institutionnelle. En «désoccultant» les conflits, en aidant les membres d'une classe sociale à passer du statut de «manipulé» au statut de «citoyen», le sociopsychanalyste favorise la maturation du moi social de l'individu et de la dimension politique au sein des groupes [36].

### *21. Du psycho-pédagogique au socio-politique*

Ainsi, chacun à leur manière, le courant de l'analyse institutionnelle de Lourau et Lapassade et le courant sociopsychanalytique de Mendel ont contribué à une «politisation» de la psychosociologie française. Les résultats de cette évolution ont été finement analysés par Max Pagès:

> Une évidence me frappe: c'est la dominance d'une préoccupation sociologique chez les psychosociologues d'aujourd'hui. Il y a quelques années (...), on eut entendu parler de training-group, de méthodes pédagogiques, de relation, de non-directivité, (...) du transfert, des phantasmes. Aujourd'hui l'on s'interroge (...) sur le sytème social, sur la possibilité ou l'impossibilité de le

changer, sur l'adéquation ou l'inadéquation des concepts et des méthodes psychosociologiques à cette fin. (...) Le ton a changé. (...) L'intérêt se déplace du psycho-pédagogique vers le socio-politique (1974, p. 12).

On a signalé, en particulier, l'importance des préoccupations d'ordre politique dans la désaffection progressive qui a succédé peu à peu à l'enthousiasme des années soixante à l'égard des idées et des méthodes de Rogers. Déjà en avril-mai 1966, le séjour de Rogers en France avait suscité, selon Hameline, « des déconversions et, à tout coup, bien des désabusements » (1971, p. 200). Commentant l'attitude de ceux qui, après s'être réclamés de l'oeuvre de Rogers, ont ensuite pris leurs distances, Hameline donne deux raisons qui rendent compte de cette « ingratitude » :

La première, c'est que Rogers a souvent servi pour beaucoup, dans le début des années soixante, de prétexte, de référence provisoire, en particulier à ceux que l'apolitisme et le « pédagogisme » tenaient éloignés d'autres sources théoriques. La seconde raison, liée à la première, tient à cette rupture d'un enchantement que constituèrent, pour ces mêmes gens, la découverte de la dimension politique de l'acte d'éducation et la nécessité de poser les problèmes dans un autre champ théorique que celui dont ils s'étaient satisfaits avec Rogers (Hameline et Dardelin, 1977, p. 211).

De même, il apparaît nettement que la critique politico-sociale n'est pas étrangère aux travaux et aux réalisations de tous ceux qui se rattachent, de près ou de loin, au courant de l'anti-psychiatrie. Si les écrits de Maud Mannoni (1970, 1973, 1976, 1979) et de Roger Gentis (1970, 1971, 1973) sont peut-être moins connus à travers le monde que ceux publiés en Italie par Basaglia, ou ceux publiés en Grande-Bretagne par Laing et Cooper, ou encore ceux publiés aux Etats-Unis par Thomas Szasz, il convient cependant de faire mention de certaines expériences françaises d'orientation antipsychiatrique, comme le centre d'éducation pour enfants inadaptés de Bonneuil-sur-Marne ou comme la clinique de La Borde (tout comme il conviendrait de citer, dans la même ligne, au Québec, la commune thérapeutique pour psychotiques de l'Abri d'Erasme, dirigée par Roger Lemieux, et la démarche du « Groupe Action-Santé », animé par Luc Blanchet, à la clinique communautaire de Pointe St-Charles à Montréal). Enfin on peut souligner la présence de la perspective politique dans les recherches de Deleuze et Guattari, prônant la « schizo-analyse », définie comme une analyse militante dont la tâche fondamentale serait « d'atteindre aux investissements de désir inconscient du champ social » (1972, p. 419), ou comme un moyen permettant de comprendre comment le désir le plus intime peut communiquer avec le champ social.

### 22. *Le temps de la révolution et de la fête*

On a pu se demander si la réflexion entamée en 1962 pour penser une psychosociologie politique et pour faire du groupe restreint un instrument privilégié du changement micro-social avait joué un rôle, au moins à titre de prélude, dans les ébranlements qui secouèrent la France en mai 1968 [37]. Il est difficile de vérifier objectivement cette hypothèse; mais il faut bien reconnaître que plusieurs des grands thèmes de mai 68, comme la recherche de la communication vraie, la décision collective, l'explosion égalitariste, la parole sociale libérée, la critique permanente du pouvoir, étaient déjà présents dans les expériences pédagogiques des petits groupes, ainsi que dans l'idéologie et le langage de certains psychosociologues.

A son tour, le «mouvement de mai» a influencé indirectement l'évolution des groupes en France, en favorisant la diffusion d'un nouvel esprit du temps. La contestation sociale et culturelle, le mélange inextricable de l'affectif et du politique, l'aspiration à un «autrement» et à un «ailleurs» qui se sont exprimés en mai 1968 rejoignaient assez bien la revendication à la fois libertaire et communautaire, existentielle et sociale, qui avait commencé à se manifester quelques années plus tôt parmi la jeunesse américaine, notamment sur le campus de Berkeley en Californie (avec le *Free Speech Movement* en 1964). C'était alors, pour les étudiants californiens, le temps de la provocation, des *happenings*, des alternatives utopiques à la situation présente, de l'expression de groupe, du nu, de la participation, du refus du «système», de la création collective. Ces aspirations trouvaient écho et correspondance dans la permissivité, la créativité et la libéralisation des méthodes de l'Institut Esalen, qui accueillait au même moment quelques-uns des *leaders* célèbres de la jeunesse, comme Alan Watts, Abraham Maslow, Aldous Huxley, Ronald Laing et bien d'autres.

La crise de mai 68, qui a braqué les projecteurs de l'actualité sur la pensée de Marcuse et qui a remis en honneur l'oeuvre de Reich, peut être considérée, selon un commentaire d'Edgar Morin (1978), «comme la variante explosive, (...) l'équivalent français du mouvement juvénile de Californie» [38]. Sans les «événements de mai», il aurait sans doute fallu plus longtemps pour que le public français, marqué par sa tradition de logique cartésienne, s'ouvre à l'influence d'Esalen et aux techniques néo-reichiennes. Comme l'explique Morin [38]:

> Au cours des années 70, voici que font irruption en France des thèmes et des acteurs venus de Californie. (...) La revendication de la différence, c'est en même temps la revendication de l'existence. (...) La nouvelle aspiration existentielle va s'exprimer idéologiquement à travers le terme de «désir» (...). L'aspiration à vivre sa vie n'est plus aussi refoulée et inhibée que dans les années 60. Elle prend un aspect tantôt illuministe et naïf, tantôt furieux ou désespéré. Elle cherche sa délivrance dans les yogismes, thérapies de groupe, expériences hallucinogènes, communautés, néo-artisanat, néo-ruralité (1978).

## 23. *Esalen à Paris*

On va donc voir surgir en France la même floraison de techniques d'expression corporelle et de méthodes diverses que les Etats-Unis et le Canada ont connue au cours des dix années précédentes. A Paris comme à Bethel et à Montréal, l'analyse bio-énergétique [39] et la gestalt-thérapie vont avoir désormais plus de succès que le groupe de formation lewinien ou le groupe de rencontre rogerien.

C'est en 1970 que Jacques Durand-Dassier, au retour d'un séjour prolongé aux Etats-Unis où il a travaillé notamment près des communautés thérapeutiques de drogués de Synanon et de Daytop, lance les premiers essais français de groupe «marathon», avant de créer le «Centre d'Evolution». En janvier 1971, sur l'invitation de Max Pagès qui vient de quitter l'A.R.I.P. et de fonder le Laboratoire de Changement Social de l'Université Paris IX (Dauphine), se tient à Paris un premier séminaire d'analyse bio-énergétique, dirigé par deux animateurs venus de Londres, William Grossman et Eve Godfrey. L'année suivante vont naitre le «Centre de développement du potentiel humain» (C.D.P.H.) et «Tribu, centre de psychologie expérientielle». De nombreux autres «Centres» suivront, qui tous se réclameront plus ou moins du mouvement californien, et qui proposeront une très grande variété d'activités (dont les intitulés quelque peu hermétiques ne suffiront pas toujours à éclairer le contenu: par exemple, lorsqu'il sera question de psychothérapie antagoniste, ou de libération du corps global, ou d'ateliers relationnels euphorisants, ou de déconditionnement psychosensoriel, ou de «*rebirthing*», ou de liens du corps avec le devenir cosmique!) [40].

Cette prolifération des «nouveaux groupes» est à l'origine, à partir de 1972, d'une abondante littérature. Mais dans la plupart des cas, il s'agit surtout de reportages un tantinet aguicheurs publiés dans la presse à sensation, ou bien d'écrits descriptifs visant davantage à la présentation des méthodes et à la vulgarisation qu'à un approfondissement des référents théoriques. Alors que l'œuvre de Moreno, de Lewin, de Rogers et les applications possibles de la psychanalyse aux groupes avaient suscité des travaux de qualité, les chercheurs français qui s'attaquent à une réflexion sur les soubassements et sur la valeur des nouvelles méthodes restent peu nombreux.

Il faut cependant signaler quelques notables exceptions. La revue *Connexions*, qui a été lancée par l'A.R.I.P. en avril 1972 pour contribuer à une confrontation entre les différentes tendances de la psychosociologie, a consacré plusieurs numéros aux orientations récentes du travail de groupe [41]. Le *Bulletin de psychologie* a souligné à plusieurs reprises l'importance et les ambiguïtés de l'extension des nouvelles techniques [42]. Le «Groupe d'études de psychiatrie, psychologie et sciences sociales» s'est attaché à réfléchir à l'esprit et à la pratique des méthodes corporelles dans un intéressant numéro de la revue *Perspectives psychiatriques*, présenté par D. Anzieu, sous le titre « Corps et groupe » (1976) [43]. J. Maisonneuve a publié un article très documenté, intitulé « Le corps et le corporéisme aujourd'hui », dans la *Revue française de sociologie* (1976) [44]. Surtout Max Pagès et Lapassade, tous deux spécialistes de longue date de tout ce qui concerne les groupes, ont été particulièrement marqués par la rencontre avec le nouveau courant américain, qu'ils ont cherché à analyser en profondeur avec une lucidité sans compromission; à l'évidence, l'évolution de leur pensée a certainement été influencée par les techniques venues d'outre-Atlantique. Enfin, R. Gentis, dans un volume paru en 1980 (*Leçons du corps*), s'est interrogé sur l'engouement des jeunes pour les nouvelles thérapies.

### *24. L'apport théorique de Max Pagès*

En 1963 et en 1968, Max Pagès avait formulé l'hypothèse de l'existence d'un « lien positif » immédiat à l'intérieur de tout groupe. Il y avait, selon lui, des phénomènes d'affectivité collective qui tiraient leur origine de la relation immédiate au sein de la situation de groupe et qui s'imposaient à tous les membres du groupe (cf. Morval, 1972 a). L'expérience d'un lien positif constituait la source de la coopération à l'intérieur du groupe et le préalable à tout travail de groupe efficace.

Quelques années plus tard, à la lumière des changements socio-politico-culturels provoqués par les évènements de mai 1968, et aussi à la lumière de l'irruption massive des techniques non verbales et des techniques du corps, Pagès revoit, modifie et complète ses positions théoriques (1972 b, 1973, 1975 a, 1977). Evoquant son hypothèse première d'un inconscient collectif situé dans le présent qui consisterait dans l'expérience affective de la relation et qui dirigerait les phénomènes de groupe, il écrit:

> J'avais raison de postuler ce caractère premier et irréductible de la relation humaine. Mon tort était alors d'omettre les aspects biologiques et de ne pas formuler la relation en termes de désir et de plaisir, de ne pas la reconnaître clairement à l'œuvre dans les manifestations physiques de l'instinct (1973, p. 162).

Il étudie les oppositions entre Freud et Reich, leurs conceptions différentes du désir et du plaisir, de la répression, des rapports entre l'affect et le symptôme. Il met en parallèle la thérapeutique freudienne et les thérapeutiques modernes. Il décèle dans tous les groupes « un projet autogestionnaire inconscient », qu'il définit comme « un projet de prise en charge par le groupe de la responsabilité de tous les aspects de sa propre vie » (1972 b, p. 930). D'après lui,

> c'est par l'expérience du plaisir partagé que passe nécessairement le rétablissement de la socialité, la réduction des formes possessives et destructrices du désir, des conduites perverses, névrotiques ou psychotiques. (...) Le

plaisir partagé est le fondement de toute expérience sociale, l'origine du langage. Il permet la découverte de soi-même et des autres, le développement par l'apparition de désirs nouveaux. Il est le moteur du changement (1977, pp. 34-35).

A cet effet, les techniques non verbales, qui utilisent les ressources d'une psychosociologie de l'inconscient, peuvent jouer un rôle essentiel, à condition «d'en orienter l'usage non vers l'individu isolé, mais vers la libération du potentiel énergétique et expressif du groupe tout entier» (1972 b, p. 933).

*25. De la libération de la parole à la transanalyse*

A l'origine de l'analyse institutionnelle, les règles de base de l'intervention socianalytique, telles que les concevaient Lourau et Lapassade, étaient fondées essentiellement sur la verbalisation. Il s'agissait de produire une parole collective, de tenter une approche de la parole sociale, dans la perspective d'une idéologie de «libération de la parole».

En 1973, Lapassade découvre les pratiques bio-énergétiques et le «mouvement du potentiel humain». Il en reste insatisfait parce qu'il n'y trouve pas la dimension sociale. Mais il se sent questionné et contesté dans des aspects fondamentaux de son activité de socianalyste: le courant californien révèle le «parolisme» et l'oubli de la dimension libidinale qui étaient le fait du courant institutionnaliste. Jusqu'alors l'analyse institutionnelle ne connaissait guère le désir, l'émotion, la «mise en transe»; il lui manquait une idéologie de la «libération du corps».

Dès lors, Lapassade se lance, avec sa fougue habituelle, dans une recherche de similitudes, de collaboration, voire même de synthèse, entre l'analyse bio-énergétique et l'analyse institutionnelle, entre les techniques venues d'Esalen et la psychosociologie institutionnaliste (1973a, 1973b, 1974, 1975a, 1975b). Parce que «la révolution sociale ne peut exister qu'en impliquant la libération des corps et des énergies» (1974, p. 105), «il s'agit, en définitive, de faire passer l'expression des désirs dans l'analyse institutionnelle et, en même temps, l'analyse politique dans la libération du corps (...), (pour) travailler aux deux niveaux dialectiquement liés du désir et de l'institution» (1975b, p. 14), «au double niveau du sexe et de l'argent» (1975a, p. 12).

Ainsi, l'irruption du libidinal dans la problématique politique ouvrirait des voies pour que le désir de transgression s'accomplisse en subversion. L'utilisation de la décharge cathartique violente dans l'intervention socianalytique et la redécouverte, à travers les méthodes américaines, de certains aspects des antiques «thérapies par la transe», qui étaient jadis en honneur en Grèce et à Rome, et qui se sont maintenues en Afrique, aux Antilles ou au Brésil (Lapassade, 1976; Schott-Billmann, 1978), faciliteraient la naissance et le développement d'une forme nouvelle d'intervention dans le champ social: la «transanalyse». Celle-ci pourrait être définie «comme une action dans laquelle les analyseurs naturels et construits permettent d'explorer et de travailler la dialectique énergétique des rapports conflictuels entre l'institué et l'instituant, entre l'énergie sociale liée et l'énergie sociale libre» (Lapassade, 1975a, p. 205)[45].

## 26. *Une façade de prospérité*

Cette évocation des souhaits de Lapassade en vue d'une «réunification» du courant corporel et du courant socio-politique nous conduit presque au terme de notre survol des cinquante années d'histoire de la psychosociologie ... Depuis les premières expériences d'Elton Mayo à Chicago, les méthodes ont beaucoup évolué, le champ de travail des psychosociologues s'est élargi, les écoles et tendances ont proliféré.

Sans doute les animateurs de groupes ne manifestent-ils plus l'assurance tranquille et la sérénité inébranlable qui étaient leur lot aux environs de 1960-1963, au temps de la splendeur triomphante de la non-directivité rogerienne. Pourtant, il semblerait à première vue que l'intérêt du public américain ou européen pour les groupes n'ait pas faibli; on aurait même l'impression qu'il s'est plutôt accru[46].

Aux Etats-Unis, où l'on a pu parler de «la prolifération récente et désordonnée des méthodes de groupe»[47], une publication recensait en 1971 quarante-deux techniques différentes et fournissait vingt-cinq pages d'adresses de *growth centers*[48]; pour la seule gestalt-thérapie, on signalait qu'il existait en 1973 plus de 215 organismes de formation[49]. En France, une revue de psychologie destinée au grand public a retenu à deux reprises en l'espace de trois mois, en 1975, pour sa page de couverture, un «titre-choc» qui attirait l'attention sur l'attrait croissant des groupes («Le boom des techniques de groupe» et «Le boom des psychothérapies»)[50]. C.Dreyfus (1975) a écrit:

> L'engouement pour les groupes ne fait que commencer en France. Depuis trois ans, les organismes proposant des week-ends de rencontre, des ateliers relationnels, des initiations à différentes formes de thérapie de groupe se multiplient à un rythme spectaculaire (p. 13).

Par ailleurs, dans un numéro spécial du *Bulletin de psychologie* (1974), consacré à la perspective psychanalytique sur les groupes, on soulignait la fécondité actuelle de l'approche psychanalytique, qui n'est pas limitée aux disciples de Mélanie Klein ou aux collaborateurs de Bion et Foulkes en Angleterre, ou à ceux d'Anzieu en France, mais qui étend également son influence à Milan (Italie) et à Lausanne (Suisse), et jusqu'en Argentine (théorie du groupe opérationnel d'Enrique Pichon-Rivière, à Buenos-Aires), et même aux Etats-Unis, où le vétéran californien de la psychanalyse, Martin Grotjahn, insiste, à Beverly Hills, sur la nécessité de compléter la formation des psychanalystes par l'expérience du groupe.

Un débouché nouveau et important a été offert aux activités de groupe, en Amérique du Nord comme en Europe, par le succès des programmes de «formation continue» destinés aux adultes. On a pensé, en effet, au plan de la pédagogie, que le recours abondant aux méthodes de groupe, la mise en commun des expériences et des réactions, la participation active, la discussion et les échanges, la communication verbale et non verbale entre participants constitueraient de puissants facteurs d'intérêt, dans lesquels on verrait la garantie d'un «enseignement» renouvelé, mieux adapté à l'âge et à la mentalité des adultes, exigeant une implication plus étroite, et accroissant par le fait même les probabilités d'une progression rapide.

En France, une loi promulguée le 16 juillet 1971 (et améliorée ensuite par une nouvelle loi en date du 17 juillet 1978) a instauré une politique de formation permanente, qui donne la possibilité aux travailleurs salariés, tout au long de leur vie active, d'obtenir un congé pour effectuer des stages de formation, et qui prévoit une participation obligatoire des employeurs au financement de la formation professionnelle continue[51]. Aux Etats-Unis et au Canada, de plus en plus fréquemment, les universités d'Etat et les campus privés, grands ou petits, offrent aujourd'hui aux adultes des cours ou des activités de formation continue. En 1977, un journaliste pouvait noter:

> L'éducation permanente est en passe de devenir une des principales formes de loisir aux Etats-Unis, pour ne pas dire une véritable industrie. Les séminaires, les *workshops*, destinés aux plus de trente-cinq ans, foisonnent[52].

Au Québec, l'Université Laval, qui a créé en 1972 un Service de l'éducation permanente, a reçu, de septembre 1968 à janvier 1976, 4943 demandes d'admission à l'un ou l'autre des programmes d'études de l'Université. A l'Université de Montréal, la Faculté de l'éducation permanente, qui a remplacé en 1975 le Service d'éducation permanente créé sept ans plus tôt, avait en 1976 un effectif total de 12 000 étudiants actifs, réguliers ou libres. Enfin, à l'Université du Québec à Montréal (U.Q.A.M.), où l'on a toujours voulu garder comme un acquis de base le principe de la démocratisation de l'accès à l'université par l'assouplissement des règles d'admission, on comptait parmi les inscrits, pour l'année universitaire 1977-1978, une proportion de 49,62 % d'adultes âgés de plus de vingt-cinq ans.

Tous ces faits et toutes ces données pourraient être considérés comme constituant un fond de décor éminemment favorable à l'extension et à l'épanouissement des méthodes de groupe. Et si le présent est gage de l'avenir, on serait porté à croire que les animateurs de groupe ont encore de beaux jours à vivre devant eux, sans inquiétude excessive, et que les lendemains immédiats de la psychosociologie sont assurés ... Nous allons voir que ce serait tirer une conclusion trop rapide, et peut-être trop optimiste.

# Chapitre II
# Le temps des incertitudes

Derrière l'apparente prospérité des groupes, derrière le succès des sessions et des stages, derrière le foisonnement des centres et l'abondance des animateurs, on détecte, en réalité, des doutes et un malaise. Nous avons déjà signalé que les certitudes triomphalistes du début des années soixante n'avaient pas survécu à l'irruption massive des nouvelles méthodes corporelles dans le contexte nord-américain et aux interrogations inquiètes des psychosociologues européens au sujet de la signification et de la portée de leur influence socio-politique.

Nous allons voir maintenant comment s'expriment ces doutes et ce malaise, comment ils sont perçus, vécus, subis, ou plus ou moins bien assumés, aux Etats-Unis, au Québec et en France. De la sorte, nous prendrons, si l'on peut dire, le pouls de la psychosociologie et des psychosociologues. La vue d'ensemble des questions qui se posent aux praticiens des techniques de groupe et la présentation panoramique des problèmes auxquels ils sont confrontés nous permettront de mieux saisir comment se présente aujourd'hui la situation réelle de leur discipline.

## A. Une interrogation généralisée

### *1. Les contestations américaines*

Dans un article pénétrant de *Sociologie et sociétés* (1977), où il s'exerce à une réflexion critique sur tout le champ de l'intervention psychosociologique, Robert Sévigny résume les principaux arguments d'une certaine remise en question de la psychosociologie telle qu'elle est formulée actuellement par un bon nombre d'auteurs américains (pp. 13-14).

Ainsi Ruitenbeek limite la valeur universelle de la psychologie sociale en faisant de son développement une réponse à des traits caractéristiques de la société américaine. K. Back refuse de privilégier dans le développement de la dynamique de groupe depuis Lewin le seul aspect «courant scientifique» et insiste pour qu'on retienne tout autant le côté «mouvement social». E. Schur conteste les divers modèles d'intervention auprès des individus ou des groupes restreints et propose plutôt un modèle de non-intervention, ce qui, à ses yeux, permettrait d'opposer une stratégie du changement individuel à une stratégie du changement des normes et des structures sociales. J. Kovel montre comment les approches théoriques et méthodologiques des différentes écoles de thérapie de groupe sont amenées à découper et à favoriser telle ou telle dimension particulière en l'isolant des processus psychosociologiques. D'autres auteurs, qui se présentent comme «thérapeutes radicaux», prennent comme base de leur critique systématique des diverses tendances actuelles une perspective d'action politique révolutionnaire et une redéfinition marxiste de la psychologie.

Sévigny mentionne également les travaux de Lieberman, Yalom et Miles, «qui constitue(nt) probablement la principale recherche empirique sur les groupes de rencontre» (p. 14). Les conclusions essentielles de ces travaux ont été présentées et analysées pour les lecteurs de langue française dans un article du *Bulletin de psychologie* en 1974[53]. L'auteur de l'article, J. Muller, souligne que la recherche de Lieberman, Yalom et Miles mérite respect et crédibilité parce qu'il s'agit d'une expérimentation qui a été menée sans hostilité ni complaisance apparentes *a priori*. Or l'étude des trois chercheurs américains met nettement en cause la plupart des idées ou des affirmations plus ou moins tacites qui règlent les stratégies des animateurs de groupes: lorsque ces idées préconçues, qui s'apparentent à des postulats ou à des mythes, sont passées au crible des résultats d'une expérimentation, elles apparaissent comme les articles d'un «credo» insuffisant, dépourvu de rigueur et d'authenticité.

On peut aussi évoquer le cri d'alarme lancé, peu de temps avant sa mort (survenue en 1970), par F.S. Perls, qui, en présentant au grand public les principes de base de la gestalt-thérapie, dénonçait les dangers possibles de certaines des pratiques de groupe les plus répandues aux Etats-Unis:

> Il nous a fallu bien du temps pour débusquer le noyau de résistance freudienne de son bunker. Et nous voici au seuil d'une épreuve peut-être plus dangereuse encore dans son esprit: le temps est venu des magiciens faiseurs de cures instantanées, procureurs de joies immédiates, mécaniciens rapides de la prise de conscience. Nous entrons dans l'ère des requins et des charlatans qui prônent que briser les défenses d'une personne équivaut à la guérir.

Eux « savent », et jettent ainsi un voile définitif sur votre évolution spécifique, votre potentiel véritable, et sur le génie inné en chacun de vous. Je dis qu'il y a danger, si c'est là, comme je le crains, la tendance qui se dessine. Un danger plus grand que l'année, la décade, le siècle passés sur le divan du psychanalyste. Le dommage subi alors était moindre que ceux qui maintenant nous guettent... Ce qui pourrait arriver à partir de maintenant est très grave (1969)[54].

Et C. Rogers lui-même, qui depuis 1964 a élargi le champ de ses travaux en s'intéressant de plus en plus à ce qu'il appelle les « groupes de rencontre de base » (*basic encounter groups*), a dit la grande inquiétude que lui inspire l'avenir des groupes :

Je dois d'abord reconnaître que le groupe ne peut que trop facilement tomber entre les mains d'exploiteurs, c'est-à-dire de personnes qui s'occupent de groupes surtout pour leur profit personnel, financier ou psychologique. Il se pourrait que des fanatiques, des prosélytes, des nudistes, des manipulateurs, des gens qui ont besoin d'être puissants et reconnus, dominent la scène du groupe de rencontre. Dans ce cas, je pense qu'on va droit au désastre. (...) Il existe une autre possibilité du même genre et également décevante : par suite d'un zèle excessif des animateurs et de l'emploi de procédures de plus en plus extravagantes, le groupe pourrait finir par être condamné par l'homme de la rue sans que celui-ci ait jamais perçu ce qu'il contient de solide et de positif (1970, p. 158)[55].

## 2. *Les inquiétudes québécoises*

Au Québec, les problèmes actuels de la psychosociologie sont surtout apparus au grand jour lorsque l'Institut de Formation par le Groupe (I.F.G.), qui était perçu depuis plus de dix ans comme l'organisme québécois de formation et de recherche le plus dynamique et le mieux structuré, a cessé ses activités et lorsque toute son équipe d'animation s'est dissociée, en septembre 1976.

En réalité, depuis plusieurs années déjà, « la cohésion de l'I.F.G. était fragile »[56]. Il fallait satisfaire à la fois deux types de clients : d'une part ceux qui s'intéressaient à la croissance personnelle des individus, et d'autre part ceux qui visaient d'abord le développement des organisations, ou encore, comme l'a noté finement R. Tessier[56], d'une part ceux qui considéraient le psychologue comme « un mathématicien des structures ou un comptable », et d'autre part ceux qui le regardaient comme « un gourou hindou ou un médecin parallèle ». Au sein même de l'équipe des psychosociologues, il existait forcément des divergences entre certains, qui étaient préoccupés par la recherche d'un nouveau mode de vie et plutôt attirés par la « nouvelle culture » ou la « contre-culture », et d'autres, d'orientation « technocratico-libérale », qui se souciaient avant tout d'aider les entreprises à assumer leur croissance et le développement optimal de leurs ressources humaines.

Bien avant qu'éclate dans le ciel de la psychosociologie québécoise la bombe de la liquidation de l'I.F.G., plusieurs des membres de l'équipe d'animation avaient fait connaître en public leurs interrogations personnelles. C'est ainsi que, en septembre 1971, dans un numéro spécial du *Bulletin de nouvelles* de la Corporation des psychologues du Québec qui présentait les objectifs et les activités de l'I.F.G.[57], J. Gagnon définissait ainsi ses perspectives propres:

> J'ai derrière moi (...) des activités de formation aux relations humaines effectuées dans divers milieux et selon des formules variées. Dans l'immédiat, j'achève à toute vapeur ma thèse de doctorat sur le changement planifié dans l'organisation. Mais ce sont là de vieux habits. Je me sens bien plus encore comme un cheval désentravé errant par la campagne (p. 11).

Dans le même numéro, B. Tremblay écrivait:

> Mon chemin m'amène tout à coup à quitter pour un temps indéfini mes activités professionnelles habituelles pour explorer des langages comme la poésie et la peinture. Je sais donc où je suis actuellement, mais je peux prévoir de moins en moins où je serai demain. Je crois que c'est une bonne chose pour moi (p. 10).

En dehors même de l'I.F.G., d'autres psychosociologues québécois ont manifesté leur malaise et leurs incertitudes. Dans la « table ronde » qui dresse un tableau de l'évolution de l'intervention psychosociologique au Québec, à la fin du numéro de *Sociologie et sociétés* d'octobre 1977, il est fait allusion à une sorte de désaffection chez ceux qui ont été les pionniers de ce type d'intervention: « Un peu partout des individus décrochent, arrêtent de faire un certain nombre de choses qu'ils faisaient, même si d'autres les reprennent » (p. 149). Il est particulièrement symptômatique de constater que les participants à cette « table ronde » expriment tous, de façon plus ou moins nette, à un titre ou à un autre, une certaine ambivalence à l'égard de leur pratique professionnelle, et qu'ils se posent tous, avec plus ou moins d'acuité, des questions non résolues au sujet de leur situation présente et de leur orientation future[58].

Ainsi, R. Sévigny, après avoir parlé des insatisfactions que lui causait autrefois le « jeu un peu naïf » de la dynamique de groupe, et après avoir constaté que les stages de croissance personnelle peuvent difficilement avoir une visée d'action politique ou de changement social, évoque ses « écartèlements intellectuels », qui sont, dit-il, très proches des préoccupations qu'il a encore maintenant (pp. 161 et 163). Plutôt que de multiplier par lui-même les interventions ou de s'attarder à apprécier les mérites comparés des différentes écoles, il souhaiterait surtout « consacrer plus de temps à comprendre le sens et l'impact des diverses formes d'intervention » (p. 176).

R. Tessier s'étend assez longuement sur la situation inconfortable qu'il a connue à l'I.F.G. lorsque la nécessité de gagner sa vie par la pratique de la psychosociologie dans les organisations capitalistes s'opposait aux interventions de type contestataire. Il se sent plus à l'aise aujourd'hui dans l'absentéisme politique que « dans l'espèce de mi-chair mi-poisson du libéral qui essaie de partager le surmoi des marxistes, mais à travers un type de présence dans le système qui n'est pas contestataire, qui est collaborateur ». Il est actuellement en train de rompre avec la psychosociologie des organisations : il préfère opter pour être « un bouddhiste de centre de croissance » plutôt qu'« un marxiste de salon » (pp. 170-172).

Pour sa part, Y. St-Arnaud se situe désormais beaucoup plus en technicien qu'en praticien. Il n'est pas question pour lui de « décrocher de la psychologie » ; mais, depuis trois ou quatre ans, il a l'impression « d'avoir décroché de façon pratique » ; il ne fait plus de travail professionnel auprès d'une clientèle. Sa préoccupation le porte avant tout vers le volet scientifique, vers les questions de signification, vers les problèmes plus philosophiques : « Je reste en psychologie, mais c'est comme si j'essayais de retrouver finalement ce qu'est la psychologie ; j'ai l'impression qu'elle est en train de s'effriter » (p. 173). Il ne se sent pas engagé dans les implications existentielles ou socio-politiques qui préoccupent ses collègues.

Quant à L. Morissette, tout en étant très intéressé par les pratiques du courant californien, il refuse catégoriquement de s'inféoder à une école, et il s'inquiète de constater que l'on cherche souvent à implanter au Québec et à appliquer sans discrimination les méthodes venues des Etats-Unis. Pour lui, il est important que l'action des psychothérapeutes s'insère dans un environnement, que le corps prenne « une espèce de dimension écologique, sociale, ethnologique » (p. 177). Il éprouve le besoin de prendre des distances pour éviter l'absolutisme et le dogmatisme, de « trouver ses racines », de travailler à la base avec des gens qui sont prêts à se lancer dans des réalisations très concrètes au niveau de leur environnement quotidien. Il pense que c'est dans ce «mode d'intervention écologique» que «l'intervention psychosociologique va prendre forme» ; et, en dehors d'un tel type d'intervention, il ne croit pas « qu'il y ait de l'avenir ni pour la psychosociologie, ni pour l'anthropologie, ni pour l'ethnologie » (p. 178).

## 3. *Le désarroi français*

En France, en 1962 déjà, le colloque de Royaumont avait soulevé, comme nous l'avons indiqué précédemment, le problème des ambiguïtés de la psychosociologie. Les participants s'étaient efforcés à une réflexion lucide sur le but, sur le rôle, sur la légitimité et sur l'efficacité de leur pratique. L'évolution accélérée des années suivantes, tant au plan des idées qu'au plan des méthodes, bien loin de fournir réponse à toutes les questions posées, a plutôt élargi le champ des interrogations et a contribué par le fait même à accroître les doutes de nombreux spécialistes : « Depuis une dizaine d'années, et surtout depuis 1968, la psychosociologie ne se présente plus comme une discipline satisfaite, assurée de la spécificité de son approche et de son objet» (Huguet, 1975, p. 450)

Des accusations ont été lancées; des reproches ont été formulés. Certains auteurs ont parlé d'«incertitude théorique», de «lieu privilégié de contradictions», de «nécessaire ambiguïté»; ils ont évoqué «le risque de psychologisation», le «discours psychologisant», le danger de «leurre idéologique» (Huguet, 1975, pp. 450-452). D'autres ont jugé nécessaire d'insister sur les «dérives» actuelles de l'intervention psychosociologique[59], «d'en montrer les tâtonnements, les limites et les illusions, les audaces et les impasses» (Cotinaud, 1976, p. 7), de dénoncer les pièges qui menaceraient aujourd'hui l'intervention: «pédagogisme, prophétisme, assistanat syndical, militantisme anarchique» (Cotinaud, 1976, pp. 226 et 227).

Lors du VI<sup>e</sup> Congrès International des Sciences de l'Education, en septembre 1973, D. Hameline, qui avait été précédemment un adepte convaincu des techniques de groupe dans l'optique rogerienne, traduisit son évolution et son désenchantement en une formule percutante: «Le psychosociologue, comme formateur, est un agent double toujours en passe d'être doublé» (p. 129)[60]. L'expression était brillante; elle suscita les rires; mais elle ne fut pas contredite. Hameline reprenait ainsi un thème emprunté à Gusdorf (1963): celui de «l'agent double, (qui veut) être présent dans le système et profiter du prétexte qu'il fournit pour y entreprendre une œuvre d'essence différente, voire opposée ou contradictoire» (Hameline, 1971, p. 4).

Pour éclairer le paradoxe apparent de la formule, Hameline explicita ainsi sa pensée:

> ...(C'est) un agent double, parce que, dans sa fonction, on lui assigne une place, et que, faisant ce qu'on lui demande, à cette place, il cherche aussi à faire autre chose qu'il pense pouvoir définir lui-même. (...) Au-delà de ce qu'on lui demande, il s'assigne d'autres fonctions: c'est donc un agent double, ce que nous sommes tous. Actuellement, même sans référence humaniste, certains psychosociologues se donnent cette fonction dans les entreprises: aller au bout de la demande du capital ou des services publics, afin de conserver le lieu de travail, mais aussi élargir une marge de manœuvre, et ainsi ne pas faire ce qui était attendu, jusqu'à ce que ce soit révélé. L'initiative prise donne bonne conscience, jusqu'au jour où l'agent double découvre qu'il est doublé, c'est-à-dire que (...) l'institution ne disparaît pas, malgré les signes de disparition perçus. Quel est, alors, le rôle véritable du psychosociologue? S'il ne démissionne pas, c'est qu'il espère encore doubler le système sans être trop doublé (*Psychologie sociale et nouvelles approches pédagogiques*, 1974, p. 129).

Cette expression d'Hameline sur «l'agent double» a souvent été reprise et commentée. Ainsi J. Ardoino y a fait référence (1975 a, pp. 67-68) dans un article de la revue *Connexions*, intitulé: «Du psychosociologue; essai sur les ambiguïtés et les significations d'une pratique». S'appuyant sur le concept d'hyper-complexité créé par E. Morin, Ardoino situe la psychosociologie comme une initiation à la complexité et à un apprentissage des contradictions : ce qui, selon lui, ne saurait être un mal, car le psychosociologue est professionnellement confronté aux contradictions et aux ambiguïtés, qui constituent la « matière première » même de sa pratique[61].

Sans faire sien totalement le point de vue d'Hameline, Max Pagès a dit lui aussi combien il a été frappé par son mot sur « l'agent double » :

Je me souviens de mon malaise devant cette formule, à cause de sa justesse peut-être, mais aussi, je crois, parce qu'elle enferme le psychosociologue, elle l'accule à choisir entre les logiques actuellement formulées du changement social, elle nie la spécificité de son action (1977, p. 127).

En réalité, Pagès avait été l'un des premiers à poser avec éclat des interrogations sur le rôle spécifique des psychosociologues. En 1971, résumant à grands traits ses impressions sur les pratiques nord-américaines telles qu'il les avait vues deux ans plus tôt, il parlait d'« atrophie de la pensée théorique » et « d'une audace superficielle couvrant une attitude très prudente » (p. 301), et il exprimait ses incertitudes :

Je commence à me demander si la science sociale appliquée que nous pratiquons tous n'est pas fondamentalement contradictoire. (...) Certains penseront que la science sociale appliquée est fondamentalement conservatrice et devrait être abandonnée (p. 302).

Un peu plus tard (1972b), constatant la disparition quasi-totale du T-group classique et son remplacement par les techniques d'expression corporelle, il écrivait :

Du masseur, du danseur, de l'artiste à l'agitateur politique, en passant par le psychanalyste, on ne sait plus aujourd'hui ce qu'est le psychosociologue; et la tentation est grande de conclure à l'éclatement d'un champ aussi hétérogène (p. 928).

Puis il énumérait quelques défauts des psychosociologues (1974) :

Les maniérismes de la profession (...), la manie de l'informel avec le risque d'un nouveau formalisme, le goût de l'abstraction et la méfiance à son égard, qui font que l'on aboutit souvent à des formulations plus poétiques et philosophiques que théoriques au sens rigoureux du terme, (...) le narcissisme enfin (pp. 11-12).

Il décrivait sa propre insécurité et l'insécurité croissante de ses collègues :

Le ton se fait moins assuré, les doutes se multiplient, le sentiment d'impuissance, voire la culpabilité, apparaissent (1974, p. 12).

Nous sentons et nous savons de plus en plus, psychosociologues et éducateurs, que nous sommes pris dans un système éducatif opprimant, par sa machinerie institutionnelle, par ses finalités et sa fonction idéologique qui renvoient au système social (...). Nous savons et nous sentons tout cela, et nous nous sentons impuissants à le changer (...). Nous avons le sentiment d'être récupérés et manipulés, ou de nous battre contre des murs et de recevoir des coups pour rien (1974, p. 19).

En définitive, Pagès énoncait de façon très explicite, en 1975, un diagnostic de crise, dont il s'essayait à présenter les causes et les manifestations :

La psychosociologie est en crise. C'était à l'origine et pour l'essentiel une science et une pratique du petit groupe, envisagé comme un ensemble clos, du point de vue interne, et principalement sous l'angle psychologique. (...) Cette psychosociologie a éclaté vers le haut et vers le bas.

Vers le haut : par l'impact sur les conceptions du groupe de la critique politico-sociale. (...) A la limite, le groupe disparaît en tant que lieu d'expérience autonome, justiciable de concepts spécifiques : il est le lieu de la lutte de classes, et la pratique institutionnaliste visera à révéler dans le groupe la lutte de classes latente et à la favoriser (...).

Vers le bas : c'est la révolution bio-énergétique reichienne et néo-reichienne, l'ouverture au biologique, l'irruption du non-verbal et des techniques corporelles. (...) Là encore, le groupe tend à disparaître : il n'a plus de statut théorique, car la seule « réalité » ce sont les « potentiels » et les blocages bio-psychologiques des individus, les liens interpersonnels qu'ils permettent ou inhibent (1975a, pp. 59-60).

Dans un article de *Connexions*, en 1976, Enriquez s'est demandé, à son tour, si l'intervention psychosociologique n'était pas condamnée à déboucher sur

l'échec inéluctable ou la seule possibilité d'un travail superficiel, ne dérangeant personne et permettant à l'intervenant de faciliter certaines prises de conscience sur des problèmes périphériques et lui donnant bonne conscience tout en lui assurant un gain appréciable et un statut social enviable (p. 156).

En fait, Enriquez rejetait une telle alternative, qui lui apparaissait comme trop pessimiste et dénuée de sens. Cependant, il ne craignait pas de s'attarder sur les limites de l'intervention psychosociologique et de dénoncer ce qui en constituait, de son point de vue, les difficultés majeures : à savoir le manque de formation de nombreux psychosociologues, la « volonté de révolution » et le délire mégalomaniaque de certains intervenants, et surtout le nombre trop limité et la diminution constante des demandes d'intervention (p. 158).

Cette diminution du nombre des interventions est ressentie de façon particulièrement vive par les tenants de l'analyse institutionnelle et de la socianalyse. Lapassade parle de « l'intervention, qui est rare, voire exceptionnelle » (1976, p. 586); il évoque, au passé et comme s'il s'agissait du souvenir d'une époque révolue, le dispositif que mettaient en place les socianalystes « quand les demandes existaient » (p. 586). Comme, par ailleurs, il y a des divergences, au sein même du courant de l'analyse institutionnelle, entre d'une part la démarche plus sociologique de Lourau, réfléchissant sur les « analyseurs », et d'autre part le genre d'intervention souhaité par Lapassade, qui reste de type psychosociologique, on comprend que ces nuances et ces divisions ne favorisent guère les réalisations concrètes ou les perspectives à long terme[62].

Dans ces conditions, il n'est pas surprenant que Lapassade affiche une certaine désillusion: «L'analyse institutionnelle est entrée dans une période de crise et nous devons chercher de nouvelles formes d'intervention» (1967-1974, p. 2)[63]. Et encore: «Quoi que nous fassions en matière de groupes, nous sommes toujours enfermés dans le même dispositif, et finalement dans le même ghetto» (1976, p. 584). On a parlé du «déclin» de l'analyse institutionnelle[64]. Résumant de façon synthétique ce désenchantement des socianalystes, Enriquez l'a relié à d'autres manifestations du même désenchantement, qui apparaissent actuellement en France dans différentes «écoles» de la psychologie ou de la sociologie:

Les institutionnalistes commencent à disparaître. (...) Le groupe de Mendel est de plus en plus lié au parti socialiste, et comme tel apparaît comme faisant partie de l'*establishment*. La psychanalyse lacanienne, tout en ayant envahi tous les champs de la pensée, commence à être critiquée de l'intérieur même et révèle de plus en plus ses aspects de simulacre, de spectacle à la Salvador Dali et sa violence mortifère. Les marxistes et les maoïstes, déçus par les événements, commencent à abandonner la barque marxiste (1977, p. 84).

En ce qui concerne ses propres options, Enriquez, dont les principales activités s'exercent toujours en lien avec l'A.R.I.P., les définit comme visant, à partir de Lewin, à s'ouvrir sur le champ social et celui de l'inconscient, et essayant de développer une théorie psychosociologique ouverte, échappant si possible au système de la mode. Il se dit guidé avant tout par «une conception du changement comme ouverture et interrogation» et par une certaine idée des «groupes comme moteurs du changement». Mais il est bien obligé de reconnaître que «ce courant, continuellement malmené par toutes les nouveautés, est considéré par certains comme relevant de la préhistoire et de la paléontologie», et que son impact reste limité (1977, p. 85).

Il existe pourtant des méthodes et des types d'interventions qui ne paraissent pas être victimes du désenchantement général, mais qui au contraire continuent à se développer, ou qui au moins se maintiennent. C'est le cas, nous l'avons vu, des «nouveaux groupes de thérapie» qui prolifèrent et qui semblent s'attirer la faveur d'une clientèle en expansion. Cependant, là encore, il ne faut peut-être pas juger trop vite sur les apparences: si l'on y regarde de plus près, on pourrait bien s'apercevoir que la prospérité apparente a des fondements fragiles et que le succès actuel n'est pas à l'abri de la contestation. Qu'il suffise, pour poser le problème et pour souligner cette fragilité, de citer la mise en garde écrite en 1977, sous forme de dénonciation véhémente, par un psychothérapeute et psychanalyste français, J. Ambrosi, qui, après avoir été formé aux techniques de groupe aux Etats-Unis et après avoir exercé sa profession pendant plusieurs années à Montréal, est retourné s'installer à Paris en 1975:

Après dix-huit mois de pratique en France, je ressens un profond malaise face au flou qui entoure ici les techniques de groupes et ceux qui en font profession. (...) J'ai vu fleurir les pires initiatives que l'on puisse imaginer.

La situation floue et mal protégée, l'absence d'un statut légal du psychologue et du psychothérapeute autorisent tous les excès. Une brèche est ouverte, qui est très exploitée. Ainsi s'improvise-t-on « meneur de groupes » ou « leader » après avoir soi-même participé seulement à un ou deux week-ends. Pire : après avoir simplement lu un livre (...). En France, le « faiseur » se multiplie en abondance. Je pense qu'il est devenu nécessaire de le dénoncer.

Il est toujours difficile de s'avouer ses difficultés, et bien plus ardu encore de les confier à autrui; mais celles-ci s'amplifient si, dans les groupes, on donne l'impression de les résoudre alors qu'elles ne sont pas même évoquées. La personne est trompée, tel un enfant que l'on conduirait au cinéma pour le détourner du fait que sa mère est partie en voyage (...). Ces personnes sont des victimes. Consentantes, certes, et insistantes (...). Elles hésitent à « vider l'abcès ». Dans les groupes, l'occasion leur est donnée de se camoufler à l'intérieur même d'une démarche présentée comme thérapeutique : rien n'est plus humain que de saisir cette occasion. Les animateurs ont parfois le talent d'amuser, de créer (de la façon la plus artificielle qui soit) des rapports interpersonnels à l'allure éternelle. Ils distraient, installent pour quarante-huit heures une microsociété idéale. En quelque sorte, ils mènent l'enfant au cinéma (1977, pp. 17-19).

## B. Les motifs du malaise

Ainsi, l'interrogation des psychosociologues, même si elle s'exprime selon des modalités différentes, se manifeste aussi bien en Amérique du Nord qu'en France. Il semblerait donc qu'on ne puisse pas en faire abstraction à la légère en la traitant comme un phénomène restreint lié à un contexte géographique donné ou comme la réaction isolée d'un auteur en mal d'insécurité personnelle. Apparemment l'interrogation s'appuierait sur des bases précises; le malaise aurait des explications objectives, qu'on pourrait regrouper en plusieurs grandes catégories : des explications d'ordre économique, méthodologique, idéologique et socio-politique[65] (nous classons ainsi ces motifs selon l'ordre qui nous paraît refléter leur degré d'importance, en allant crescendo depuis ceux qui semblent avoir la plus faible répercussion jusqu'à ceux qui auraient l'impact le plus fort).

### *1. Psychosociologie et économie*

Dans l'article que nous venons de citer, J. Ambrosi fait allusion au succès récent des techniques nouvelles en France; à ce propos, il parle d'un « engouement excessif comme l'avait été la réserve » de la période précédente (1977, p. 17). Une des conséquences de cet engouement a été de commercialiser les méthodes de groupes. Les spécialistes et animateurs ont dû faire face à la concurrence et affronter les étapes de la mise en marché. Désormais, les stages de croissance personnelle et les sessions de psychothérapie se vendent presque comme une nouvelle marque de lessive ou comme le dernier modèle d'appareil électro-ménager ! R. Sévigny a décrit quelques aspects de ce processus de commercialisation, dans lequel la véritable notion d'intervention semble bien oubliée; il signale que, « aux Etats-Unis, la prolifération des spécialités est telle qu'une nouvelle spécialité en est née: celle qui se donne comme objectif de présenter aux consommateurs une description des divers modèles et des divers organismes » (1977, p. 12). Comment s'étonner, dès lors, qu'une certaine saturation puisse être redoutée ? Les orientations se diversifient et les techniques fleurissent à profusion; mais le marché n'est pas indéfiniment extensible [66].

Il n'est même pas évident que le fait d'avoir le choix des méthodes puisse être considéré comme un avantage. Comme l'ont noté Gibello et Muller:

> ce pluralisme renforce les luttes pour le pouvoir chez les « spécialistes », chez les « clients »... Les réactions sont bien diverses. Cela peut aller du fanatisme, du support inconditionnel, au scepticisme devant « toute cette vogue », sans oublier que beaucoup se servent d'une « nouvelle voie » pour fuir une méthode qu'ils ont littéralement éprouvée (1975, p. 104).

Une autre conséquence de la commercialisation doit être soulignée: parce que les thérapeutes suivent la très capitaliste loi de l'offre et de la demande, les nouvelles techniques thérapeutiques deviennent un objet de consommation privilégié, réservé à une clientèle aisée. Parce que le psychologue ne tient pas à se contenter du rôle sans gloire d'« épicier des relations humaines » [67], il imagine peut-être, de façon plus ou moins consciente, que « le caractère marchand, spectaculaire, attrape-gogo » [68] de certaines méthodes sera plus facilement accepté s'il est question de stages résidentiels dans des châteaux, de sessions de ressourcement « à la recherche de l'univers intérieur » dans des clubs de vacances, d'une quête aux sources du moi sous le soleil de Grèce ou sur le sable des Bahamas [69].

Lors du colloque de Royaumont en 1962, à une question d'un participant qui demandait si l'on faisait du groupe de formation dans tous les milieux sociaux et qui voulait savoir si l'on avait pratiqué le T-group avec des ouvriers, des manœuvres, des paysans, Max Pagès avait répondu que la population atteinte était « essentiellement une population de cadres, au sens large du terme, et des milieux intellectuels, avec une petite poussée vers les milieux ouvriers, mais très peu étendue » [70]. Depuis plus de quinze ans, le développement du « marché des services psychologiques » a certainement contribué à l'élargissement de la clientèle; mais il ne semble pas que l'on en soit arrivé pour autant à une totale démocratisation des groupes. En 1972, Pagès s'insurgeait encore contre l'élitisme de certains « séminaires en situation d'isolement culturel » :

> Ce sont des manufactures de rêve et d'évasion, des clubs de loisirs pour intellectuels, offrant à prix marqué une idéologie et des ersatz de relations humaines, qui viennent compenser celles que l'on ne peut établir dans la vie quotidienne (1972a, p. 925).

Si l'on en croit Ambrosi, les principales caractéristiques des clients habituels des groupes, à Paris en 1977, se résumeraient ainsi:

> Ces groupes sont composés de 60 % de femmes et 40 % d'hommes se recrutant parmi les gens dont les revenus mensuels excèdent 4 000 francs par mois. Leur situation sociale est généralement acquise. Ils ont entre vingt-cinq et quarante-cinq ans. Souvent, ils ont beaucoup lu (1977, p. 19).

A Montréal, la situation, selon Sévigny, n'est pas différente: «Il est évident que la très grande majorité des participants aux multiples sessions de groupe appartiennent à la classe moyenne supérieure. Cela semble vrai du moins pour les sessions auxquelles on s'inscrit individuellement» (1977, p. 21).

Même dans le domaine de la formation continue des adultes, où l'on pourrait penser *a priori* que les psychosociologues ont davantage de possibilités pour entrer en contact avec un public de milieu populaire, on constate, en fait, que les facteurs économiques sont encore sources de problèmes. C'est ainsi qu'en France on a dénoncé le mercantilisme de certains organismes de formation et les profits, souvent très lucratifs, qu'ils ont su tirer de la loi de 1971 sur la formation permanente:

> Enjeu économique et commercial, bien évidemment, l'acte formateur devient un «produit»: il sera présenté en *package* pour la commodité du transport d'un organisme à l'autre, ou même d'un pays à l'autre, puisque cela s'exporte; on créera des «services à la carte» pour le contentement du consommateur; on «vendra des services», qui seront éventuellement «sous-traités», une ou plusieurs fois! ... Au moment même où ce «marché» s'étend, la hiérarchisation s'accentue dans le secteur de la formation, devenu un secteur de production parmi d'autres. A mêmes causes, mêmes effets: séparation entre ceux qui pensent et ceux qui exécutent, prolétarisation de la formation et naissance d'une strate de plus en plus importante de travailleurs-formateurs, véritables «ouvriers spécialisés» de la formation, dépossédés des décisions concernant leurs propres actions ...
>
> Dans cette mêlée, que devient la «demande» du postulant à une formation, pour peu qu'elle ait quelque velléité d'éclore et quelque moyen d'être formulée dans un langage traduisible en acte de formation? (...) Si cette demande a du mal à prendre corps, il lui sera encore plus difficile de subsister: il lui faudra trouver appuis et accès, montrer patte blanche à la hiérarchie et découvrir sa propre voie dans l'enchevêtrement de propositions et de programmes conçus, pensés et mis au point pour le formé et sans lui (Rouchy, 1976, p. 53).

Si la formation est ramenée ainsi au niveau d'une marchandise, d'un produit de consommation, le changement qu'elle serait susceptible d'entraîner n'en est évidemment pas valorisé: il apparaît comme banalisé, réifié. Il se trouve soumis aux exigences de la rentabilité. En période de récession, les activités de formation ou de recherche du changement risquent donc d'être touchées en premier lieu par les restrictions budgétaires[71]. Comment en serait-il autrement? Les mots d'adaptation, de transformation, de modification pourraient faire penser, s'ils étaient pris au sérieux, à une déstructuration de l'ordre préétabli, au moment où les responsables des entreprises redoutent par dessus tout la discontinuité et l'instabilité.

De même, il n'est pas certain que les difficultés économiques du moment, dans un contexte d'inflation, d'instabilité monétaire, de ralentissement du taux de croissance, de restriction du crédit, de crise de l'énergie, de chômage, n'auront pas à la longue des répercussions sur le monde des thérapies de groupe. S'il s'agit, comme on l'a écrit, d'« un édifice impressionnant bâti sur des sables mouvants »[72], il pourrait bien être affecté par la limitation du pouvoir d'achat des « consommateurs ». Ceux-ci auront peut-être à faire un choix entre leur épanouissement personnel et des « nourritures terrestres » plus tangibles. Plus que jamais, ils seront tiraillés entre le principe de plaisir et le principe de réalité. Le rendement de « l'industrie de la psychothérapie » et le profit des animateurs pourraient en souffrir.

## 2. *Psychosociologie et méthodologie*

L'histoire, brève mais agitée, de la psychosociologie témoigne de la rapidité de l'évolution des techniques et de la succession précipitée des méthodes[73]. Avec une pointe d'ironie critique, D. Anzieu a dressé une sorte de tableau-bilan de cette évolution accélérée :

> Le renouvellement des formes est considérable. Au groupe restreint s'oppose le groupe large. Au groupe fermé, le groupe à rotation progressive des participants. Au groupe à séances discontinues et d'une durée fixe, le groupe marathon. Au séminaire à programme préétabli, le séminaire à structure flexible (...).
>
> Le renouvellement des contenus n'est pas moins vaste. On pratique toujours la communication verbale, l'improvisation dramatique, la relaxation, les activités manuelles. Mais à Esalen ont fait leur apparition des techniques centrées sur le corps (...) Elles utilisent le geste, le mouvement, la perception de soi et des autres par attouchements, le massage, la concentration méditative plus ou moins inspirée du yoga, la décontraction émotionnelle, l'utilisation de masques, le mime, la danse, l'expression artistique (...), les privations sensorielles (obscurité, yeux fermés, oreilles bouchées) ou motrice (immobilité prolongée), ou la surstimulation de certains sens et de certains muscles, le récit en commun des rêves nocturnes et de rêveries éveillées dirigées et, pour finir, la technique la plus célèbre de l'époque pré-psychanalytique, l'hypnose. (...) Maintenant, le groupe appelle toutes les postures : assise, debout, allongée, accroupie, tantôt isolément, devant tous, tantôt agglutinés à d'autres, sur des tables, des lits, par terre, dans l'eau, habillé, en tenue légère, nu, sans ségrégation des sexes et des âges (enfants toutefois exceptés : pour combien de temps ?) ... (1974, p. 9).

La diversification des théories et la variété des pratiques ont amené un éclatement de la psychosociologie en une multitude de courants et de tendances. Des oppositions catégoriques, des rivalités et des concurrences farouches ont opposé et continuent d'opposer entre elles les différentes écoles. Comme il y avait eu les conflits entre rogeriens et psychanalystes, il y a aujourd'hui, par exemple, des querelles entre gestaltistes et bio-énergéticiens [74]. En France spécialement, plus encore qu'aux Etats-Unis et au Québec, les tenants de chaque tendance ont souvent été portés à revendiquer pour eux seuls le privilège de l'infaillibilité. Dans la littérature spécialisée, la ségrégation a cours, beaucoup plus que le dialogue: on se condamne allègrement, on s'excommunie avec autant d'assurance que de bonne conscience, on fait preuve d'un bel ostracisme.

Ainsi les psychanalystes se disent surpris par le «quasi fanatisme antipsychanalytique» des praticiens de la gestalt-thérapie (Gibello et Muller, 1975, p. 106). Mais lorsque Anzieu, avec son prestige éminent de psychanalyste et de chercheur, parle des nouvelles méthodes de groupe, il n'hésite pas à écrire qu'elles «sont trop souvent des façons de faire n'importe quoi, n'importe comment, avec n'importe qui» (1974, p. 5); il évoque le danger de «manipulations perverses des processus inconscients» (1975 a, p. 11); il pense que les exercices corporels, «s'ils restent des exercices fragmentés, sont au mieux des amusettes sans conséquence, au pire des occasions de prendre ou de donner des satisfactions perverses» (1975 a, p. 57). Anzieu n'est d'ailleurs guère plus tendre pour «le lewinisme, tari, et peut-être périmé» (1974, p. 5), pour tous les disciples «de Lewin, de Rogers ou de Moreno, (qui) ont tendance à manipuler le transfert au lieu de l'interpréter», et pour «les gens formés par de telles méthodes de groupe», qui ne peuvent que «change(r) d'idées, non d'attitude intérieure» (1975 a, p. 244).

Contre les nouveaux groupes de thérapie, il n'est pas rare que les arguments employés apparaissent comme particulièrement catégoriques et massifs [75]. Lobrot dit que ces groupes «utilisent des méthodes autoritaires et même parfois terroristes»; il craint qu'ils «aboutissent plutôt à enfoncer les patients dans leur angoisse, leurs peurs, leurs paniques qu'à les en libérer» (1975, p. 87); il fait allusion aux «techniques puissamment manipulatrices» et à l'«espèce de viol psychologique» des pratiques californiennes (1974, p. 45). Enriquez, quant à lui, accuse les nouveaux groupes de «participe(r) directement de la mystification sociale», de contribuer au «développement des aspects paranoïaques et pervers de notre société» (1977, p. 84 et p. 94); à son avis, «il est pertinent de dire que toutes ces techniques sont du même ordre que les techniques utilisées par des technocrates ou les sadiques, et qu'elles fondent un rapport pervers de type sadomasochiste à soi-même et aux autres» (1977, p. 94); il parle d'une possibilité de fascisme et de totalitarisme (1977, pp. 99 et 100).

Malgré la richesse de ses soubassements théoriques, la psychanalyse appliquée aux groupes n'échappe pas, elle non plus, à la contestation radicale. En 1973, Max Pagès déclarait:

> J'ai toujours eu l'intuition, qui se précise maintenant, que la psychanalyse manquait l'essentiel en matière de changement, qu'elle n'apercevait pas le niveau propre où s'opère le changement. (...) Je m'oppose aux travaux psychanalytiques sur les groupes: parce que ces travaux nient théoriquement et

pratiquement le niveau de la relation et de la solidarité, à l'œuvre dans les groupes, groupes de formation ou groupes réels: parce qu'en niant ce niveau, qui est le niveau producteur du changement, ils nient l'essentiel (1973, pp. 165-166).

De son côté, Lobrot reprenant les critiques de Deleuze et Guattari, qui ont accusé la psychanalyse «de faire du ''Papa-Maman'' et de ne pas poser les vrais problèmes», a affirmé que, selon lui, la méthodologie du «moniteur interprétant» préconisée par Anzieu dans la situation de groupe «menace l'existence même du courant psychosociologique» (1974, pp. 141 et 163).

Est-il nécessaire de préciser que l'analyse institutionnelle et la sociopsychanalyse ont toutes deux des adversaires irréductibles, et que leurs partisans ne semblent guère désireux de rechercher dans les préoccupations politiques de ces deux courants une quelconque complémentarité[76]?... Faut-il souligner que les méthodes du développement organisationnel, qui sont employées avec grande faveur en Amérique du Nord en vue d'un changement planifié dans les organisations, suscitent beaucoup de réserve chez les psychosociologues français [77]?... Les condamnations réciproques et les exclusives qui sont ainsi prononcées donnent l'impression de proliférer presque sans limites. Cependant, il serait injuste et un peu simpliste de laisser croire, en extrayant de leur contexte quelques phrases à l'allure péremptoire, qu'il s'agit d'oppositions globales systématiques et non fondées. En réalité, les querelles d'écoles s'appuient très souvent sur la critique ou le rejet de certains aspects bien précis, et contestables, des méthodologies utilisées.

C'est ainsi que de nombreux remous ont été provoqués, au sein du «petit monde» de la psychosociologie, par l'introduction des méthodes corporelles dans les pratiques de groupe. On a dénoncé les dangers d'«un nouveau marchandage du désir»:

Il y a aujourd'hui un peu partout des *growth centers* comme il y a des *eros centers*. Parfois, certains animateurs passent directement d'un centre de «potentiel humain» qui ne fait pas recette, ou qui éclate au gré de ses crises internes, au Club Méditerranée. Les pratiques de thérapie et de formation corporelles suscitent partout, dès leur apparition aux Etats-Unis, et à travers leur exportation en d'autres pays, de nombreuses controverses. Il faut tout d'abord tenir compte des réactions «épidermiques», inévitables quand le corps est en jeu, même seulement évoqué, a fortiori quand il se montre, se touche, se sent. (...) En second lieu, on ne peut négliger une très grande hétérogénéité de ces différentes pratiques. (...) Simultanément et paradoxalement, les techniques se pénètrent et s'influencent, et ceci d'autant plus qu'elles se contentent pour philosophie de base d'affirmations simples, d'intuitions vagues, ou d'emprunts partiels et hâtivement transposés ... (Ardoino, 1975 b, pp. 121-122).

Malgré les très vives réserves, auxquelles il a déjà été fait allusion, formulées à l'encontre des exercices corporels, Anzieu reconnaît finalement comme un fait acquis dans l'opinion publique la saturation en matière de langage (...), et enfin, et surtout, avec une force de contagion considérable, l'exigence de prise en considération du corps non plus tant comme sexué que comme enracinant le sujet dans l'être et comme instrument premier du contact et de l'échange (1974, p. 8).

Il admet que « la participation du corps à toute entreprise de mise en question de soi est indispensable : il n'y a pas de vérité individuelle désincarnée, et une parole humaine n'est vraie que par son poids de chair » (1975 a, p. 57). Pour lui, l'approche clinique et psychanalytique des groupes qui a sa préférence devrait,

forte d'un renouveau théorique, (...) intégre(r) le renouvellement des méthodes et s'achemine(r) vers une pratique où la verbalisation resterait l'objectif ultime (...), mais où le non-verbal serait explicitement permis comme étant un des moyens possibles, à un moment donné, pour ceux des membres du groupe qui l'acceptent, de vivre une expérience intérieure et relationnelle susceptible d'amener une évolution personnelle dans laquelle la verbalisation interviendrait à son heure (1974, p. 12).

Un autre sujet d'opposition entre psychosociologues, dans le domaine de la méthodologie, porte sur leur conception du rôle et de l'autorité de l'animateur. On a décrit abondamment les différentes attitudes que peut adopter le « moniteur de groupe », et l'on ne s'est pas privé d'ironiser sur les excès auxquels peuvent prêter ces attitudes [78]. On s'est demandé si la prétendue non-directivité ne serait pas, en fait, un retournement déguisé de l'autoritarisme : « Se voulant (mais surtout se disant) authentique et non répressif, le formateur culpabilise davantage ceux qui prendraient l'initiative d'un conflit; il exerce un pouvoir d'autant plus dangereux qu'il est occulte à la fois pour le formateur et pour les formés » (Amado et Guittet, 1975, p. 144). On a montré le paradoxe d'une situation dans laquelle « la démocratie à laquelle accède le groupe de diagnostic implique la présence du moniteur : étrange démocratie qui ne saurait faire l'économie de l'autorité symbolique du moniteur » (Cotinaud, 1976, pp. 42-43). On a parlé du « moniteur-sphinx » qui se tait et du « moniteur-sorcier » qui sait tout, de celui qui décide d'intervenir dans le groupe comme le ferait n'importe quel participant et de celui qui rétablit carrément des rapports d'autorité pour trouver une protection contre les dangers de la situation.

Derrière ces allusions et ces descriptions, se dessinent en filigrane des interrogations multiples qui pourraient donner matière à des développements abondants... Quelle est la place exacte et quelle est la responsabilité de l'animateur ? Peut-il s'autoriser pour lui-même au sein du groupe une existence singulière et une expression personnelle ? peut-il viser à y formuler ou à y satisfaire ses désirs particuliers ? peut-il y introduire ses propres projections et y vivre ses propres conflits ? Sa fonction principale consiste-t-elle en une activité interprétative systématique, ou bien plutôt dans l'imposition de situations structurées et d'exercices dirigés, ou seulement dans la facilitation des expressions et de la rencontre ? Devrait-il en quelque sorte faire abstraction de son savoir, puisque celui-ci est à l'origine de son pouvoir social, et qu'il risque d'engendrer des situations de dépendance et de tutelle ? Peut-il légitimement imposer aux participants son propre désir de changement ? peut-il jouer un rôle d' « agent provocateur » ?...

A cela, on ajoutera encore les problèmes spécifiques qui se posent lors d'une intervention psychosociologique dans une entreprise lorsque l'animateur occupe lui-même un poste de consultant à l'intérieur de cette entreprise (c'est ce qu'on a appelé « l'intervention interne »). L'intervenant, « interné » dans la structure, ne sera pas alors perçu comme agent de changement. Comme l'ont bien montré Fouchard (1975, pp. 121-124) et Winn (1971, pp. 254-256), on l'accusera de faire de la manipulation, du conditionnement, de la récupération; on le rejettera dans un rôle de bouc émissaire.

De toute façon, même si l'animateur ne manifeste pas la moindre velléité autoritaire ou coercitive, on peut se demander si le groupe en tant que tel n'impose pas déjà, à lui seul, aux participants un certain nombre de limites contraignantes. On invoque des règles implicites : respect du droit des autres, non-agir, non-violence, non-intellectualisation, non-défensivité. La méthodologie peut être officiellement non-directive sans que cela s'oppose à l'élaboration d'un cadre rigoureux, dans lequel « les participants n'ont aucun pouvoir sur l'existence du groupe lui-même et sur ses conditions de fonctionnement » (Lobrot, 1974, p. 162). Ainsi, on a pu dire que le cadre rigide et limitatif du T-group classique aboutissait, en fait, à « neutraliser l'impact de la psychosociologie sur les structures sociales » (Lobrot, 1974, p. 38). Au-delà de l'apparente permissivité, les membres du groupe n'ont pas leur mot à dire, dans la plupart des cas, sur le choix des buts et des moyens, des activités et des techniques, sur les orientations théoriques de l'animateur ou sur les modalités interprétatives, qui constituent, à proprement parler, la « construction du thérapeute ». Dès 1967, Chris Argyris dénonçait aux Etats-Unis, dans un article traduit en français en 1972, plusieurs conséquences de ces méthodes : forte dépendance vis-à-vis de l'animateur, renforcement du narcissisme de l'individu, prise de distance dans les rapports avec les autres êtres humains [79].

Plusieurs auteurs ont souligné, pour leur part, le danger d'une aliénation des individus dans le « nous » collectif du groupe : au lieu de chercher à actualiser leurs possibilités personnelles, les participants sombreraient plutôt dans le « conformisme engendré par l'adulation de la vie en groupe; (on pourrait) compare(r) facilement les méthodes de groupe au lavage des cerveaux » [80]. N'aboutirait-on pas alors à une sorte de « viol collectif des personnalités » si le groupe était utilisé pour « faire passer un changement d'une façon insidieuse, en douceur » [81], ou s'il était à la merci « de quelques meneurs, de quelques leaders incontrôlés, qui vont faire régner la terreur et manipuler comme ils le voudront, puisqu'ils n'en seront empêchés par personne» (Lobrot, 1974, p. 98)?

Selon certains, le risque de «dépersonnalisation» est d'autant plus grand que les membres du groupe, isolés en milieu clos et artificiel, se trouvent coupés provisoirement de tout l'environnement, social, psychologique, familial, matériel, écologique, qui constitue leur cadre habituel de vie. Reprenant des arguments exprimés par Snyders (1973), Lobrot a fort bien résumé, à ce propos,

> une série d'objections qui consistent à critiquer le caractère fermé de ces expériences et le fait qu'elles se fassent pour ainsi dire en laboratoire, dans des sortes de phalanstères et de lieux clos, comme si la société globale n'existait pas. Créer, dit-on, un lieu de bonheur et d'euphorie dans lequel des individus ont l'illusion de s'aimer et d'avoir résolu leurs problèmes, dans une participation et une communion de caractère mystique, est non seulement illusoire, car cela est impossible dans la société actuelle, mais dangereux, car cela détourne les participants des vrais problèmes... (1974, p. 98).

Le groupe constituerait donc une sorte d'îlot culturel, d'oasis, de laboratoire, de système temporaire (cf. Roussel, 1972, pp. 16-17). En outre, dans certains cas, il pourrait contribuer, paradoxalement, à ce que chacun des individus présents s'enferme et se replie davantage sur lui-même, malgré la proximité des autres participants et malgré la facilité apparente des interrelations. Max Pagès a souligné que «la culture de Bethel bâtit des défenses très puissantes contre les anxiétés fondamentales de solitude, de séparation, de mort, de conflit, d'agression, contre les anxiétés dépressives et paranoïdes» (1971, p. 296). En fait, la «thérapeutique de la décharge», que l'on pratique souvent dans les groupes, n'aboutirait, si l'on en croit l'opinion qu'exprime Ardoino, qu'à une pseudo-libération:

> C'est la purge. Il faut se débarrasser de ce qui nous encombre. La réhabilitation des pulsions conduit à l'ex-pulsion. Le soulagement prend la relève de la contention. Il y a une assimilation rapide et abusive entre la catharsis néo-aristotélicienne et le retour nietzschéen du dionysiaque. La libération comme la création ne se réduisent pas à l'expression, qui est peut-être une condition nécessaire mais non suffisante. (...) Le problème du désir et de l'angoisse, c'est qu'il faut les assumer, les prendre en charge pour réussir à en faire quelque chose (1975 b, p. 129).

Si des critiques aussi variées, et parfois contradictoires, ont pu être portées contre les méthodes de la psychosociologie, c'est sans doute, en grande partie, parce que l'efficacité de ces méthodes ne s'est pas vraiment imposée avec une évidence indiscutable et parce que la valeur de leurs résultats n'est pas apparue comme étant complètement au-dessus de tout soupçon. Jusqu'à présent, les recherches scientifiques sur l'évaluation des effets des groupes n'ont été ni très nombreuses ni très concluantes [82]. J.-P. Lanthier et Y. Rodrigue ont essayé, en 1973, de dresser un bilan de ces recherches, en s'appuyant notamment sur des textes américains (Campbell, Gibb) et sur une étude québécoise (Roussin-Tessier *et al.*, 1971) [83]. Les deux auteurs pensent être en droit d'évoquer des changements d'attitudes au sein des groupes, concernant l'orientation affective des participants, leur sensibilisation aux autres, les processus interpersonnels; mais ils ne se risquent pas à parler de changements observables et démontrés dans les comportements «externes», c'est-à-dire lorsque l'individu retourne dans son milieu naturel. Aline Fortin, qui s'est interrogée également en 1973 pour savoir si les changements dans un groupe de formation constituent «une acquisition durable, sinon permanente», fait preuve de la même réserve (1973 b, pp. 408-410): elle parle de confiance limitée, de techniques de contrôle peu «fiables», de changements qui «sont loin d'être univoques». Hameline, cherchant à faire le point sur le retentissement effectif des pratiques de groupe en milieu scolaire et universitaire, pense qu'il «demeure faible» (1975 a, p. 15). Winn, se posant la question de l'apport des programmes de développement organisationnel, constate que, souvent, ils n'ont «pas atteint les résultats qu'on en attendait» (1971, p. 250). Et Fouchard, réfléchissant sur l'ensemble des interventions dans les organisations et les entreprises, parle «de méthodes qui n'ont donné que des résultats fragmentaires et insuffisants» (1975, p. 135).

### 3. *Psychosociologie et idéologie*

Au plan de la théorie et de la pensée, un grief a été porté à maintes reprises à l'encontre de la psychosociologie: on a mis en cause la pauvreté idéologique et théorique des pratiques de groupes. Ainsi, M.-C. d'Unrug a écrit, en donnant à son discours l'allure d'un pamphlet assez véhément:

> Historiquement, la psychosociologie a été appliquée avant d'avoir réellement élaboré ses concepts. Il en découle que les techniques psychosociologiques ne peuvent pas être questionnées: on les considère comme des techniques pures et simples, sans se demander pourquoi et comment elles sont utilisées (...). La psychosociologie demeure fondamentalement (...) coupée des faits et (...) influencée par «l'air du temps». Elle repose sur un ensemble d'idées et de croyances qu'on accepte telles quelles, sans chercher à les connaître ni à les analyser.
>
> (...) La psychosociologie se présente comme la caricature d'autres sciences humaines, telles que la psychologie, la sociologie ou la psychologie sociale. Celles-ci ont beaucoup de difficultés à se dégager de l'«opinion» et à élaborer des concepts, bref à faire de la théorie, en même temps que de la pratique. Mais elles cherchent néanmoins à prendre leurs distances par rapport au vécu afin de mieux le comprendre (...). Dans le cas de (la psychosociologie), le défaut d'une démarche théorique est lié aux conditions même de sa fondation: c'est à une époque où la demande sociale était une demande d'intervention dans les organismes et dans les entreprises que la psychosociologie est apparue. (...) Elle est une réponse à un «besoin», et, comme telle, elle ne peut pas aboutir à une réflexion véritable (1976, pp. 9-11).

Ce jugement est très (trop?) sévère. Il mérite pourtant d'être rapproché de l'avis, un peu plus nuancé mais tout aussi ferme, que Max Pagès a formulé au sujet des groupes de Bethel:

Une chose m'a frappé: l'atrophie de la pensée théorique. (...) Je ne vois aucune théorie significative sur les groupes développée aux Etats-Unis depuis K. Lewin. La sorte de théorie que j'ai vue et lue était principalement opérationnelle. Elle nous dit que faire et qu'attendre quand on fait telle chose. Elle ne dit pas ce qui se produit dans l'intervalle, ni pourquoi. La théorie consiste souvent en une série de concepts rapides et mal définis, opérant dans un champ très limité, sans tentative pour établir une cohérence avec le reste du champ (1971, p. 301).

Des exemples ont été présentés pour illustrer «la pauvreté de l'appareil théorique sous-jacent aux nouveaux groupes». Enriquez a donné comme exemple le plus frappant celui de l'analyse transactionnelle, «dont le titre lamentable du livre de Harris: *I am OK, you are OK* exprime bien la vacuité totale» (1977, p. 88). On a souligné également la méfiance proverbiale de Perls à l'égard de la spéculation théorique; on s'est référé à l'empirisme de la distinction qu'il établit, dans la conscience de l'individu, entre le «Grand Chef» (*top-dog*) et le «Sous-fifre» (*under-dog*); on a évoqué le caractère fort peu scientifique (!) du qualificatif dont il affuble la rationalisation («de la *bullshit*»!); on a cité la définition qu'il donne du rôle de l'intellect: «L'intellect est la putain de l'intelligence; c'est le frein de votre vie» (1969, pp. 21, 41, et 63) [84].

Ces quelques exemples ne constituent pas des exceptions. Ruitenbeek (1970), Lapassade (1973 a), Ardoino (1975 b) ont dénoncé l'anti-intellectualisme de certaines tendances issues du courant d'Esalen. Le refus par les gestaltistes de l'évocation du «pourquoi» et de la prise en considération du passé n'a pas été compris. L'abandon par les bio-énergéticiens de la dimension révolutionnaire de l'œuvre de Reich et des problèmes de l'énergie sociale a été considéré comme un recul pratique, comme un affadissement théorique et comme une «castration de la pensée du fondateur» (Lapassade, 1974, p. 74). On a parlé, à propos du mouvement californien, de sous-religiosité, d'alibi pseudo-politique, de toxicomanie. En présentant au public, en 1972, le premier numéro de la revue *Connexions*, Rouchy signalait combien il devenait difficile «de s'y retrouver dans cette diversité de pratiques et parfois cet amalgame de référents théoriques»; et il trouvait là, précisément, une justification au lancement de la revue: «Il devient urgent que des recherches, des échanges, des confrontations théoriques aient lieu. Tel est l'objet de ce premier numéro» [85]. Il est bien sûr, en effet, que sans une réflexion idéologique et sans la possibilité d'une certaine théorisation intellectuelle, toutes les techniques, y compris les meilleures, risqueraient fort de n'être qu'escroquerie, mensonge et illusion [86].

C'est à une telle interrogation idéologique que se sont livrés Sévigny et Enriquez en 1977 dans *Sociologie et sociétés*... Cherchant à dégager les questions fondamentales que posent, encore aujourd'hui, les divers modèles d'interventions psychosociologiques, Sévigny s'arrête successivement à quatre thèmes: — 1) pourquoi la psychosociologie, au lieu de considérer la personnalité comme un tout, retient-elle fondamentalement l'hypothèse d'un cloisonnement, qui séparerait, par exemple, l'intellectuel et l'affectif, l'émotivité et la rationalité, l'expression de soi et la compréhension de soi, l'action et l'analyse ? — 2) pourquoi pratique-t-on une dichotomie entre l'individuel et le collectif, et pourquoi la très grande majorité des interventions sont-elles centrées sur l'expérience individuelle, en faisant abstraction des dimensions collectives de cette expérience ? — 3) est-il vrai que l'intervention psychosociologique est l'expression, et l'instrument, du système social prédominant, quant aux valeurs qu'elle véhicule, aux intérêts qu'elle défend, au statut social de sa clientèle, à l'idéologie qui sous-tend ses notions de base ? — 4) l'intervention psychosociologique a-t-elle forcément partie liée avec un système culturel déterminé, ou bien peut-elle s'adapter à différents modèles culturels ? (1977, pp. 15-24). Ainsi l'auteur, sans viser à une redéfinition complète du champ de la psychosociologie et de l'intervention, a au moins le mérite de procéder à une remise en question de certains fondements théoriques et de certaines pratiques.

Faisant suite aux réflexions de Sévigny sur la signification sociologique des expériences actuelles, Enriquez tente, dans le même numéro de *Sociologie et sociétés*, une explication du développement de l'intervention psychosociologique en référence aux changements qu'ont connus récemment les sociétés industrielles occidentales. Cela l'amène à contester violemment toute l'idéologie des nouveaux groupes de formation, en lui opposant point par point sa propre conception de l'intervention et en présentant les exigences théoriques autour desquelles s'articule son travail de psychosociologue [87] (1977, pp. 79-104).

Dans tout le débat sur la portée idéologique de la psychosociologie, une question soulevée par Sévigny est souvent reprise : elle concerne le lien de l'intervention avec un modèle bien défini qui est le modèle américain. Le problème se pose évidemment au Québec, mais aussi en Europe : « l'intervention psychosociologique doit-elle inévitablement emprunter ses orientations aux archétypes américains, aux valeurs américaines ou, en tout cas, à ce mode de vie qu'incarne la société américaine ? » (Sévigny, 1977, p. 24).

C'est un fait que, à l'origine, les débuts de la psychosociologie ont été fortement influencés par le contexte américain. « La psychosociologie lewinienne est incompréhensible en dehors de la prédominance des valeurs démocratiques américaines et du triomphe du mythe de la croissance » (Enriquez, 1977, p. 85). Les six principales valeurs, telles qu'énumérées par Roussel (1972, pp. 20-21), qui constitueraient les fondements théoriques du groupe de formation, seraient caractéristiques, selon l'auteur, non seulement du « mode de pensée d'une culture ou même d'une sous-culture, occidentale et américaine, (mais encore) d'un fragment culturel : les hommes de science, et surtout des sciences dites ''de l'homme'', en milieu nord-américain»; ces valeurs sont les suivantes: souci scientifique, idéal démocratique, recherche de la lucidité face aux choix à faire, souci perpétuel à l'égard des relations d'assistance, valorisation de l'authenticité, préoccupation constante à l'égard des problèmes d'autorité. Il faudrait encore y ajouter, pour bien comprendre Rogers, cet optimisme typiquement américain qui fait que chaque individu pense pouvoir être millionnaire et qu'on n'envisage guère une évolution défavorable dans le développement de la société (Ancelin-Schützenberger et Sauret, 1977, p. 70). A l'évidence, le T-group de Bethel a eu comme substrat idéologique, dans son organisation, le modèle démocratique américain: «ce présupposé théorique a conduit à un schéma typique d'organisation de la réunion plénière sur le modèle de la société américaine libérale, fédérale et concurrentielle» (Anzieu, 1975 a, p. 98).

Dès 1962, à Royaumont, Lapassade s'affirmait en désaccord avec cette prédominance du courant américain des techniques de groupe (Fondation Royaumont, p. 280). En 1973, à propos du mouvement du potentiel humain, sa critique se faisait encore plus acerbe: «Ces techniques parachèvent la domination américaine sur l'Europe. (Ce mouvement) est une aile spécialisée de l'impérialisme américain dans la division bien faite du travail capitaliste» (1973 a, p. 151). Certains centres français de développement personnel ont éprouvé le besoin, peu de temps après leur création, de faire savoir à leurs clients éventuels, qu'ils se dissociaient formellement de l'optique du mouvement américain, même s'ils utilisaient les mêmes outils de travail [88]. De leur côté, les auteurs québécois qui ont été l'origine de la parution du numéro de *Sociologie et sociétés* consacré à la psychosociologie, en octobre 1977, n'ont pas caché qu'une de leurs principales préoccupations était l'adaptation des idées et des méthodes de la psychosociologie américaine à la société québécoise et à ses problèmes propres (pp. 3-6).

Les fluctuations de l'influence américaine ont certainement été marquées par l'évolution rapide qui a modifié le contexte socio-historique, aux Etats-Unis, depuis Moreno et Lewin, et même depuis les débuts d'Esalen. Il y avait eu dans les années soixante l'inquiétude suscitée par l'agitation étudiante et le mouvement hippie, puis par le déferlement de quatre-cent-cinquante-mille jeunes au festival de rock de Woodstock en août 1969 et par les appels à la subversion lancés par Jerry Rubin [89]. Ensuite, ce furent les disparitions tragiques des frères Kennedy et de Martin-Luther King, la défaite au Vietnam, le scandale du Watergate, le choc produit par l'affaire des otages à l'ambassade de Téhéran. On a parlé d'un désarroi profond de la civilisation américaine, dont témoigneraient à la fois la généralisation de l'usage de la drogue, la montée de la criminalité, le *drop-out* des jeunes [90], les «suicides-assassinats» collectifs de Guyana [91], et aussi, à sa façon, l'«extravagance» de certaines méthodes de groupes. L'idéologie américaine traditionnelle ne fait plus recette; elle est contestée ou rejetée. Et, en même temps qu'elle, «c'est toute une philosophie de la science qui serait remise en cause, une philosophie qui a caractérisé la pensée occidentale depuis plusieurs siècles» (Sévigny, 1977, p. 30).

Pour remplacer cette culture qui était depuis longtemps la culture officielle, on a vu apparaître une «contre-culture». Il ne s'agit pas seulement d'une protestation ou d'une pure négation, mais d'une alternative culturelle, comportant «l'expérimentation de nouvelles formes culturelles porteuses d'un message idéologique et politique contestataire, sinon révolutionnaire» (Lapassade et Lourau, 1971, pp. 107-108). Des liens se sont noués entre la contre-culture et le courant de l'anti-psychiatrie (Bosseur, 1974, p. 21), et aussi entre la contre-culture et le mouvement communautaire[92]. Il était normal que des rapprochements s'opèrent entre contre-culture et psychosociologie californienne. N'existe-t-il pas, des deux côtés, la même aptitude fondamentale à adopter ces traits distinctifs qu'ont énumérés Lapassade et Lourau:

> le pan-sexualisme, l'importance accordée à la drogue et à tous les moyens susceptibles de modifier les états psychiques, l'idéologie de la créativité, de la libération des instincts par l'art lui-même libéré de ses conventions, l'exhibitionnisme dans le style de vie, dans le vêtement, dans la chevelure, dans les gestes, dans le langage ... (1971, p. 108).

Parce qu'il n'y a plus de «rêve américain», parce que les *mass media* présentent l'image d'un monde déboussolé, parce que la société de ce dernier quart du vingtième siècle semble s'enfoncer dans la paranoïa, les nouveaux groupes peuvent être perçus, à l'instar de la contre-culture, comme un refuge provisoire, comme un point de nouvel ancrage, comme une issue à l'angoisse, au désespoir, ou tout simplement à l'ennui. Apparemment, ils contribuent à combler un vide. Ils répondent à des besoins réels: ces besoins de points de repère, de dépaysement, de sécurité, de chaleur et d'amitié, que les sectes prétendent également satisfaire. Dans la crise actuelle de civilisation, ils apportent un semblant de solution à un certain nombre de problèmes, concernant les rapports avec la nature, avec la société, avec l'histoire, avec le corps, avec l'autre sexe. En remplaçant le directeur de conscience et le confesseur par le thérapeute, en laïcisant la notion de péché, ils offrent une sorte de substitut à la désacralisation ambiante[93]. Ils donnent l'impression (ou l'illusion?) de fournir, dans un monde «en panne d'idéologie», des éléments pratiques pour guider le choix essentiel qui s'imposerait, paraît-il, à notre génération[94]: entre convivialité et technofascisme.

On leur a reproché d'être en même temps facteurs d'évasion et de «désocialisation». Au moment où l'activisme politique semble en nette régression sur les campus universitaires, où les mouvements gauchistes connaissent une hémorragie constante de leurs effectifs, où l'on assiste à la détérioration et à l'étouffement des espoirs qui s'exprimaient en France en mai 1968, les groupes de thérapie, qui insistent sur l'épanouissement de la personne et sur l'auto-développement, ne contribuent-ils pas au repli sur soi ? ne poussent-ils pas à l'individualisme ? ne servent-ils pas de protection contre la société globale ? Ce n'est sans doute pas un hasard si un journaliste, de passage à Berkeley en 1976 pour y décrire l'évolution de l'Université de Californie (qui fut, quelques années plus tôt, le symbole de la contestation étudiante), pouvait écrire :

> On n'avait jamais si peu contesté sur le campus depuis dix ans. (...) Partout des affiches invitent à pratiquer telle ou telle méthode de connaissance de soi, depuis la méditation transcendantale jusqu'aux massages collectifs, le groupe le plus étrange étant sans conteste celui des adeptes de la scientologie, qui ne recrute que des jeunes étudiants aisés en leur promettant de développer leur aggressivité [95].

En favorisant ainsi la démobilisation politique, les groupes ne feraient, d'ailleurs, qu'aller dans le sens d'une tendance généralisée au « repliement dans l'existence privée » qu'une enquête sociologique décelait en 1975 chez les jeunes de dix-huit à vingt-quatre ans [96].

### 4. *Psychosociologie et problèmes socio-politiques*

Parce qu'ils mènent facilement à la « fuite du monde » et au refus de l'engagement politique, le désir de croissance personnelle et les tendances à l'individualisme ont évidemment été qualifiés de « réactionnaires ». Sur ce point, les attaques contre les pratiques de groupes se sont faites particulièrement vives [97]. On a parlé du danger de provoquer, au moyen du groupe, « une aseptisation des comportements agressifs », qui pousserait « à se complaire dans des analyses plus ou moins narcissiques, (faisant) faire l'économie d'une action véritablement dynamique et détourn(ant) des affrontements sociaux » (Cotinaud, 1976, p. 77). On a accusé les groupes

> de couvrir les desseins inavoués d'une politique conservatrice. (...) Les psychosociologues apparaissaient ainsi comme les agents d'une société qui, pour défendre des institutions caduques, organise d'insidieux et trompeurs artifices, destinés à rendre soumis ceux qui étaient prêts à se révolter. Un opium psychologique, en quelque sorte, et qui n'avait rien à voir avec la réalité sociale, qu'il masquait plus qu'il ne la révélait [98].

En somme, l'intervention thérapeutique ou psychosociologique jouerait le rôle d'une conduite de défense du système socio-économique en face des demandes de changement : en se centrant sur les désirs des participants, on prendrait le risque « d'enfoncer encore davantage les gens dans leur aliénation et dans les ornières de leur condition sociale » (Lobrot, 1974, p. 104) [99]. On collaborerait ainsi à ce que Marcuse nommait : « la transformation d'un malheur collectif, la lutte des classes, en malheur privé, les émotions et les frustrations»[100].

Nombre d'animateurs de groupes nient le bien-fondé de ces accusations d'implication inavouée ou inconsciente au service de positions socio-politiques réactionnaires. Ils estiment qu'ils sortiraient de leur «mission» spécifique et qu'ils outrepasseraient leurs responsabilités professionnelles s'ils ne restaient pas d'abord dans une optique d'intervention thérapeutique, ou s'ils cessaient de se limiter à la perspective des changements personnels chez les individus en se souciant de prendre en charge un éventuel changement de société. C'est, par exemple, le sens qui a été donné (de façon peut-être indue et trop rapide) à une intervention faite par Anne Ancelin-Schützenberger au VIe Congrès International des Sciences de l'Education (1974), dans laquelle elle insistait sur le changement personnel en le dissociant du changement extérieur (p. 93), - ce qui permettait à Max Pagès d'ironiser sur ceux qui «gardent, avec une apparente naïveté, leur bonne conscience d'autrefois, et posent le problème du changement en termes de changement de personnalité» (préface, p. 14). C'est, en tout cas, ce que l'on a dénoncé comme constituant le piège du «psychologisme»[101], qui entretiendrait le mirage d'un monde messianique où tous les désirs trouveraient satisfaction, qui éviterait l'approche réaliste des problèmes sociaux en se cantonnant aux émotions individuelles, qui traiterait «les problèmes de groupe en isolant les facteurs psychologiques de leur contexte sociologique, dans une perspective idéaliste» (M. Pagès, 1977, p. 101).

On pourrait sur ce sujet opposer sans fin les convictions de ceux qui, «considérant que les structures sociales n'existent que dans la mesure où elles sont intériorisées par les individus», en concluent que «avant de changer le monde il faudrait se changer soi-même» (Cotinaud, 1976, p. 98), et, à l'inverse, la certitude de ceux qui, persuadés qu'«il n'a jamais existé de Moi psychique coupé de la société de ses semblables», en tirent argument pour affirmer qu'il faut avant tout «libérer le Moi social» et qu'«il n'existe guère de raisons de vivre pour celui qui refuse d'assumer les conflits de son époque: le niveau du politique» (Mendel, 1972, pp. 40-41).

Mais plutôt que de souligner des aspects apparemment irréconciliables dans les différentes prises de position, on peut aussi mettre en évidence d'autres déclarations qui insistent plutôt sur les analogies et sur la complémentarité des points de vue. Ainsi, en 1973, A. Lévy, après avoir affirmé «qu'un changement social ne peut se réaliser que si corrélativement des changements personnels, parfois tout à fait fondamentaux, se produisent chez des individus» (p. 101), ajoutait:

> (...) le changement implique que soient articulés constamment les significations du changement personnel avec les significations du changement social, que les implications sur un plan soient toujours mises en relation dynamique avec les implications sur l'autre (p. 103).

Et H. Marcuse, qui avait écrit dans la préface de la première édition d'*Eros et civilisation* en 1955: «la guérison des troubles personnels dépend plus directement qu'avant de la guérison du désordre général», déclarait en 1974, dans des propos recueillis par deux journalistes:

il n'y a pas de libération individuelle sans libération sociale; mais, en même temps, la libération sociale implique la libération de chaque individu[102].

On admet, en tout cas, de façon courante, que l'efficacité des méthodes de groupes ne se limite pas simplement à des perspectives de changement individuel. Si elles sont bien employées, ces méthodes peuvent aussi avoir une réelle efficacité au plan socio-politique: débordant le cadre du psychologique, elles ont la capacité de s'articuler au sociologique, pour rejoindre le politique. Comme le souligne Lobrot:

l'expérience de groupe a une incidence directe sur toute la vie de l'individu et spécialement sur son insertion sociale. Non seulement elle ne l'arrache pas à la lutte des classes, bien au contraire, mais elle lui permet d'aller audelà de la lutte des classes, à la découverte de nouveaux rapports avec les autres, que la lutte des classes présuppose (dans l'union de tous ceux qui luttent) et à laquelle elle aboutit (dans la création d'une société nouvelle), qui, de toute façon, sont nécessaires pour empêcher que la lutte des classes ne devienne une espèce de paranoïa universelle (1974, p. 99).

Et c'est encore Lobrot qui explique comment, dans les groupes, «il y a d'autres façons de toucher la dimension politique que de parler politique ou de faire de l'action politique» (1975, p. 91). Se référant à sa propre expérience et à la méthode de thérapie-formation qu'il pratique sous le nom d'«expression totale», il dit comment, à son avis, cette méthode atteint une certaine dimension politique:

Dans la mesure où elle oblige les participants à se situer eux-mêmes face à l'animateur, face au groupe et face au monde extérieur, elle met directement en question certains types de rapports humains acceptés par la société ambiante, et elle pose des problèmes qui ne sont pas seulement des problèmes d'expression ou de régulation mais qui sont de véritables problèmes politiques. Les participants vivent à l'intérieur du groupe des situations qui mettent directement en jeu l'autorité, la participation, la collaboration, la contestation, le travail, le loisir, etc. (p. 91).

Reprenant un mot de Marcuse, on peut même penser que la libération du corps et l'importance accordée dans les nouveaux groupes à la sphère esthético-érotique sont susceptibles d'avoir également une portée politique, puisque le corps

doit devenir un instrument de plaisir au lieu d'être l'instrument du travail aliéné. Cette transformation du corps conduira à une nouvelle expérience de la vie. C'est ce que Marx lui-même entendait dans ses premiers écrits par «émancipation des sens»[103]

Mais il est bien clair que le sens politique des méthodes de groupes n'est jamais acquis d'avance; elles peuvent être utilisées dans des directions divergentes; leur signification politique intrinsèque est essentiellement ambiguë. Ainsi, on s'est demandé si elles sont instrument perfectionné de réaction sociale ou bien moyen de subversion, si elles renforcent le conformisme et les structures aliénantes ou bien si elles visent à saper l'ordre établi (M.Pagès, 1968, p. VII). On s'est interrogé sur les avantages et sur les inconvénients des interventions dans les organisations et les entreprises:

On peut y voir seulement la dernière découverte des classes dirigeantes dans leur effort pour manipuler les travailleurs et pour instituer la collaboration des classes dans l'entreprise capitaliste. Il n'est pas sûr que la réalité soit aussi simple. Il est vrai que l'intervention dans les groupes se propose parfois explicitement de réduire les tensions, de faire accepter les changements (de postes, de personnel, de «politique»). Mais il est également vrai qu'une intervention accroît la prise de conscience des problèmes, et qu'elle dévoile tous les systèmes informels et conflictuels produits par des antagonismes d'intérêts (Lapassade, 1967, p. 66).

L'accusation de conservatisme et le qualificatif de «réactionnaire», dont il a déjà été question, n'ont rien qui doive surprendre. La psychosociologie n'est-elle pas entachée, aux yeux de certains, par le «péché originel» de ses débuts: par l'influence de l'idéologie américaine, par les postulats utopistes de la pensée rogerienne[104], par le réformisme généreux et l'humanisme moralisateur des années soixante? Ne plonge-t-elle pas les participants dans une sorte de «régression mystique» lorsqu'elle «fait miroiter un rêve de paix, d'équilibre, de sagesse, de refuge hors du monde, de ses conflits et de ses contradictions» (Lapassade, 1973a, p. 150)? Ne joue-t-elle pas un rôle de tranquillisant social lorsqu'elle adopte une non-violence de principe, comme dans certaines «techniques de toucher» du potentiel humain ou dans les massages et la méditation, ou lorsqu'elle désamorce la violence en n'acceptant qu'«une violence symbolisée et catharsisée» comme dans les techniques du cri et la libération bioénergétique[105]?

Surtout (et ce serait là le «crime» majeur!), n'est-elle pas condamnée fatalement à être du côté des possédants, du côté de ceux qui demandent les interventions dans les entreprises et qui paient les animateurs, du côté de ceux qui ont le pouvoir et l'argent? Comment n'y aurait-il pas danger que l'animateur ne soit qu'un instrument docile entre les mains de ceux qui, en faisant appel à lui, officialisent par le fait même la perception de son rôle et de sa compétence et lui assurent son gagne-pain? Or, selon la remarque d'Enriquez, «le demandeur d'une intervention quel qu'il soit ne demande jamais que le pouvoir qu'il représente soit questionné, mais au contraire qu'il soit renforcé» (1976, p. 155). Faudrait-il donc en conclure que la psychosociologie, lorsqu'elle intervient dans les organisations et les entreprises, est forcément enfermée dans ce contexte clos à propos duquel Ardoino a employé les mots de «quasi-cécité politique», «management mécaniciste», «immobilisme social et résistance au changement» (1974, pp. XVII-XVIII), dans lequel l'homme ne serait qu'«une musculature au service du rendement et du seul profit des employeurs»[106]?

En réalité, il serait inexact de croire que les reproches adressés aux spécialistes des groupes vont tous dans le même sens et que toutes les critiques situent unanimement leurs orientations de travail dans une ligne conservatrice et «droitière». A l'inverse, on a parfois tenté

d'expliquer que toute la psychosociologie depuis vingt ans participe d'un projet révolutionnaire, faisant ainsi des psychosociologues, et c'est leur faire beaucoup d'honneur, les membres solidaires d'une vaste et toute-puissante société secrète (Boyer, 1973, p. 90).

On a dit que la dénonciation de la prétendue visée réactionnaire des groupes, dont nous nous sommes fait l'écho dans les paragraphes précédents, constituerait en elle-même une arme subtile et efficace pour infléchir leur action dans un sens diamétralement opposé:

Les interventions étaient accusées, peu ou prou, de se référer à une perspective réformiste, quand elles n'étaient pas soupçonnées de conforter et de renforcer objectivement l'édifice social (...). On doit constater que cette mise en cause radicale de tout essai de changement localisé (...) exprimait, de ce fait, un terrorisme intellectuel qui a pu rendre certains psychologues interrogatifs sur le bien-fondé de leur action et les contraindre, quelque peu, au silence ou à la défensive[107].

L'idée même d'utiliser les méthodes de groupe pour en arriver à un changement planifié a paru suspecte à certains: la planification «évoquait très vite la contrainte, voire la terreur des plans staliniens; planifier, c'était socialiser et brimer la libre initiative des individus»[108]. Ailleurs, on s'effrayait de la portée révolutionnaire possible des nouvelles techniques: l'utilisation du pouvoir de contestation, la libre possibilité de transgresser l'ordre établi ou de bousculer les tabous traditionnels, la réhabilitation des pulsions et du libidinal n'allaient-elles pas conduire à une institutionnalisation du désordre, à une généralisation du chaos? Ces inquiétudes ne pouvaient évidemment qu'être avivées par telle déclaration de R. Hess, évoquant le «projet anarcho-subversif de l'analyse institutionnelle»[109], ou par telle phrase d'Ardoino, faisant référence, au sujet des activités de Lapassade, à «une intelligence du désordre qui se fait apologie de la subversion» (1975a, p. VI).

Sous ces débats touchant l'orientation politique des techniques de groupe, se cache une autre interrogation d'importance, au sujet de laquelle penseurs et praticiens expriment des avis divergents. Ils ne sont pas d'accord en ce qui concerne le point d'articulation qui définirait le lieu théorique de la psychosociologie, son sujet d'exploration et d'intervention. Se situe-t-elle en priorité au niveau du psychique, ou au niveau du social, ou à la frontière (imaginaire) entre le psychique et le social? Ou encore, comme on l'a dit, vise-t-elle une efficacacité « micro-sociologique » ou une efficacité « macro-sociologique » ? Se contente-t-elle d'influencer la vie quotidienne des participants, ou bien prétend-elle atteindre le niveau de la société globale[110] ?

On a pensé parfois que le groupe, en tant qu'instrument de changement subjectif pour les individus, et en tant que cellule de base, pouvait être considéré indirectement comme un agent effectif du changement global, sans que l'animateur cesse, pour autant, de se situer à un niveau uniquement relationnel, et sans qu'il ait à développer une pratique du changement social autre que strictement empirique. Mais on a souligné également le danger de se fixer de façon exclusive sur le changement subjectif, en laissant passer ce qui est important au niveau des valeurs, au niveau macro-social. On s'est demandé s'il est réaliste d'« envisager une inversion du sytème social par la transformation de petits îlots faisant tache d'huile » (Hameline, 1975a, p. 15). On a noté que « la pratique de l'intervention (...) fournit rarement un support qui permettrait de passer des significations microscopiques aux significations macroscopiques » (Sévigny, 1977, p. 20). Et en même temps, on a éprouvé le besoin d'exprimer une certaine méfiance à l'égard de ce « grand danger du macro-social », qui a été dénoncé par Lobrot comme risquant « d'être le lieu par excellence des paranoïas, des idéologies, des mythologies (...): (un) monde qui est complètement piégé, faussé à tous les niveaux »[111].

Ainsi, la psychosociologie, tiraillée à hue et à dia, écartelée entre les positions les plus irréductibles, interprétée dans les sens les plus contradictoires, revendiquée par les tendances les plus opposées, ne peut donner complète satisfaction, sur l'échiquier politique, ni aux tenants de la droite traditionnelle ni aux partisans convaincus des options de gauche. Coincée entre deux stratégies extrêmes, d'une part celle du groupe clos (c'est le réservoir à utopie, c'est le sein maternel), et d'autre part celle de la contestation plus ou moins violente (cf. la dialectique « dramatisation-décharge » des « éclateurs de Vincennes » : Hess, 1975a, p. 77), elle ne pourrait trouver refuge dans une voie moyenne qu'en acceptant, plus moins consciemment, de collaborer avec les pouvoirs établis (Pagès, 1974, p. 18).

On est loin des espoirs que formulait la revue *Arguments* en 1962 sur la possibilité, pour la dynamique des groupes, de jouer un rôle politique réel. Déjà, vers la même époque, à Royaumont, Faucheux exprimait ses doutes avec lucidité : « Ou bien on fait appel (au psychosociologue) pour résoudre un certain nombre de tensions assez superficielles, ou, si les tensions sont assez profondes, on lui demande d'intervenir à un niveau assez superficiel » (Fondation Royaumont, 1967, p. 26). Aujourd'hui, on se trouve devant une impression de déception généralisée : la psychosociologie n'a satisfait ni ceux qui voulaient changer le système au nom de la contestation idéologique, ni ceux qui voulaient changer la vie au nom de la contestation existentielle (Cotinaud, 1976, p. 96).

Alors que peut-on faire? Faut-il se soumettre, ou faut-il se démettre? Les animateurs peuvent-ils continuer impunément à exploiter sans se poser de questions (au risque de «tuer la poule aux oeufs d'or») l'attrait équivoque que certaines formes de groupes exercent encore dans le grand public? Doivent-ils se contenter de s'interroger sur la portée ultime de leur travail au plan politique, même si leur interrogation reste théorique et si elle n'aboutit pas à des conséquences concrètes dans leurs attitudes professionnelles[112]? Ont-ils à esquisser, comme Lapassade, un sourire un peu amer sur les illusions naïves d'autrefois, tout en s'obstinant à chercher des voies nouvelles pour l'avenir[113]? Ou bien n'ont-ils plus qu'à abdiquer et à renoncer, en jugeant que la partie est perdue d'avance et en prenant à leur compte certaines des constatations pessimistes qui étaient explicitées par Alain Bercovitz dans *Connexions* en 1977? Il s'agissait d'un article, rédigé sous forme de dialogue imaginaire, sur les enjeux et les dimensions essentielles de l'intervention psychosociologique. Mettant en scène avec humour les représentants de différents courants devant la Commission de Formation Permanente d'une importante entreprise, Bercovitz plaçait dans la bouche d'un syndicaliste les propos suivants:

> Vous croyez vraiment que vos querelles d'experts nous intéressent? Vous croyez vraiment que nous serons plus avancés quand vous aurez décidé que l'Homme fabrique la Société, ou l'inverse, ou les deux à la fois? Vous vous disputez à l'aise sur le pourquoi et le comment de nos luttes et de nos besoins. A quoi est-ce que ça nous sert en pratique? (...) Nous n'avons rien à faire d'une «intervention», comme vous dites. (...) Ne comptez pas sur nous pour cautionner n'importe quelle intervention. Si la Direction veut s'offrir une danseuse en organisant pour son compte des séminaires de réflexion ou de défoulement, si elle propose à ses cadres de soigner leurs états d'âme par un perfectionnement aux relations humaines, nous dénoncerons le gaspillage (1977, pp. 47-48).

C'est donc, en somme, toute la question de l'utilité actuelle de la psychosociologie et de l'intérêt éventuel de sa survie qui est ainsi soulevée. L'enjeu n'est pas sans importance; il comporte à la fois des implications théoriques et des applications pratiques. Pour essayer de mieux cerner le problème dans toute sa dimension et dans ses conséquences, nous avons voulu entrer en contact direct avec les principaux intéressés, les psychosociologues, pour recueillir de leur bouche, sans intermédiaire, leurs opinions et leurs commentaires.

# Chapitre III
# Qu'en pensent les psychosociologues ?

Notre deuxième chapitre, sur le malaise apparent de la psychosociologie et sur ses motifs, a pu paraître long. Il nous semblait nécessaire de faire une présentation aussi complète que possible des débats qui sont en cours. Nous voulions recueillir, sans exclusive, les échos divers des principales interrogations et des principales controverses, à travers livres et revues.

Mais notre étude ne pouvait se limiter à une telle recension. Pour qu'elle n'ait pas l'apparence un peu desséchée d'une compilation bibliographique, pour qu'elle soit vraiment le reflet des préoccupations concrètes de ceux qui sont engagés dans l'action, il nous fallait rejoindre, dans l'exercice même de leur profession, et non plus dans des volumes, les spécialistes des méthodes de groupes : ceux qui ont le souci, à la fois, de prendre du recul dans un nécessaire effort d'analyse et de pensée, et aussi de faire face aux difficultés pratiques de mise en application et d'adaptation près de leurs « clients »... Nous allons dire maintenant comment s'est organisée cette partie essentielle de notre recherche : comment nous avons recueilli l'information près des psychosociologues, et quelle méthode nous avons retenue pour l'étude des matériaux ainsi recueillis.

## A. La recherche de l'information

### *1. Une synthèse difficile*

C'est un fait : même si les témoignages sur la crise de la psychosociologie donnent, au premier abord, l'impression d'être nombreux et touffus, on ne peut pourtant pas dire qu'il y ait jusqu'à présent sur ce sujet une littérature très abondante. Plutôt qu'à des études structurées qui aborderaient en profondeur les données essentielles du problème, on a affaire à des affirmations éparses, disséminées souvent dans des articles de revues. Les auteurs s'y limitent fréquemment à des bilans partiels ou n'y font part que d'inquiétudes fragmentaires, sans envisager la question dans toute son ampleur ou sa complexité. D'autres ne livrent leurs «états d'âme» qu'au compte-gouttes, et presque à regret, comme s'ils craignaient que l'étalage de leur «morosité» constitue un facteur de mauvais augure qui pourrait encore augmenter les risques d'une évolution négative. Enfin, il en est certainement un bon nombre qui, accaparés par le rythme trépidant de leurs activités, s'abandonnent encore à l'euphorie du succès (ou de la mode), en gardant l'espoir que ce succès ne se démentira pas et que tout continuera à aller «pour le mieux dans le meilleur des mondes».

Par ailleurs, l'univers de la psychosociologie est loin d'être uniforme. Il existe, nous l'avons vu, une immense variété dans les courants de pensée, dans les objectifs d'action, dans les méthodes, dans les types d'activités. Comment pourrait-on faire jaillir d'une telle complexité les éléments d'une synthèse ? Même si, par extraordinaire et par impossible, il existait un consensus commun, entre tous les animateurs de groupes, sur la façon d'envisager les problèmes actuels et l'évolution future de leur profession, il ne serait sans doute pas facile de dégager et de faire apparaître au grand jour les éléments de ce consensus, au milieu des querelles d'écoles et des oppositions de personnes, et au-delà de ce qu'on est bien obligé parfois de considérer simplement comme des rivalités commerciales, des proclamations démagogiques ou des criailleries publicitaires.

### 2. *L'appel aux spécialistes*

Les animateurs abondent, avec les titres les plus variés (thérapeutes, moniteurs, intervenants, consultants, conseillers, responsables de groupes, praticiens confirmés dans telle ou telle discipline) ou même sans titres, avec ou sans diplômes, avec ou sans qualification officielle; ... on aurait presque envie d'ajouter: avec ou sans compétence ! En réalité, les vrais spécialistes, les psychosociologues éminents, ne sont pas tellement nombreux. Ils ne s'imposent ni par des déclarations tonitruantes, ni par leur omniprésence, ni par le tourbillon de leurs activités. Ils sont pourtant connus et respectés. Leur valeur et leur sérieux sont parfois attestés par leur enseignement universitaire, ou par l'originalité de leur pensée, ou par l'intérêt et le succès de leurs publications, ou par l'importance des responsabilités qu'ils exercent, ou par la satisfaction de ceux qui ont recours à leurs services; mais aucun de ces critères n'est strictement indispensable. Leur réputation est surtout assurée par une sorte de consentement général. Même si leurs idées n'apparaissent pas comme infaillibles et même si leurs pratiques n'obtiennent pas toujours une approbation unanime, ils bénéficient, dans leurs prises de position et dans leurs modes d'intervention, d'un assentiment respectueux: leur compétence est admise; leur hauteur de vues et leur désintéressement ne sont pas contestés.

Ce sont de tels spécialistes que nous avons voulu consulter pour avoir leur avis sur la situation de la psychosociologie. Ils nous semblaient capables de prendre le recul suffisant pour analyser, pour juger, pour essayer de prévoir. Nous pensions qu'ils seraient aptes à réfléchir sur leur expérience, à la lumière de leurs convictions théoriques, sans tomber ni dans la rigueur doctrinaire ni dans l'improvisation empirique.

### *3. Le nombre des interlocuteurs*

Au départ, nous avions imaginé qu'il nous suffirait de rencontrer et d'écouter une vingtaine de psychosociologues. Le nombre de vingt pouvait, à première vue, paraître trop restreint. Nous n'ignorions pas qu'en mettant l'accent sur la qualification éminente que nous souhaitions trouver chez nos interlocuteurs, nous nous heurterions sans doute à un inconvénient: celui de fixer, par le fait même, des limites à nos possibilités de choix. Mais, en même temps, nous pensions que cela serait compensé amplement parce que chaque rencontre tirerait, en principe, un supplément d'intérêt de la valeur même de la personne interrogée, de sa haute spécialisation et de son autorité. La qualité suppléerait, en quelque sorte, à la quantité.

Finalement, la limite de vingt a été largement dépassée. Sans vouloir donner aux psychosociologues l'impression injurieuse que nous avions sous-estimé le nombre de ceux qui, parmi eux, pourraient répondre adéquatement à nos attentes, il nous a bien fallu constater qu'il était indispensable d'élargir l'éventail des personnes interrogées, si nous voulions constituer un échantillon aussi représentatif que possible des diverses tendances et orientations, si nous tenions à prendre contact avec les personnalités les plus marquantes et avec les porte-parole des opinions les plus courantes, si nous jugions nécessaire enfin de rencontrer des gens dont les activités se situaient dans des cadres différents et qui étaient engagés dans des secteurs variés de l'action psychosociologique (dans le secteur public et en cabinet privé, dans l'enseignement et en thérapie, dans une perspective de développement organisationnel et dans une optique de croissance personnelle, etc.).

Il nous fallait également assurer une représentation équilibrée des grands secteurs géo-politiques auxquels nous nous intéressions. Comme nous l'avons indiqué dans nos pages d'introduction, notre projet consistait essentiellement en une étude comparée de la situation de la psychosociologie dans les deux pôles principaux de la francophonie, tellement dissemblables et aussi tellement proches, que sont la France, pour l'Europe, et le Québec, pour l'Amérique du Nord. Afin d'élargir quelque peu la vision des problèmes qui se posent dans la francophonie européenne, nous avions décidé d'y ajouter des aperçus sur la vie et les pratiques de la psychosociologie belge d'expression française [114].

Mais la France, la Belgique, le Québec n'ont ni le même nombre d'habitants, ni la même densité de population, ni sans doute le même nombre de psychosociologues et d'animateurs de groupes. Il fallait pourtant que chacune de ces grandes «communautés» puisse faire entendre sa voix, sans que le message de l'une ou de l'autre accapare trop exclusivement l'attention par des déclarations envahissantes ou par un excès d'emphase, et sans que l'expression de telle ou telle apparaisse comme «minorisée» parce que réduite à la portion congrue ou parce qu'insuffisamment mise en valeur.

Nous nous sommes rallié finalement au principe d'une égalité absolue entre la représentation française et la représentation québécoise. Quant à la représentation belge, nous avons pensé qu'elle pourrait, sans trop d'inconvénients, être moins nombreuse, non pas en raison de préjugés quelconques qui auraient mis en cause sa représentativité ou sa valeur intrinsèque, mais parce que des effectifs moins abondants nous semblaient suffisants pour qu'elle affirme son rôle original de complément en exprimant ses propres ouvertures et en mettant en relief la contribution spécifique qu'elle peut apporter à l'élargissement du champ des préoccupations de la psychosociologie française.

Au total, nous avons réalisé trente-deux entretiens. Mais pour des raisons techniques, trois d'entre eux n'ont pas pu être utilisés au cours de la suite de l'étude, parce que l'appareil enregistreur n'avait pas fonctionné ou avait mal fonctionné, et parce que, en conséquence, questions et réponses étaient pratiquement inaudibles. Les vingt-neuf entretiens utilisables se répartissent ainsi: douze pour la France, cinq pour la Belgique, douze pour le Québec.

### 4. *Méthode, temps et lieu de l'enquête*

Nous avions choisi d'utiliser la technique désormais classique de l'entretien d'enquête (*interview*), qui consiste, à partir d'une consigne de départ très large, à laisser l'interviewé exprimer librement ses options et ses opinions. Il ne s'agissait cependant pas d'entretiens totalement non-directifs. Pour que soient approfondis par tous nos interlocuteurs un certain nombre de notions communes et de thèmes communs, nous avions adopté «l'entretien semi-directif», qui a été ainsi défini:

> (Il) se caractérise par des interventions plus fréquentes de l'enquêteur qui doit disposer d'un guide d'entretien, le mieux étant de savoir (ce guide) par cœur afin de laisser à l'entretien les apparences de la spontanéité et de diminuer les impressions d'«interrogatoire» (Mariet, 1975, p. 28).

Lors de la première prise de contact en vue de l'entretien (prise de contact qui se faisait par lettre ou par téléphone une dizaine de jours avant la date envisagée pour la rencontre), chaque personne pressentie était informée, sans plus de détails, qu'il s'agissait d'une recherche « sur la situation actuelle de la psychosociologie, sur les problèmes présents de l'intervention psycho-sociale, sur l'évolution et les courants divers au sein de la pratique psychosociologique, sur le rôle futur des psychosociologues » (le mot de « crise » n'était pas prononcé). Si un accord était donné au projet de rencontre, l'entretien pouvait ensuite, au jour dit, aborder directement le cœur du sujet, sans fuir les questions brûlantes ou difficiles. L'application du « guide d'entretien » (qui s'apparentait plutôt à un schéma, et qui n'avait pas été figé dans une rédaction définitive) se faisait évidemment avec souplesse, en fonction de la tournure prise par la conversation, et en tenant compte de la personnalité, de la spécialisation et des préoccupations de l'interviewé. En général, la conversation s'orientait facilement vers les grands thèmes annoncés dans la prise de contact. L'évocation de la « crise » apparente de la psychosociologie se faisait assez rapidement et sans difficultés, soit pour décrire les manifestations de cette crise et pour en analyser les causes, soit pour la présenter comme un épiphénomène passager ou pour la minimiser et pour en contester la gravité. Il était question de méthodes, d'idéologie, de liens « entre le discours politique et le discours affectif », d'autogestion et de phénomènes de pouvoir, de conséquences pratiques de la situation actuelle, de remèdes éventuels à la crise, d'hypothèses pour l'avenir ...

Pour une plus grande unité dans les perspectives de recherche, pour une continuité et une cohésion plus soutenues dans les échanges, les trente-deux entretiens ont tous été réalisés, animés, dirigés par une seule et unique personne: l'auteur même de la présente étude, qui a d'abord profité d'un séjour de deux mois en Europe, au printemps et à l'été 1976, pour y rencontrer ses interlocuteurs français et belges entre le 14 mai 1976 et le 23 juin 1976, et qui a ensuite interviewé les psychosociologues québécois l'année suivante, entre le 13 mai 1977 et le 14 juillet 1977. Le recueil des données, dans son ensemble, s'est donc divisé en deux périodes distinctes (1976 en Europe, 1977 au Québec) et s'est étendu au total sur un laps de temps de quatorze mois.

Les entretiens faits en France se sont tous déroulés à Paris ou dans la banlieue immédiate (aux Lilas, pour M. Lobrot; à Joinville-le-Pont, pour F. Marchand). En Belgique, une interview a été faite à Liège, deux à Bruxelles, et deux à Braine-l'Alleud (à une vingtaine de kilomètres au sud de Bruxelles). Au Québec, toutes les rencontres ont pu avoir lieu à Montréal (même lorsqu'il s'agissait de professeurs à l'Université de Sherbrooke), à l'exception d'une seule (à St-Sauveur-des-Monts, à 70 km environ au nord de Montréal, pour G. Robert).

Par ailleurs, si l'environnement immédiat a pu avoir une répercussion sur l'ambiance de l'entretien pour faciliter ou entraver le climat de confiance, il faut bien signaler la grande diversité des lieux de rencontre. Les entretiens se sont déroulés souvent dans des bureaux plus ou moins modestes de professeurs d'Université ou dans les salons confortables des résidences familiales, mais aussi dans le décor dépouillé d'une salle de cours ou dans un local de consultation pour activités bio-énergétiques, et même dans la salle à manger d'un restaurant ou dans le cadre plus qu'austère d'une chambre d'hôpital ! La durée des entretiens a été fort variable. On peut estimer qu'elle s'est située, en moyenne, aux environs d'une heure et demie. L'entretien le plus court n'a duré que quarante minutes, et le plus long s'est prolongé pendant près de trois heures.

### 5. *Qui sont les interviewés?*

Il n'a pas été possible d'obtenir tous les rendez-vous désirés. Plusieurs grands noms de la psychosociologie, dont la collaboration apparaissait comme éminemment souhaitable, n'ont pas pu être joints: ils animaient une session à l'étranger, ils circulaient sans arrêt entre deux villes universitaires pour y assurer leurs cours, ils se trouvaient en vacances, ou, tout simplement, ils n'ont adressé ni réponse ni accusé de réception à la lettre qui sollicitait une entrevue. D'autres ne pouvaient se rendre à Paris, à Bruxelles ou à Montréal à la date qui leur était proposée; ils s'en excusaient, ils proposaient une autre date; mais le calendrier de l'interviewer était particulièrement encombré, et il ne disposait pas des moyens de locomotion adéquats pour des déplacements en dehors des grands centres. Enfin quelques-uns, bloqués par des ennuis de santé, ou par des problèmes de famille, ou par la préparation d'un livre, se trouvaient momentanément indisponibles.

C'est dire que l'auteur de l'étude n'est pas pleinement et inconditionnellement satisfait de la constitution de son échantillon. On pourra toujours lui objecter que tel nom, qui est absent, apparaissait comme irremplaçable, alors que tel autre, qui est présent, ne s'imposait pas avec la même évidence: ces remarques ne sont pas dénuées de valeur. Cependant, si l'on tient compte de toutes les contingences qui ont été énoncées plus haut, l'auteur doit avouer (au risque de manquer d'humilité et de pratiquer une auto-satisfaction éhontée !) qu'il n'est pas, non plus, totalement mécontent du résultat de ses investigations. Il a la nette impression que la représentativité et la compétence des personnes interviewées, si elles peuvent être, dans tel ou tel cas, contestées dans le détail, ne sont guère sujettes à caution dans leur ensemble.

Voici donc les noms des vingt-neuf « spécialistes » qui ont bien voulu nous accorder un entretien. Nous y ajoutons (un peu en retrait et entre parenthèses) les indications concernant les trois psychosociologues (un pour la France, deux pour le Québec) dont les déclarations, comme nous l'avons déjà indiqué, n'ont malheureusement pas pu être utilisées, en raison de défaillances techniques à l'enregistrement.

La liste qui suit est présentée dans l'ordre chronologique où ont été effectués les entretiens [115]:

I. FRANCE

14 mai 1976: Jean-Claude Rouchy,
co-rédacteur en chef de *Connexions*,
«Association pour la Recherche et l'Intervention Psychosociologiques» (ARIP);

18 mai 1976: Max Pagès,
Université Paris IX (Dauphine);

19 mai 1976: Jacques Ardoino,
Université Paris VIII (Vincennes),
«Association Nationale pour le Développement des Sciences Humaines Appliquées» (ANDSHA);

20 mai 1976: Georges Lapassade,
Université Paris VIII (Vincennes);

24 mai 1976: Daniel Hameline,
Université Paris IX (Dauphine);

10 juin 1976: Guy Serraf,
Université Paris X (Nanterre),
«Association Nationale pour le Développement des Techniques de Marketing» (ADETEM);

14 juin 1976: Michel Lobrot,
Université Paris VIII (Vincennes),
Centre «Agora»;

21 juin 1976: René Barbier,
Université Paris VIII (Vincennes)
et Université Paris XIII (St-Denis);

21 juin 1976: François Marchand,
Secrétaire général du Syndicat national des Psychologues,
«Groupe d'étude, de recherche et d'intervention psychopédagogiques» (GERIP);

22 juin 1976: groupe de sociopsychanalyse: Jacky Beillerot, Claire Rueff et Gérard Lévy,
psychothérapeutes, collaborateurs de G. Mendel;
J. Beillerot, Université Paris X (Nanterre), a publié en 1976 *Un stage d'enseignants ou la régression instituée* (Paris: Payot); G. Lévy et C. Rueff ont écrit et publié en collaboration, également en 1976, *Enseignants, à vous de choisir!* (Paris: Payot);

23 juin 1976: André de Peretti,
Institut National de la Recherche Pédagogique;

23 juin 1976: Didier Anzieu,
Université Paris X (Nanterre),
«Centre d'Etudes Françaises pour la Formation et la Recherche active en Psychologie» (CEFFRAP).

(19 mai 1976: Rémi Hess,
Université Paris VIII - Vincennes)

II. BELGIQUE

15 juin 1976: Pierre De Visscher,
Université de Liège;

15 juin 1976: Jacques Van De Graaf,
«Centre pour la Formation et l'Intervention Psychosociologiques» (CFIP);

16 juin 1976: Jacques Liesenborghs,
«Rencontres Pédagogiques d'Eté — Confédération Générale des Enseignants»;

16 juin 1976: Marc Abramowicz,
Université Libre de Bruxelles,
«Formation d'Animateurs de Groupes d'Education Sexuelle» (FAGES);

17 juin 1976: André Godin,
psychanalyste et psychothérapeute,
«Centre International d'Etudes de la Formation Religieuse»

III. QUEBEC

13 mai 1977: Luc Morissette,
Université de Montréal;

18 mai 1977: Robert Sévigny,
Université de Montréal;

24 mai 1977: Gilbert Tarrab,
Université du Québec à Montréal (UQAM),
«Institut de Psychodrame du Québec»;

24 mai 1977: Yvan Tellier,
Université du Québec à Montréal (UQAM);

5 juin 1977: Aimé Hamann,
psychologue et psychothérapeute,
auteur de «L'abandon corporel: une approche non directive à la bio-énergie» (*Santé mentale au Québec, III,* n° 1, 84-96);

7 juin 1977: Roger Tessier,
Université du Québec à Montréal (UQAM);

23 juin 1977: Gérald Lefebvre,
«Réseau de Développement des Organisations»,
auteur de *Savoir organiser, savoir décider* (Montréal: Ed. de l'Homme, 1975);

23 juin 1977: Luc Blanchet,
psychiatre,
auteur de «La santé mentale à Pointe St-Charles: vers une prise en charge collective» (*Santé mentale au Québec, III*, n° 1, 36-43);

28 juin 1977: Janine Corbeil,
«Centre de Croissance et d'Humanisme Appliqué»;

9 juillet 1977: Guy Robert,
«Consultants Robert Ltée»: consultants en développement des ressources humaines;

13 juillet 1977: Aline Fortin,
Université de Montréal;

14 juillet 1977: Denis Royer,
psychologue et psychothérapeute,
auteur de plusieurs études sur l'intervention psychosociologique et sur l'analyse bio-énergétique.

(16 juin 1977: Yves St-Arnaud,
Université de Sherbrooke,
«Centre Interdisciplinaire de Montréal»)

(30 juin 1977: André Carrière,
Université de Sherbrooke)

Dans la grande majorité des cas, l'accueil réservé à l'interviewer a été cordial et sympathique. Les personnes interrogées se sont prêtées de bonne grâce au jeu de l'entretien; elles ont exprimé leurs convictions; elles ont analysé leur expérience. Il ne semble pas exagéré de dire que l'idée d'un rapprochement entre les situations française et belge, d'un côté, et la situation québécoise, de l'autre, a été souvent perçue comme une problématique originale et a suscité un réel intérêt, qui allait visiblement au-delà d'une simple politesse de façade. Le dialogue s'est parfois déroulé sur un ton de compréhension chaleureuse qui évoquait presque une relation d'amitié. Mais il y a eu aussi quelques exceptions qui méritent d'être mentionnées. Il serait évidemment malséant de prétendre accorder ici des «satisfecit» officiels ou de vouloir décerner d'illusoires «brevets de courtoisie». Pourtant, on peut signaler que, dans deux ou trois cas, la qualité de l'accueil n'a pas été à la hauteur de la réputation professionnelle de l'interviewé. On avait alors l'impression que plus le spécialiste était renommé, plus il tenait à souligner l'importance de la faveur insigne qu'il accordait en acceptant de distraire quelques instants de son précieux temps et en s'abaissant à répondre à des interrogations aussi «banales» et aussi éloignées du niveau habituel de ses réflexions théorico-spéculatives. L'interviewer, surpris et peut-être un peu candide, ne pouvait s'empêcher de se demander, dans ces quelques cas, pourquoi, à tant de science évidente et à tant de compétence indiscutablement reconnue, s'alliaient autant de suffisance narcissique et de morgue condescendante...

## B. L'utilisation de l'information

Le recueil des entretiens ne constituait qu'une première étape dans notre recherche. Il nous fournissait un « matériel qualitatif »[116] fort intéressant, dont il nous fallait tirer parti.

### *1. Enregistrement et retranscription*

Les vingt-neuf entretiens qui devaient être utilisés par la suite ont tous été enregistrés au complet sur bandes magnétiques, puis retranscrits mot à mot, dans leur intégralité. Les contraintes de ces entretiens à caractère improvisé et les difficultés de ces retranscriptions, où sont respectées les imperfections du style parlé (incorrections, digressions, remplissages, tics verbaux, répétitions, etc.), sont bien connues. Mais la méthode présente aussi des avantages incontestables. On a pu dire que l'intérêt de l'entretien réside, précisément, « dans la contrainte qu'il instaure, obligeant à tenir un discours prolongé (...): le locuteur se sent tenu de développer, d'approfondir son propos; renvoyé à son discours, il est rare qu'il n'y réussisse pas » (d'Unrug, 1974, pp. 89-90). On a insisté aussi sur le caractère de vie et de vérité qui se dégage des documents retranscrits, où le lecteur retrouve « une certaine respiration des parleurs, la rythmique des élans et des repos, des certitudes et des incertitudes, du donné à entendre et du sous-entendu, qu'une toilette du texte aurait immanquablement gommées » (Hameline, 1975c, p. 7).

Comme la réalisation des entretiens, la retranscription complète des bandes de magnétophone a été assurée par une seule et même personne : c'est encore l'auteur de l'étude qui s'est chargé seul de ce travail, auquel il a consacré de longs mois. Sans prétendre exagérer l'importance de cette tâche, qu'il a souvent trouvée très fastidieuse, il avait au moins la consolation de penser qu'il était plus apte que quiconque à assurer le respect intégral du texte. Gardant un souvenir précis, et quasi visuel, des réactions des personnes interviewées, il pouvait sans difficulté excessive déchiffrer certains passages des bandes magnétiques où la qualité de l'enregistrement laissait parfois à désirer. Parce qu'il avait pu éventuellement obtenir sur place, avant ou après l'entretien, quelques précisions complémentaires non enregistrées, il ne craignait pas trop de trahir la technicité de certains exposés, d'orthographier de façon incorrecte les références bibliographiques, ou de déformer telle ou telle évocation allusive se rapportant à un chercheur peu connu. Il se sentait même capable, à l'occasion, de retrouver le sens d'un silence ou d'un changement de ton, voire d'une hésitation ou d'un toussotement !

## 2. *Un instrument d'investigation: l'analyse de contenu*

Au terme du travail de retranscription, les textes des vingt-neuf entretiens fournissaient un volumineux document, dans lequel les éléments de réflexion, les réactions et les modes de pensée de chacun des vingt-neuf «spécialistes» se trouvaient fixés, tels qu'ils étaient apparus au moment précis des entretiens, comme en un véritable cliché photographique. Il s'agissait là d'un matériau à l'état brut, dont l'évidente hétérogénéité ressortait au premier coup d'œil, et dont l'utilisation ne pouvait être envisagée sans que soit effectué au préalable un effort d'investigation et de compréhension. Pour un effort de ce genre, nous nous sommes tourné vers l'instrument méthodologique qui est employé le plus couramment aujourd'hui par les sciences humaines: l'analyse de contenu.

Plusieurs ouvrages approfondis de recherche et d'application, en langue française, ont été consacrés récemment à l'analyse de contenu, permettant de mieux la situer dans l'ensemble des méthodes qui ont trait à l'étude de la communication et de la signification[117]. En 1952, un chercheur américain, Berelson, définissait l'analyse de contenu comme «une technique de recherche pour la description objective, systématique et quantitative du contenu manifeste des communications, ayant pour but de les interpréter». Sans être fondamentalement remise en question, la conception de Berelson a, depuis, été complétée et élargie.

De plus en plus, on a désormais tendance à étudier, en relation avec l'analyse de contenu, l'apport possible de sciences connexes, comme la linguistique, la sémantique, la sémiologie, la documentation, l'informatique. Et surtout, on insiste sur la phase de déduction logique, qui doit se situer entre les deux étapes envisagées par Berelson: l'étape de la description des caractéristiques du texte, et l'étape de l'interprétation de ces caractéristiques. C'est le processus déductif («l'inférence», selon la terminologie de L. Bardin) qui, en permettant le passage de la description à l'interprétation, fonderait l'unité et la spécificité de l'analyse de contenu: les déductions faites à partir d'indices ou d'indicateurs liés au texte permettraient d'en arriver à des informations supplémentaires concernant les conditions de production et de réception du message. Ainsi l'analyse de contenu éviterait à la fois deux écueils: elle ne serait pas seulement un inventaire répertorié et quantifié de l'information disponible; elle ne serait pas non plus une approche plus ou moins intuitive qu'on pourrait taxer de subjectivité ou d'impressionisme.

En fait, on s'accorde à dire que l'analyse de contenu, malgré des aspects empiriques, constitue une méthode «efficace, rigoureuse et précise» (Canto-Klein et Ramognino, 1974, p. 75). On peut parler de sa scientificité, à condition, comme l'a fait remarquer L. Bardin (1977, p. 21), de ne pas faire de la minutie fréquentielle le seul critère de l'objectivité et d'accepter la combinaison de la compréhension clinique avec l'approche statistique.

### 3. *Pour une analyse thématique*

Les techniques d'analyse de contenu sont multiples. Dans le cadre de notre étude sur la situation présente de la psychosociologie, il n'était absolument pas nécessaire que nous ayons recours aux programmes complexes par ordinateurs, ni même que nous utilisions d'autres méthodes, moins sophistiquées mais moins courantes, comme « l'analyse d'assertion évaluative » (mise au point par Osgood), qui se fixe pour objectif de retrouver le pivot des attitudes derrière l'éparpillement des manifestations verbales, ou « l'analyse de l'énonciation » (présentée par M.-C. d'Unrug), qui s'appuie essentiellement sur la dynamique de l'entretien et sur les figures de rhétorique. Nous avons opté, en l'adaptant quelque peu, pour la méthode la plus ancienne, qui est encore pratiquement la plus utilisée : « l'analyse catégorielle thématique ».

Dans une analyse thématique, c'est le « thème » qui est utilisé comme unité de signification, ou comme « catégorie » de base. Le « thème » a été défini, en psychologie, comme « une unité perceptive dans laquelle un problème est vécu ou perçu »[118]; sa réalité semble donc avant tout d'ordre psychologique (on pourrait presque dire d'ordre subjectif), ce qui, évidemment, n'en facilite pas le repérage. Du point de vue de la linguistique, on l'a défini comme un « ensemble signifiant complexe », sans autre précision[119]. En analyse de contenu, on a pris l'habitude de regarder le « thème » comme une affirmation sur un sujet délimité, comme un « noyau de sens », comme une idée qualitativement distincte, comme une énonciation spécifique concernant un point déterminé (ce « point » pourrait être un fait, ou une idée, ou un sentiment).

La première démarche de l'analyse de contenu est de repérer les thèmes considérés comme importants. Ce choix des thèmes n'est pas fonction du hasard ou d'un caprice : il se rattache à des hypothèses et à des objectifs qui, sans enfermer l'analyste dans un carcan, lui apportent, au moins à titre provisoire, un éclairage théorique sur les buts de son travail et sur les éléments des textes qui méritent d'être pris en compte. Les thèmes ainsi isolés peuvent ensuite être regroupés dans des catégories, qui les différencient, et qui imposent par le fait même une certaine organisation au message exprimé par le discours. En même temps, l'analyse de contenu cherche, avec les données qui lui sont fournies, à déceler des indices, à dégager ou à élaborer des indicateurs, qu'elle va essayer de faire parler pour en tirer par raisonnement ou par analogie, à partir des effets, des connaissances nouvelles sur les causes.

### 4. *Une grille d'analyse*

Pour nous guider dans l'analyse de nos vingt-neuf entretiens, nous disposions, au départ, des hypothèses et des objectifs qui avaient été à l'origine de notre intérêt pour les problèmes de la psychosociologie, et qui nous avaient poussé à nous lancer dans une telle étude. Nous avons évoqué ces hypothèses et objectifs dans l'introduction et dans nos deux premiers chapitres. Essentiellement, nous désirions savoir si nos intuitions au sujet de l'existence d'une crise dans les méthodes de groupes étaient fondées. Et, si oui, nous souhaitions en arriver à une confirmation ou à une infirmation des suppositions qui nous étaient suggérées par nos premières lectures et par une réflexion rapide au sujet des causes de cette crise (causes d'ordre économique ? ou méthodologique ? ou idéologique ? ou socio-politique ?).

A partir de ces éléments, qui fournissaient un cadre général et qui étaient présents à notre esprit comme des présupposés, nous nous sommes interrogé longuement sur le contenu des entretiens. Nous en avons fait plusieurs lectures (certainement quatre ou cinq, peut-être même davantage): des lectures lentes, attentives, minutieuses, qui permettaient d'abord de se laisser pénétrer par les discours exprimés, puis qui amenaient à une confrontation, crayon en main, entre les hypothèses préalables et les impressions nouvelles, entre les élaborations personnelles sous-jacentes et le message objectif des matériaux recueillis.

C'est ainsi que nous en sommes arrivé peu à peu à l'élaboration d'une « grille d'analyse », qui permettait de préciser les hypothèses, qui esquissait déjà un découpage des principaux thèmes, et qui replaçait les thèmes dans un contexte plus vaste en proposant une classification par chapitres. Très détaillée, la grille ne visait pas à une vue synthétique; elle se voulait un instrument précis qui permettrait l'enregistrement exhaustif des thèmes et leur ventilation dans des rubriques adéquates.

Mais, comme nous l'avons déjà dit, la tâche de l'analyste ne se réduit pas à une exploration totale et objective des données informationnelles. Pour que l'analyse de contenu remplisse sa fonction d'« inférence », au-delà de la simple portée descriptive, la grille d'analyse soulignait fortement l'importance de plusieurs variables qui devaient impérativement être prises en considération, à titre d'indicateurs, pour mieux préparer le travail d'interprétation. Ces variables, au nombre de trois, étaient les suivantes : le pays d'origine des interviewés (France, Belgique ou Québec), l'école ou la tendance à laquelle ils se rattachaient (ex. : courant lewinien ou rogerien, psychanalyse, courant californien, développement organisationnel, etc.), le type d'activités qu'ils exerçaient (thérapie, interventions dans les organisations, enseignement).

### *5. L'exploitation du matériel*

Arrivé à ce stade de notre étude, nous nous sommes permis de faire appel à la collaboration d'une psychologue parisienne, spécialiste de l'analyse de contenu, avec qui nous avions eu l'occasion de travailler fréquemment autrefois en France dans le cadre de recherches effectuées pour un institut de marketing[120]. Nous lui avons confié la partie la plus ingrate des procédures de l'analyse.

Elle a pris en charge, à l'aide de notre grille d'analyse, la sélection et la classification logique de toute l'information disponible dans les vingt-neuf entretiens retranscrits. Procédant à un découpage systématique du sens des textes, elle a pu aboutir à un repérage de tous les thèmes pertinents à l'étude, qu'elle a répartis dans des catégories discriminantes. L'application d'un code numérique aux différents thèmes lui a permis d'effectuer un comptage de la fréquence d'apparition des éléments du message. Enfin, elle a eu constamment le souci de mettre en relation les unités de signification du discours avec les trois variables qui lui avaient été signalées comme indicateurs spécifiques. Ces indicateurs (pays d'origine, école ou tendance, type d'activités) constituaient pour elle autant de pôles d'attraction, sur lesquels son attention restait centrée à travers toute la recherche sémantique.

### *6. Les limites de l'étude et son interprétation*

Les résultats obtenus au terme de cette phase de l'analyse étaient désormais à la fois d'ordre qualitatif et d'ordre quantitatif. La ventilation en catégories des composants du discours et l'intérêt accordé aux «variables d'inférence» fournissaient des instruments adéquats pour l'étude de la signification du message et pour des déductions spécifiques. Le décompte fréquentiel des thèmes ouvrait la voie pour une vérification précise du bien-fondé des hypothèses de départ.

A vrai dire, l'analyse de contenu nous faisait également découvrir quelques insuffisances. Elle nous montrait qu'il eût peut-être été souhaitable de disposer d'un nombre d'entretiens encore plus élevé pour s'assurer de la valeur évocative de la quantification et pour valider la portée éventuelle de telle ou telle opinion apparemment isolée. Elle nous amenait à penser qu'il eût sans doute été intéressant de soumettre la vérification des hypothèses à un contrôle par questionnaires. Elle nous donnait l'idée qu'il eût pu être fort enrichissant de compléter l'information recueillie près des «spécialistes» que sont les psychosociologues par une consultation auprès des «utilisateurs», qui sont les clients de la psychosociologie ... Il y avait là matière à autant de regrets ou de souhaits. Mais n'aurait-il pas été vain de s'y attarder? N'était-il pas évident, dès l'origine, que nous n'avions ni les moyens ni l'ambition nécessaires pour réaliser une étude analogue, dans sa méthodologie et son ampleur, à celle qu'a faite Moscovici pour la psychanalyse[121] ou à celle qu'a entreprise Touraine sur les mouvements sociaux et sur l'action collective[122].

Par ailleurs, l'analyse de contenu nous confirmait que, malgré ses limites, notre recherche, telle qu'elle se présentait, était porteuse de données éloquentes et originales et qu'elle contenait des résultats significatifs... Il nous reste maintenant à exposer ces résultats, à en explorer les coordonnées, à les analyser et à les interpréter.

# DEUXIEME PARTIE

# REFLEXIONS SUR LE CONTENU ET LES CAUSES DE LA CRISE

# Chapitre IV
# Une vision multiforme de la crise

Nous avons évoqué à plusieurs reprises l'extrême diversité du monde de la psychosociologie, aussi bien dans le domaine des références théoriques que dans celui des réalisations pratiques. Cette diversité a apporté dans notre étude un élément indéniable d'ouverture, en nous évitant de limiter notre attention à la pensée unique d'un maître indiscuté ou à un seul type d'activités dûment répertoriées. Mais elle a été aussi un facteur de dispersion qui compliquait singulièrement le travail de réflexion et qui posait de gros obstacles sur la voie de toute recherche de synthèse.

L'analyse de contenu était dans l'incapacité, par ses seuls moyens, de lever toutes ces difficultés. Même si elle a permis d'opérer des regroupements entre certaines prises de positions, même si elle a parfois laissé entrevoir l'existence d'une sorte de fil conducteur susceptible de rapprocher les unes des autres des attitudes et des déclarations, elle n'a évidemment pas abouti à la réalisation d'une unité, qui n'aurait été qu'artificielle et factice, dans un ensemble aussi composite.

Ainsi, sur la question centrale de l'existence même d'une crise en psychosociologie, les points de vue exprimés sont, on va le voir, loin d'être unanimes... Mais pour essayer de mieux saisir tout le « non-dit » qui se cache derrière des affirmations apparemment catégoriques et contradictoires, il serait utile que nous nous attardions d'abord, pendant un instant, sur quelques caractéristiques importantes de notre échantillon qui situeront mieux la « dispersion » idéologique et méthodologique de nos vingt-neuf « spécialistes », et la multiplicité obtenue dans l'éventail de leurs réponses.

## A. Dispersion et multiplicité

### *1. L'unité : une utopie*

La liste des interviewés qui figure au chapitre précédent est éloquente en elle-même : elle exprime bien la variété et l'hétérogénéité des tendances, ainsi que les oppositions qui coexistent dans le champ des pratiques de groupes. Les efforts de rapprochement, pour des comparaisons ou des mises en parallèle, qui ont été effectués à l'occasion de la préparation de la grille d'analyse ou lors de l'analyse de contenu, se sont heurtés à la dure réalité des faits : sans trop d'exagération, on pourrait presque dire que chacun des interviewés représente, à lui seul, une école ou une tendance, et que les vingt-neuf spécialistes interrogés se sont faits les porte-parole de vingt-neuf incarnations différentes de la psychosociologie.

En effet, il va de soi, par exemple, qu'il ne suffit pas que deux psychosociologues français enseignent dans la même Université, ou qu'ils se réclament d'une même admiration de départ pour Lewin ou pour Rogers, ou qu'ils aient la même préoccupation d'efficacité politique, ou qu'ils affirment la même fidélité au courant psychanalytique, ou qu'ils fassent preuve d'une ouverture similaire aux problèmes de pédagogie et de formation, pour qu'on puisse les ranger sous la même étiquette ou croire qu'ils ont la même façon de voir. Les entretiens ont fait apparaître des jugements aussi critiques, des exclusives aussi absolues, des condamnations aussi féroces que ce qu'avait révélé la revue de littérature.

L'échantillon belge, quoique plus restreint, donne d'abord l'impression de n'être guère plus homogène que l'échantillon français. En durcissant à peine les positions, on aurait presque envie, à première vue, de catégoriser ses représentants par des qualificatifs apparemment opposés : chercheur ou praticien, théoricien ou clinicien, universitaire ou « homme de terrain », marqué par la tradition catholique ou influencé par la libre-pensée ou par le courant marxiste, etc. Pourtant, quand on examine les textes de plus près, on s'aperçoit qu'une telle catégorisation, en figeant la réalité, risquerait de la déformer quelque peu. En fait, plusieurs de ces qualificatifs qui sembleraient s'exclure peuvent s'appliquer conjointement à la même personne. Et, par ailleurs, il est frappant de remarquer que la concurrence ou les conflits sont sans doute moins vifs en Belgique qu'en France, entre les différents centres ou entre les personnes qui n'ont pas les mêmes orientations. Si l'uniformité n'est pas recherchée, les divergences sont, au moins, tolérées et respectées. Trois exemples, qui se situent à Louvain, à Liège et à Bruxelles, en témoignent :

> Notre politique est de ne pas faire ce qui se fait bien ailleurs. Si tel autre centre fait des ateliers qui nous semblent intéressants, et qui plaisent, et qui suffisent pour répondre au marché, on ne va pas les reprogrammer une seconde fois...

Mon orientation, ici, c'est de construire un centre où il y ait suffisamment d'experts dans chacune des différentes lectures : lecture analytique de type freudien ou de type jungien, lecture organisationnelle, analyse institutionnelle, créativité, sémantique générale, techniques du potentiel humain...

C'était un milieu tout à fait différent du mien. Et même au niveau du syndicat socialisant dont je fais partie, c'était presque considéré comme une organisation corporatiste anti-syndicale. Mais leur démarche me plaisait : (...) c'était l'occasion d'avoir un champ d'activités avec des gens qui étaient en recherche, qui se posaient des questions, qui se remettaient en cause.

Dans le groupe des psychosociologues québécois, où plusieurs personnalités ont été marquées par les mêmes expériences (les groupes de B. Mailhiot, l'expansion puis la mort de l'I.F.G.), l'évolution des individus et les événements ont accentué les divergences. Mais les oppositions actuelles au plan des théories et des méthodes n'ont pas effacé les souvenirs du passé commun : il en reste comme une camaraderie, ou en tout cas une estime réciproque et une possibilité de dialogue qui excluent, en général, le sectarisme. Chacun mène désormais sa barque de façon indépendante, en fonction de ses goûts, de ses compétences, de ses certitudes ou de ses doutes. Deux courants surtout se manifestent, qui rallient plus ou moins directement la grande majorité de ceux que nous avons interrogés : le courant organisationnel des interventions dans les entreprises et le courant humaniste des nouvelles méthodes de thérapie. On pourrait donc penser à une dispersion minimale des objectifs. Mais à l'intérieur de chacun de ces deux courants, il n'y a ni unité ni « apparentement » : les préférences individuelles s'affirment, les particularismes triomphent.

Tous comptes faits, on peut donc dire que, malgré les quelques accointances idéologiques qui se font jour parfois en France, malgré les possibilités de collaboration qui s'expriment en Belgique, malgré les confrontations amicales qui ont encore cours au Québec, le monde de la psychosociologie apparaît comme essentiellement disparate. En constituant notre échantillon, nous avions recherché la diversité des points de vue, pour avoir sous les yeux un panorama complet et représentatif; en réalité, nous avons rencontré le morcellement et l'éparpillement. Nous nous interrogions sur les caractéristiques et les problèmes de « *la* psychosociologie »; notre étude nous a renvoyé à « *des* psychosociologies »; elle a fait éclater la fiction d'une unité utopique, qui est contredite par la multiplicité des références, des options, des appartenances. Nous pensions à une discipline assez bien définie, caractérisée par son objet (le groupe) et par ses points d'application (les interactions entre l'individu et le groupe); nous nous sommes trouvé en face d'une marqueterie hétéroclite, d'un univers atomisé, où la multiplication des « recettes » n'est pas toujours justifiée par la mise en relation rationnelle avec une théorisation approfondie.

## 2. *Des problèmes d'identité*

Au fond, le seul point commun essentiel entre les personnes que nous avons rencontrées des deux côtés de l'Atlantique, outre la communauté de langue, c'est que toutes ces personnes s'intéressent aux « groupes restreints ». Mais elles ne regardent pas le groupe dans la même optique; elles ne travaillent pas avec le même objectif. Si, au temps de Lewin, le groupe a pu être considéré comme l'objet même de l'intervention, il n'est plus actuellement, pour la plupart de ses utilisateurs, qu'un moyen, qu'un outil. C'est un instrument de formation, un instrument de thérapie, un instrument pour la clarification des problèmes interrelationnels, etc. : rien qu'un instrument. Dès lors, faut-il parler de psychosociologie ? faut-il faire appel à une discipline scientifique ? faut-il se référer à des bases reconnues dans le champ du savoir ? Ou bien n'existerait-il, entre tous ceux qui se servent de l' « outil-groupe », qu'une similitude extérieure, analogue à celle qui pourrait exister, par exemple, entre tous les amateurs d'un même jeu de société ou entre tous les utilisateurs d'un même type de voiture, au sein d'une hypothétique « Amicale Internationale des joueurs de scrabble » ou dans une imaginaire « Société Intercontinentale des adeptes du moteur diesel » ?

La question doit-elle être jugée farfelue ou ridicule ? Elle ne l'est sans doute pas autant que pourraient le laisser croire les apparences !... On constate, en tout cas, que plusieurs entretiens abordent de front le problème de l'objet spécifique de la psychosociologie et de l'identité des psychosociologues :

> On peut dire que la conception de la psychosociologie n'est pas la même d'un auteur à l'autre. On s'aperçoit qu'il y a plusieurs orientations et que souvent les définitions données contredisent le contenu des ouvrages (Belgique).

> Si je rencontre, par exemple, les gens de l'A.R.I.P., même s'il y a d'énormes divergences entre nous, nous sommes de la même famille : nous sommes des psychosociologues. Mais il n'y a pas d'Association française des psychosociologues, comme certains l'avaient souhaité. (...) On fuit vers l'économie, ou vers la psychanalyse. On n'a pas vraiment essayé de construire un objet spécifique, qui serait la psychosociologie (France).

L'un de nos interlocuteurs français refuse catégoriquement de se présenter comme psychosociologue et ne veut revendiquer que le titre de « psychanalyste groupal ». Un autre critique l'ambiguïté du champ théorique de la psychosociologie et préfère se réclamer de la cohérence de la sociologie. On trouve également un Québécois qui situe en priorité sa compétence sur le terrain de la sociologie du travail, tandis que, dans plusieurs autres entretiens réalisés au Québec, les interviewés seraient plutôt portés à s'attribuer une qualification préférentielle de thérapeutes, ou plus exactement, comme le dit l'un d'entre eux, en utilisant un néologisme, ils tiendraient à se présenter comme des *growth facilitaters* : des « facilitateurs de croissance ». Par contre, un Belge dit son souci d'écarter les clients dont la demande serait avant tout d'ordre psychothérapeutique, c'est-à-dire «les personnes qui ne sont pas en mesure de prendre en charge leur propre développement»; il se veut d'abord spécialiste de «dynamique de groupe», dans un sens large qui comprend une élucidation à la fois théorique et expérimentale des processus de groupe.

La controverse sur l'originalité possible de la psychosociologie, qui se situerait en tension permanente entre la psychologie et la sociologie, dans la zone des conflits entre ces deux sciences, n'est pas épuisée. Ce sont surtout les Français qui reviennent sur ce thème. Et ce sont eux aussi qui continuent à se demander si la psychosociologie doit être considérée prioritairement comme une pratique ou comme une science. Leurs réponses divergentes traduisent les oppositions entre d'une part ceux qui se présentent comme des hommes de stratégie et de savoir-faire, et d'autre part ceux qui insistent plutôt sur les élaborations théoriques et la recherche en laboratoire.

### 3. *Tout accueillir sans rien trahir*

Ces quelques exemples rapides font déjà entrevoir la multiplicité des prises de position et la complexité des analyses qui figurent dans les vingt-neuf entretiens. Nous y retrouvons pratiquement la quasi-totalité des opinions variées, des interrogations contradictoires, des inquiétudes diverses et des critiques en sens opposé qui ont été évoquées dans le deuxième chapitre de notre étude.

Il ne s'agit évidemment pas là d'une coïncidence imprévue. Les gens qui se sont exprimés le plus fréquemment dans des volumes et des revues sur les problèmes des groupes, et dont nous avions dépouillé les écrits pour nous faire une première idée sur le sujet, sont aussi ceux que nous avons voulu questionner pour recueillir, si possible, davantage de précisions concernant leur façon de voir. Il n'est donc pas surprenant qu'en interviewant des personnalités comme M. Pagès, Ardoino, Lapassade, Hameline, Lobrot ou Anzieu pour la France, L. Morissette, Sévigny, Tellier, Tessier ou Royer pour le Québec, nous n'ayons pas toujours obtenu des déclarations fracassantes de nouveauté. Ce n'était pas ce que nous attendions. Nous consultions les mêmes sources; nous nous adressions aux mêmes acteurs privilégiés. Il était normal qu'il y ait parallélisme entre les textes qu'ils avaient rédigés et les réflexions auxquelles ils se livraient devant notre magnétophone; il était fatal que nous découvrions des franges d'interférences dans la pensée formulée par écrit au préalable et dans le contenu des interviews.

Cependant, comme l'entretien fournissait l'occasion d'un discours proféré dans un contexte différent, comme il s'appuyait même, d'une certaine façon, sur un autre mode de pensée, nous étions en droit d'en attendre quelques apports nouveaux. Nous avions l'espoir que le style spontané de l'expression orale permettrait à nos interlocuteurs une plus grande implication personnelle, une formulation plus incisive, un éclairage plus abondant sur certains détails, et aussi, par le jeu de la libre association, des explications supplémentaires sur tel ou tel aspect du problème qu'ils n'avaient peut-être qu'effleuré dans leurs publications. A ces attentes (qui n'ont pas été déçues), s'ajoutait la quasi-certitude de recueillir, en dehors des grandes « vedettes », quelques aperçus originaux de la part des autres spécialistes, de moindre renommée ou à la plume moins prolifique, dont les positions nous étaient moins connues.

Le résultat est que nous disposions après les entretiens de deux sortes d'éléments. Les uns qui, loin d'être dénués d'intérêt, pouvaient cependant être considérés comme des redites: ils reprenaient des argumentations que nous avions déjà lues et n'enrichissaient guère notre connaissance du dossier. Les autres, qui ne se présentaient pas forcément avec le plus de brio ou de brillant, mais qui retenaient l'attention à cause de leur caractère de nouveauté, dans la forme ou surtout dans le fond: ils contribuaient à élargir notre horizon, à nous donner une vue plus complète de la situation, à faciliter la compréhension des problèmes.

C'est évidemment sur ces éléments nouveaux que nous allons faire porter notre insistance au cours des chapitres qui vont suivre: ce sont eux que nous soulignerons et que nous détaillerons avant tout. Nous n'omettrons pas pour autant de mentionner rapidement au passage les accords massifs ou les dénégations catégoriques qui pourraient apporter appui ou contestation à des opinions déjà formulées, au sujet de telle ou telle hypothèse. Mais tout en suivant, en gros, le même plan de recherche et en entreprenant l'exploration successive des mêmes pistes, il sera nécessaire, pour une saine progression méthodologique, et pour ne pas lasser l'attention du lecteur, de ne pas nous attarder sur ce qui a déjà été dit et de ne signaler que pour mémoire les points divers sur lesquels les écrits et nos entretiens font état des mêmes consensus.

Précisons encore, pour éviter toute équivoque, que nous essaierons autant que possible, lorsque nous présenterons des déclarations extraites d'un entretien, de préserver l'anonymat de l'auteur de ces déclarations. Nous n'ignorons pas que cela peut avoir des inconvénients: le lecteur aimerait certainement connaître le nom de celui qui parle, pour essayer de juger de sa compétence au poids de sa notoriété, et pour situer son avis dans le contexte de son oeuvre ou dans le cadre de ses prises de position antérieures. Mais nous avons tenu à respecter, sans le figer et sans le trahir, le caractère fluide, essentiellement évolutif, de cette pensée orale qui ne se fixait que pour un instant dans le jaillissement des mots, au milieu de l'atmosphère détendue que favorisait le tête-à-tête de l'entretien. De plus, étant donnée l'extrême dispersion des orientations et des avis, étant donnée également la franchise d'expression un peu brutale adoptée par plusieurs, il nous semblait nécessaire de ne pas « parcelliser » le débat en le réduisant à des affrontements individuels, et de ne pas le dramatiser en l'ouvrant à toutes les polémiques et à tous les règlements de compte. Enfin, il nous apparaissait indispensable, juridiquement, de ne pas lancer dans le public sans leur accord les paroles de ceux qui nous avaient fait confiance en nous accordant un entretien; or les distances, les aléas du courrier et les délais déjà trop longs imposés à la préparation de cette étude ne nous laissaient absolument plus le loisir d'en soumettre le texte définitif à nos vingt-neuf interlocuteurs.

Pour tourner la difficulté et pour garder la valeur des témoignages recueillis sur le vif, nous nous sommes astreint à deux exigences. D'abord, nous avons tenu à respecter intégralement dans toute citation, comme cela s'impose, les paroles mêmes qui ont été prononcées, sans les édulcorer ni en infléchir le sens; mais il nous a bien fallu, parfois, écourter la citation, faute de place, et pour cela extraire la phrase de son contexte ou faire abstraction de tel ou tel élément que l'auteur aurait pu juger, à bon droit, comme apportant un utile complément à sa pensée. Ensuite, et surtout, nous avons cherché le plus possible à regrouper les opinions, pour que les citations n'apparaissent plus seulement comme l'expression d'un individu, mais pour que les psychosociologues qui émettent un avis soient perçus, autant que faire se peut, comme les représentants d'une communauté informelle, comme les interprètes de préoccupations généralisées, comme les porte-parole d'une « âme collective ».

On devine qu'un tel regroupement posait à son tour de sérieux problèmes, puisque nous avons déjà souligné l'hétérogénéité des réponses et l'individualisme apparemment irréductible des différents discours. Pourtant, les « variables d'inférence », dont nous avons parlé à propos de l'analyse de contenu, ont ouvert la voie à des rapprochements intéressants. On ne sera donc pas surpris que les extraits d'entretiens soient identifiés dans la suite de notre texte, non pas par un nom d'auteur, mais par la référence à l'une ou l'autre de ces variables, et tout particulièrement (comme nous avons déjà commencé de le faire un peu plus haut dans le présent chapitre) par la référence au pays d'origine : France, Belgique ou Québec.

## B. Crise de croissance ou véritable crise?

### *1. Evolution ou rupture ?*

Unanimement, les vingt-neuf spécialistes que nous avons interrogés admettent que le monde de l'étude des groupes et de la pratique des groupes représente à l'heure actuelle, au sein des sciences humaines, un secteur particulièrement agité, une catégorie en pleine effervescence. Mais tous ne sont pas d'accord sur la portée et la signification du phénomène.

On constate que des méthodes chevronnées, qui il n'y a pas si longtemps faisaient courir les foules, comme le T-group, tombent maintenant en désuétude et n'intéressent pratiquement plus personne. On prend acte de la disparition d'institutions qui furent florissantes, comme l'I.F.G. au Québec, et qui ferment boutique comme si leur mission était définitivement terminée ou comme si elles n'étaient plus capables de répondre aux besoins pour lesquels elles avaient été créées. Mais en même temps on évoque l'abondance de la demande, on énumère avec complaisance les nombreux stages prévus au programme de l'année, on fait allusion à la longue « liste d'attente » des clients. Bref, il n'est pas rare qu'on affiche encore une réelle satisfaction. Evidemment, l'expression des inquiétudes et l'évocation des motifs de satisfaction n'émanent pas des mêmes personnes.

Le sentiment général est celui d'un monde en mutation, où l'évolution s'accélère. Plusieurs psychosociologues ressentent profondément cette évolution, qui est souvent pour eux facteur d'insécurité. En France, on s'essaie parfois à un élargissement des points de vue; on s'ouvre à des influences variées parce qu'on a conscience de se situer au carrefour de plusieurs courants; on fait appel à des équipes pluridisciplinaires; on adopte une optique de « multi-référentialité »; on tâte un peu de la variété des techniques. Un auteur a éprouvé le besoin, pendant plus de deux ans, de couper quasiment avec toute pratique, et de prendre du recul pour faire une recherche, à la fois empirique et théorique, centrée sur les phénomènes de pouvoir dans les organisations, ainsi que sur les liens entre structures sociales et structures inconscientes de la personnalité. D'autres cherchent avec un brin d'anxiété une voie de synthèse entre la psychosociologie classique et les valeurs mises en jeu dans les méthodes du potentiel humain :

Je pense qu'il y a un certain nombre de choses qui ont été apportées par la psychosociologie classique et qui pour moi restent des valeurs incontestables et permanentes. J'essaie de faire la synthèse entre la psychosociologie classique, avec les notions de non-directivité en particulier, d'empathie, enfin les notions rogeriennes, et même avec les positions institutionnalistes de Lapassade, le courant autogestionnaire... ; j'essaie de faire la synthèse de cela avec les nouvelles valeurs qui sont, elles, des valeurs d'implication, de contact corporel, de participation, d'émotion. Je pense qu'il y a une synthèse à faire; et ma position, c'est que si on ne la fait pas, le risque est grand d'en arriver à des espèces de groupes sauvages très dangereux, qui à leur tour amèneront une réaction, et dont on critiquera le côté incontrôlé et irresponsable (France).

Ailleurs, on exprime une inquiétude impuissante devant la rapidité d'une évolution qui donne l'impression d'être aussi imprévisible qu'irréversible :

Une chose qui me frappe, et qui me montre l'aspect un peu désuet du groupe, des techniques de groupe, c'est que, de 1947 jusqu'à maintenant, je n'ai connu aucune pratique professionnelle qui ait aussi rapidement évolué, changé, été remise en question. Des techniques à la mode aujourd'hui sont démodées en l'espace d'un an. Je n'ai jamais vu une pratique professionnelle qui se soit dévaluée aussi rapidement, alors qu'on mettait en évidence son aspect de remède universel, et que, en même temps, elle éclatait en tellement de techniques différentes. Il y a des aspects presque technologiques; et d'un autre côté, ça va jusqu'aux aspects les plus fumistes, les plus mystiques; et entre les deux, il y a absolument toutes les possibilités: parfois même, avec la même personne et dans la même institution (Belgique).

Au Québec, les changements d'orientation ont été particulièrement nombreux chez les psychosociologues. Certains sont passés successivement par toute la gamme variée des stages en relations humaines centrés sur les interactions au niveau du groupe, par la dynamique de groupe classique et le T-group d'orientation lewinienne ou rogerienne, puis par les groupes de croissance personnelle tournés essentiellement vers le développement des individus, avant de devenir des spécialistes de l'analyse bio-énergétique ou de «l'abandon corporel» (cf. Royer, Hamann). D'autres, au contraire, qui avaient connu le même point de départ, ont choisi de prendre une voie différente lorsqu'il est apparu que le groupe devenait avant tout un instrument de développement de la personne et que la clientèle venait d'abord chercher dans les stages «des substituts de thérapie»; ils se sont alors sentis «plus intéressés à aider les gens à modifier des situations qu'à aider M. Untel à modifier ses attitudes»; ils se sont orientés en priorité vers la recherche et l'enseignement, vers les interventions dans les entreprises, vers des rôles de consultants organisationnels (cf. Sévigny, Robert, A. Fortin).

### 2. *A chacun sa crise!*

Au total, un peu plus de la moitié des personnes interviewées (quinze sur vingt-neuf) font explicitement mention d'un diagnostic de crise. Mais cette constatation numérique ne doit pas être enregistrée seulement comme un résultat brut; pour être correctement interprétée, elle appelle quelques commentaires. Tout le monde ne donne pas le même sens au mot «crise». Les avis sont fort divergents en ce qui concerne le degré de gravité du phénomène et son caractère transitoire ou définitif. Surtout, on remarque une correspondance, une relation fréquente entre l'activité dans laquelle sont engagés les psychosociologues et la façon dont ils envisagent la «crise» de leur discipline.

En général, ceux dont les activités traditionnelles semblent remises en cause ou qui s'étaient spécialisés dans des types d'interventions qui deviennent moins rentables s'essaient davantage à un effort de lucidité, de réflexion théorique, d'explicitation conceptuelle sur la problématique actuelle et sur leurs propres réalisations. Au contraire, ceux qui proclament dès l'abord que «tout va bien» et qu'ils ne connaissent pas la crise sont souvent tentés, à une ou deux exceptions près, non seulement de se complaire dans la certitude du bien-fondé de leurs choix et dans l'assurance que leurs méthodes sont les seules valables (ce qui se comprend assez bien: «je réussis, donc il n'y a aucun problème!»), — mais encore de faire de la crise un phénomène localisé qui, à leurs yeux, est une conséquence fatale des erreurs de jugement ou du manque de savoir-faire des «concurrents». En somme, ils ne se sentent ni menacés ni concernés. C'est le cas, principalement, de plusieurs qui ont opté pour les nouvelles méthodes corporelles et pour les techniques du courant californien, ou encore de quelques autres qui n'éprouvent apparemment que peu d'inquiétude parce qu'ils s'estiment à l'abri derrière le rempart des dogmes de la psychanalyse ou derrière l'intangibilité d'un *a priori* politique. Pourtant, cela ne les empêche pas, à l'occasion, même s'ils ont affirmé que la crise n'existe pas (parce qu'ils ne la voient pas dans leur propre secteur), de disserter parfois avec finesse sur les «erreurs» de leurs collègues et de spéculer intelligemment sur les causes du malaise qui menacerait la psychosociologie (... pas la leur, mais celle des autres!). Le résultat, c'est que, si la réalité de la crise n'est affirmée directement que dans quinze entrevues, on trouve, en fait, dans les vingt-neuf entretiens de nombreuses explications et réflexions sur les difficultés présentes des psychosociologues et sur les causes de ces difficultés.

Une quasi-unanimité se dégage pour reconnaître que certains secteurs des activités de groupes sont plus menacés que d'autres. On parle de la baisse des demandes d'interventions dans les entreprises et les institutions:

> Tout ce qui était intervention externe dans les entreprises ou les institutions, incontestablement, connaît moins de succès (France).

On évoque la moindre participation aux stages classiques de réflexion, de formation et de recherche, consacrés à l'étude des phénomènes de groupe:

> Le nombre de stages consacrés à des pratiques de formation, *stricto sensu*, en psychosociologie, ne s'accroît pas; et le nombre des organismes qui s'en occupent ne s'accroît pas non plus. Quant au nombre des stagiaires, d'après ce qu'on peut percevoir, dans les stages de type dynamique de groupe ou conduite de réunions, il est très stable, pour ne pas dire en diminution (France).

Plus souvent encore, on fait allusion à la déception qu'on éprouve, après une période de grands espoirs; il y a comme une crise morale: un désappointement qui touche, de façon plus ou moins prononcée, la plupart des secteurs des activités de groupes. On a l'impression d'avoir été berné, comme si l'on avait misé sur un moyen de transport dont on a découvert ensuite qu'il était dans l'incapacité de se rendre là où l'on voulait aller, parce que sa véritable puissance technique se situait bien au-dessous de ce que promettait le prospectus de vente. Le ballon dirigeable n'a pas quitté le sol, et sa baudruche se dégonfle !

La psychosociologie a vécu un démarrage relativement rapide, en attirant des gens; et il y a eu un effet de mode. Nous avons beaucoup trop de gens qui se sont précipités sur la psychosociologie avec avidité, avec donc des quantités de mythes, avec des quantités de projections fantasmatiques, avec des tendances à maximiser les chances possibles, à extrapoler les concepts, les méthodes, et également à sacraliser. Le T-group, par exemple, a souvent été vécu comme un *nec plus ultra*, comme un summum (France).

Il y a eu une baisse de popularité. A un moment donné, c'était une espèce de panacée pour tous les problèmes qui existaient dans les organisations. Maintenant, on est devenu beaucoup plus circonspect face à ce genre de techniques. Ce n'est plus acheté inconditionnellement; on est beaucoup plus critique. Lorsqu'une chose est regardée comme une solution-miracle, ça risque d'être mal utilisé; et ça déçoit les gens, parce que les miracles ça n'existe pas (Québec).

Dans les premiers groupes, il y avait toute une espérance: c'était une occasion de s'exprimer, d'avoir un langage authentique, de passer au-dessus des rapports hiérarchiques artificiels. Mais lorsque les gens ont eu appris à parler, ce niveau de groupe ne les attirait plus. Alors il y a eu un autre niveau: celui de la découverte du corps, de l'emballement pour le corps. Mais là encore, il y a eu une autre désillusion: c'est la désillusion du non-permanent. On a présenté ça comme des formes de salut. Mais il ne suffit pas de faire vibrer les corps, et de les faire crier, et de les faire frapper, pour changer profondément la vie. Au début, ça faisait prendre contact avec la vie; mais ensuite, les gens retombaient dans leur existence: ils se sentaient d'abord un peu déphasés, puis, au bout de trois semaines ou un mois, ils redevenaient comme avant (Québec).

L'aboutissement de la désillusion, c'est parfois l'explicitation d'un constat d'échec, qui hésite entre le ton du réalisme et le ton désabusé :

Selon moi, il y a échec évident de toutes les pratiques de groupe pour entamer de quelque manière que ce soit le système d'enseignement tel qu'il existe, à plus forte raison pour en venir à bout (France: enseignement et formation).

Actuellement, en psychosociologie, quels que soient les courants, personne n'a les moyens de fournir des réponses aux questions qui sont soulevées; ça paraît évident. Il suffit de regarder: on trouve des tentatives et des déclarations de principe; mais, derrière, de manière opératoire, conceptualisée, il n'y a pas grand chose (France: interventions en entreprises).

J'avais mis de grands espoirs là-dedans il y a dix ans. Mais je constate que ça piétine. On fait des tas d'erreurs dans les stages et les interventions. Les membres de l'équipe d'intervention ne prennent pas le temps de se réunir, ni avant, ni après. On n'avance pas parce qu'on ne s'en donne pas les moyens dans des réunions de travail. C'est un peu navrant (France: interventions en entreprises).

Cela peut conduire jusqu'à la tentation du renoncement, du départ, telle qu'elle est envisagée par l'un ou l'autre :

Moi, actuellement, je suis, personnellement, en crise par rapport à mon identité de psychosociologue. Je ne sais pas du tout où je m'en vais. Si je continue à faire de la psychologie, je pense que je serais plutôt intéressé à faire de la recherche de base dans le domaine des communications (Québec).

Je suis déçu... Mon besoin d'être vraiment logique avec ce que je ressens, d'être fidèle à ce que je pense de la vie, de la société, de moi dans la société, est bien plus important que le rang social ou la situation de pouvoir que m'apporte le travail près des groupes; et ça ne m'étonnerait pas que je quitte les groupes complètement (Belgique).

Mais ce n'est pas là, semble-t-il, une perspective généralisée, même si l'on s'accorde à reconnaître que les changements abondants survenus dans la pratique professionnelle posent de nombreux problèmes. Dans l'ensemble, on formulerait plutôt l'avis que l'on a affaire à une crise de croissance:

Que la psychosociologie soit morte, je ne le crois pas. Je trouve, au contraire, qu'il y a tout un bouillonnement d'idées (France).

On ne se cache pas que l'adaptation ne sera pas aisée pour tous et qu'un certain nombre de psychosociologues ne seront pas capables d'y faire face:

Il va se faire une redéfinition des fonctions et des disciplines en psychosociologie. Beaucoup de gens vont «y perdre des plumes»! Il faudra développer des instruments et des modèles d'intervention. C'est un défi intéressant, et en même temps implacable: ça va faire tomber des organisations de psychosociologues qui avaient l'habitude de se poser des questions simplement en termes de petits changements, entre le laboratoire et la dynamique de groupe. Ils se retrouvent avec des demandes auxquelles ils ne peuvent pas répondre. Le milieu leur échappe, d'une certaine façon (Québec).

Ça peut être dramatique, à un moment donné, pour des individus, qui se retrouvent avec leur technique, qui n'est plus ni vendue ni vendable (Québec).

On estime pourtant, assez couramment, que la crise pourrait être considérée comme un signe de développement, comme un indice de vitalité, et aussi comme une épreuve de vérité qui situerait plus exactement les échelles de valeurs. Mais il n'est pas facile de savoir si les références qui sont ainsi faites à une «crise de croissance» traduisent une certitude ou seulement un souhait. Il est permis de se demander si l'optimisme affiché de certains psychosociologues n'aurait pas pour but inconscient d'exorciser leurs craintes devant l'avenir, s'il ne correspondrait pas au besoin de renforcer un sentiment d'autant plus nécessaire qu'il est plus fragile: le sentiment d'une tranquille assurance, derrière la façade apparente d'une sécurité sans failles.

# Chapitre V
# Les problèmes de marché

L'analyse des vingt-neuf entretiens fait apparaître sans aucun doute possible que, si les problèmes d'ordre économique ne constituent pas le facteur essentiel de la crise des groupes, ils n'en jouent pas moins un rôle non négligeable, dont la portée ne doit pas être sous-estimée. Nous les présenterons ici sous le titre volontairement vague de « problèmes de marché ». Nous regrouperons ainsi des données qui pourraient peut-être paraître légèrement dissemblables, mais qui cependant comportent au moins un point commun d'importance : c'est la place qu'y tient l'élément économique, ou, comme diraient les institutionnalistes, « l'analyseur argent ».

## A. Objectifs et clientèle

### *1. Pour la base ou pour l'élite ?*

Par conviction politique, ou par désir d'utiliser un moyen jugé efficace d'action sociale, ou par préoccupation philanthropique, ou par idéalisme de type philosophique ou religieux, plusieurs psychosociologues ont choisi délibérément de s'occuper de groupes restreints dans le but de rejoindre « les gens de la base », de donner la parole à ceux qui n'ont pas l'habitude de s'exprimer, et de collaborer ainsi à une oeuvre de « conscientisation » :

J'avais été enthousiamé par les techniques de groupe, par les théories de Kurt Lewin, par toutes les techniques de formation, par les groupes Balint, par les groupes de *brainstorming*, par tout ce qu'on a pu inventer dans l'industrie ou dans l'armée américaine. J'avais envie de retourner tout cela contre ceux qui l'avaient inventé, contre ceux qui l'avaient plus ou moins créé, contre ceux qui l'utilisaient le plus souvent, de façon à doter la classe ouvrière ou ses représentants ou ses organisations d'un outil aussi puissant que celui qu'on utilisait pour l'aliéner ou pour en obtenir davantage (Belgique).

C'est dans une perspective antipsychiatrique que je suis venu travailler ici, dans un quartier défavorisé sur tous les plans, et en particulier sur le plan socio-économique. Notre groupe s'adresse à toutes les personnes du quartier; ça inclut soignants, soignés, psychotiques, non psychotiques, gens plus ou moins en santé, professionnels, non professionnels, travailleurs, chômeurs, assistés sociaux, enfin qui vous voudrez qui porte un intérêt, sous un aspect ou sous un autre, aux questions et aux problématiques de la santé mentale ... Dans le groupe, on se voit avant tout comme un ensemble de personnes ayant des problèmes variés et plus ou moins sérieux, ayant plus ou moins de souffrance ... Nous sommes intégrés à la plupart des activités populaires; on participe, en tant que groupe, à peu près à tout ce qui se fait de collectif dans le quartier, à toute manifestation publique, à toute démarche sociale (Québec).

Cependant, il faut bien reconnaître qu'il s'agit là de cas plutôt exceptionnels. Comme nous l'avons dit dans notre deuxième chapitre, la clientèle de la psychosociologie continue à se recruter en majorité dans ce qu'on appelle la classe moyenne: parmi les gens aisés, parmi ceux qui «peuvent payer». Au Québec, dans les sessions de thérapie, les activités professionnelles les plus souvent représentées se rattachent, en général, aux secteurs suivants: enseignement, services sanitaires et sociaux, administration, services et professions juridiques. Pour la France, cela correspond à peu près aux deux catégories socio-professionnelles que l'on désigne habituellement sous les étiquettes de «cadres moyens» et de «professions libérales et cadres supérieurs».

Les psychosociologues sont conscients de cette situation. L'un d'eux (Québec) se demande pourquoi on ne s'est jamais posé plus sérieusement une série de questions, qui lui paraissent importantes: «Pourquoi les syndiqués n'utilisent-ils pas ce genre d'approche? pourquoi n'y rencontre-t-on pas d'ouvriers? pourquoi cela semble-t-il fait d'abord pour des gens qui ont un style de vie très urbain?». Un autre (France) revient à plusieurs reprises sur l'élitisme de la psychosociologie, qui «travaille avec les états-majors» et qui «ne se met pas au service de la base», qui «se transforme en discipline de classe» où le carriérisme et l'arrivisme se donnent libre cours, au lieu de chercher à «démocratiser ses concepts» et à adapter ses techniques.

A dire vrai, il serait exagéré et inexact d'affirmer que des essais de démocratisation et d'adaptation n'ont jamais été tentés. A Paris comme à Bruxelles et à Montréal, des expériences intéressantes sont signalées, qui visent à atteindre les gens les plus simples, à rejoindre une clientèle ordinaire, de travailleurs et de mères de famille, sans qualification particulière. Mentionnons, par exemple, les travaux de ce psychosociologue français qui privilégie, dans ses activités, les interventions à portée sociale: il aide les travailleurs sociaux d'une ville nouvelle de la grande banlieue parisienne à se constituer en groupe d'action; il travaille depuis quatre ans avec les assistantes sociales d'un département ouvrier de banlieue, sur un programme d'analyse institutionnelle directement relié à leur pratique quotidienne; il participe, comme membre à part entière, aux assemblées d'une communauté de travail, qui s'est constituée en «Société coopérative ouvrière de production» à tendance autogestionnaire (pour des travaux d'édition et de formation), et dans laquelle cohabitent en tant que sociétaires à la fois des «intellectuels» et des «manuels».

*2. Méthodes de groupes et art de vendre*

On aurait pu croire que l'introduction des méthodes corporelles contribuerait efficacement à mettre le groupe à la portée de tous. En effet, ces méthodes se différencient des techniques verbales du T-group, qui, pour leur part, semblaient faire appel davantage à un certain niveau intellectuel et à une certaine forme de pensée abstraite. Elles prennent également de la distance à l'égard de certains types d'interprétation et de décryptage qui ne rejoignent guère le langage des relations interpersonnelles de la vie courante. Mais, en définitive, il n'est pas évident que l'objectif ait été atteint:

Paradoxalement, ceux qui utilisent le courant californien, ce sont ceux qui n'ont pas de besoins au point de vue verbal. Il faut avouer que les premiers à requérir du non-verbal, ce ne sont pas les ouvriers spécialisés de Boulogne-Billancourt; eux, ils en sont encore à demander à apprendre l'orthographe (France).

De toute façon, s'il n'est pas contestable que les méthodes corporelles ont connu et connaissent encore un réel succès, on ne peut pas nier, non plus, qu'il en ait été fait à maintes reprises un usage outrageusement commercial, dans lequel l'exploitation de la mode le disputait au sensationnalisme:

Il y a une récupération commerciale du mouvement du potentiel humain par le biais d'une sexologie consommatoire (France).

Il y a eu une recrudescence de groupes un peu marginaux, avec, par exemple, la méditation transcendantale. Nous-mêmes, on faisait de la gestalt-thérapie et de l'analyse bio-énergétique. Mais je ne pourrais pas dire pourquoi la clientèle se jetait surtout vers ces nouveaux groupes. L'explication qui me vient d'abord à l'esprit, c'est que c'était une espèce de recherche de sensationnalisme... Là, les émotions sont beaucoup plus fortes; les catharsis aussi sont énormément plus fortes dans ce genre de session que dans les groupes plus classiques. Les gens disent: «Faites-nous vivre des émotions»; et le moniteur tombe dans le panneau, d'une certaine façon (Québec).

Deux de nos interlocuteurs font allusion à ce caractère commercial et spectaculaire des nouvelles méthodes en se référant au film *W.R.*

*ou les mystères de l'organisme* (1970), du cinéaste yougoslave D. Makavejev[123], consacré à l'œuvre de Reich, où l'on voit Lowen diriger une séance de travail bio-énergétique en faisant hurler quatre-vingt ou cent personnes à la fois !

Deux Québécois abordent un autre aspect, qui les inquiète, de la commercialisation de la psychosociologie : c'est la pénétration effrontée dans les activités de groupes, au Québec, des hommes et des méthodes venues des Etats-Unis. Indépendamment de l'aspect idéologique du problème (sur lequel nous reviendrons ultérieurement)[124], ils déplorent ce *dumping* qui fait que le Québec n'est considéré que comme un marché à conquérir, un réservoir à clients, une « vache à traire ».

## B. Les répercussions de la conjoncture économique

### *1. La rançon du succès*

Le succès même qu'ont connu les premières techniques de groupe au début des années soixante, puis les techniques d'expression corporelle depuis 1968, et les méthodes de formation permanente au cours des années soixante-dix, n'a guère contribué, semble-t-il à sécuriser l'ensemble des psychosociologues. Il aurait plutôt joué, d'une certaine façon, le rôle d'un facteur de déstabilisation.

En effet, qui dit grand succès risque de dire en même temps surabondance de la demande, concurrence des organismes, formation au rabais des animateurs, qualification insuffisante des responsables, uniformisation injustifiée des techniques. C'est, en tout cas, de cette façon qu'est analysée et jugée, après coup, la période euphorique des groupes : on évoque la prolifération des « margoulins » et des gens non qualifiés; on parle de l'application uniforme des mêmes méthodes drastiques à des gens plus ou moins fragiles dont on ignorait à peu près tout de leurs véritables problèmes; on dénonce l'appétit de profit, la course à l'argent, la rentabilité excessive et trop facile qui ont pu permettre à tel prétendu thérapeute ou à tel animateur de groupe encore novice de se faire construire en peu d'années un splendide « chalet » dans les Laurentides ou dans les cantons de l'Est, à proximité de Montréal, ou d'investir à grands frais pour l'achat d'une résidence secondaire en vallée de Chevreuse, non loin de Paris, ou sur la Côte d'Azur.

L'ouverture du marché et l'attrait commercial créaient une sorte d'engrenage, de cercle vicieux :

> En France, après le vote de la loi sur la formation permanente, en 1971, il s'est développé une concurrence absolument formidable. On pourrait presque dire que, du jour au lendemain, 40 000 personnes se sont découvert une vocation de formateurs. Alors il y a eu un tas d'organismes qui sont apparus, avec des gens de bonne foi qui faisaient un peu n'importe quoi (France)[125].

Les moniteurs ont essaimé; les organismes de formation ou de thérapie se sont décentralisés et multipliés:

Les gens qui étaient passés par le N.T.L. se sont mis à faire des activités un peu partout, sans se référer au N.T.L.; et ils ont lancé des stages de fin de semaine, beaucoup plus courts, pour concurrencer les stages plus longs. On a fait la même chose ici: l'I.F.G. formait des moniteurs en nombre toujours plus grand. Il y avait de plus en plus de candidats professionnels, alors que le marché commençait à se restreindre (Québec).

## 2. *Un nouveau contexte économique*

Les invités qui voulaient se partager le gâteau étaient-ils trop nombreux? ou bien la recette du gâteau ne donnait-elle plus satisfaction, parce que la crème qu'on mêlait à la pâte avait vieilli trop vite, parce que la «pièce montée» était devenue indigeste, ou parce qu'on était saturé de se voir servir toujours le même dessert? Tout cela a pu jouer ... Et puis, surtout, il y a eu, depuis 1973, le contexte de crise économique: va-t-on encore manger du gâteau, va-t-on s'acheter des sucreries, quand le pain manque ou quand on hésite à acheter de la viande?

La baisse des demandes d'interventions s'est fait sentir à la fois dans les entreprises et chez les individus:

Il est certain que depuis la crise du pétrole, avec la crise économique, il y a des difficultés. Mais ça me paraît plus conjoncturel que lié à un refus de ce type de pratique (France).

Actuellement, l'entreprise est tributaire de la crise économique: c'est évident (Belgique).

La crise économique actuelle a des répercussions. C'est un élément qui compte dans la diminution du nombre de participants. Il y a déjà des coupures importantes qui se font. On sait tous que dans un régime d'austérité le genre de services que nous offrons est le plus facile à couper (Québec).

Dans la situation actuelle des relations humaines et des groupes de sensibilisation, c'est un mauvais moment: les gens ont moins d'argent pour ce type d'activités. Quand je dis «les gens», je parle aussi bien des personnes comme individus que des organisations (Québec).

Dans les entreprises, la tentation de diminuer le recours à la psychosociologie va être d'autant plus grande que, dans le passé, on n'a pas toujours vu l'utilité ou la nécessité d'un tel recours:

Un responsable du personnel pouvait demander n'importe quoi à un organisme quelconque de formation: «Je dois dépenser du fric pour former mes agents; la loi me donne droit à 1 % pour cela[126]. Bon! eh bien, je vous en confie dix; faites avec eux ce que vous voulez». On les emmenait dans un château en Bavière, et là on «faisait du corps», comme disent la bio-énergie et la gestalt! (France).

Les entreprises ne font plus autant appel aux psychosociologues pour justifier leurs dépenses. Je ne sais pas dans quelle mesure elles faisaient vraiment appel à eux pour que ça change. C'était de la psychosociologie «en gants blancs»; ça me paraissait peu sérieux (Belgique).

Par ailleurs, la situation a évolué; les besoins se sont modifiés:

Il y a vingt ans, la façon classique pour introduire un changement dans une organisation, c'était de diffuser des innovations; et la formation était le meilleur moyen pour cela. Aujourd'hui, ce n'est plus exact. Il y a des organisations, ici au Canada, qui diffusent tellement d'innovations qu'elles fuient systématiquement leurs problèmes organisationnels, dans une course effrénée aux nouveaux *gadgets* (Québec).

Les entreprises les plus importantes se sont dotées désormais de leurs propres équipes de développement organisationnel, de leurs propres services de formation. De même, les Ministères font appel de plus en plus à des organismes à statut public, spécialisés dans les interventions près des services gouvernementaux, ce qui enlève aux organismes privés et aux psychosociologues indépendants des occasions d'intervenir.

Il peut en résulter des difficultés financières, surtout lorsque les psychosociologues, pour ne pas être esclaves du marché, se refusent à toute concession démagogique aux modes du moment (Québec), ou lorsqu'ils n'acceptent pas de privilégier les objectifs commerciaux aux dépens de la recherche théorique (France), ou encore lorsque, par choix politique, pour ne pas s'intégrer dans le système capitaliste au point d'être des demandeurs d'argent, ils assurent leurs fonctions de «consultants» à titre bénévole, en prenant sur leur temps de loisirs et de repos, après leur temps normal de travail professionnel rémunéré (France).

Il reste que, en général, les «clients» sont peu au courant de ces difficultés. A leurs yeux, il n'est pas rare que la pratique des groupes reste encore un luxe. Pour abattre ce préjugé, pour renouveler la clientèle, pour modifier la relation qui se crée autour des questions d'argent et de paiement, un psychothérapeute français a tenté une expérience originale:

On a cherché à atteindre une clientèle plus vaste. On a commencé depuis deux ans une expérience dite de club, qui ne se présente pas du tout comme un groupe psychologique; c'est un club ouvert, où les gens viennent s'ils s'ennuient, etc., dans lequel on pratique les techniques psychosociologiques strictes, et qui a beaucoup de succès, avec un nouveau public, tout à fait différent des autres. (...) Egalement, ce qui est corrélatif, on fait un effort de renouvellement au niveau des prix, au niveau du paiement des animateurs, au niveau financier et économique. Là, on fait une critique de la manière dont se font payer les animateurs en France actuellement: on estime qu'il y a des sur-rétributions, des rétributions beaucoup trop fortes, qui obligent l'organisme à faire payer beaucoup trop cher les clients, ce qui, automatiquement, sélectionne une certaine clientèle (France).

# Chapitre VI
# Des querelles de méthodes

Il n'est sans doute pas nécessaire de revenir à nouveau sur la diversification des méthodes et sur les oppositions forcenées qui dressent les uns contre les autres les différents courants de la psychosociologie. La plupart de nos vingt-neuf entretiens y font référence. C'est à ce propos surtout que les psychosociologues prennent conscience de la disparité de leur discipline et de l'ampleur du fossé qui peut séparer, par exemple, les façons de faire de celui qui se spécialise dans les interventions sur les structures et les communications ou dans les cycles de perfectionnement de formateurs, de celui qui anime des séminaires où l'on tend vers une écoute et une compréhension psychanalytiques des phénomènes de groupe, de celui qui s'intéresse aux groupes de psychothérapie par le psychodrame, de celui qui se dit préoccupé avant tout d'aider les organisations à assumer leur propre croissance et le développement optimal de leurs ressources humaines, de celui qui s'occupe de séminaires sur le développement personnel en groupe par l'expression créative et la sémantique générale, de celui qui vise à accroître le mieux-être psychologique en insistant sur la circulation harmonieuse de l'énergie vitale à l'intérieur des personnes, de celui qui veut conduire ses clients sur le chemin de l'harmonie et du dévoilement intérieur par le moyen de l'exploration corporelle, etc.[127] ...

Plutôt que de nous attarder à des confrontations méthodologiques systématiques, qui resteraient forcément sans issue, nous aborderons plutôt trois points particuliers sur lesquels les vingt-neuf psychosociologues que nous avons rencontrés se sont à peu près tous livrés à une réflexion sérieuse, permettant d'esquisser des éléments de comparaison. Il s'agit de l'opposition entre les méthodes dites «classiques» et les techniques corporelles, ou entre les méthodes verbales et les méthodes non-verbales, de la place et du rôle de l'animateur au sein du groupe, et de l'influence de la psychanalyse dans la psychosociologie de France, de Belgique et du Québec.

## A. Une nouvelle querelle des Anciens et des Modernes

### *1. La décadence du T-group*

Officiellement, tout le monde continue à croire au groupe; tout le monde s'en réclame. Mais la conception du groupe a beaucoup évolué, autant chez les animateurs que dans le public, ce qui fait qu'en dirigeant un groupe ou en s'y inscrivant comme participant on n'a plus les mêmes perspectives et les mêmes attentes qu'il y a dix ou vingt ans:

> Il y a un certain déplacement ... Il me semble qu'on est passé, ces quinze dernières années, d'un intérêt qui était au départ un intérêt pour le groupe, pour le fonctionnement du groupe, avec la dynamique de groupe et le T-group, à un intérêt pour la connaissance de soi, et surtout maintenant pour l'expression de soi (Belgique).

Plus personne, ou presque, n'ose désormais se réclamer directement du T-group intégral des origines. En Europe comme en Amérique du Nord, on proclame à qui mieux mieux sa disparition:

> A la limite, ça deviendrait presque un péché honteux, une maladie honteuse de faire ça, même si on en a fait abondamment dans le passé. Ça me paraît très significatif (France).

Pêle-mêle, on charge le T-group de tous les torts. On accumule sur son compte les reproches les plus contradictoires: trop intellectuel, ou au contraire dépourvu d'orientation scientifique et d'élaboration théorique; sans impact réel, ou au contraire dangereux parce qu'exigeant une trop grande implication; cherchant l'implantation d'une certaine démocratie vaguement démagogique, ou au contraire faisant totalement abstraction de l'environnement institutionnel et des perspectives de retombées sociales ou politiques; trop préoccupé par les relations interpersonnelles, ou au contraire trop centré sur les relations de pouvoir et sur les dépendances de type hiérarchique; favorisant les manipulations réciproques entre participants, ou au contraire contribuant, notamment par l'utilisation du silence, à l'élargissement des zones d'isolement et au renforcement des mécanismes de défenses...

Il existe cependant quelques «courageux» qui avouent encore à mi-mots qu'ils n'ont pas complètement renié le T-group, dans la mesure où ils réussissent à concilier son utilisation et ses apports avec l'emploi, en complément, d'autres techniques et d'autres méthodes. Ainsi, on allie la communication verbale du T-group avec «l'expression psychocinétique», qui est une forme de communication par le mouvement, mise au point en France par Henry Fontana. On pense avoir rénové le T-group en le faisant alterner avec le psychodrame analytique et avec la relaxation. On l'introduit «avec beaucoup de souplesse» dans des groupes qui s'inspirent des expériences récentes de Rogers sur les «groupes de rencontre de base». Il y a même un auteur québécois qui se demande sérieusement si l'on ne devrait pas redonner une certaine actualité aux intentions et au champ d'apprentissage du T-group parce que, avec les autres méthodes, on est fatalement déçu par les lenteurs de l'exploration interpersonnelle si l'on n'a pas été d'abord sensibilisé, grâce au T-group, aux normes, au climat et aux interférences de la vie groupale.

### 2. *Pour ou contre les «nouvelles méthodes»*

Le débat sur les mérites ou les insuffisances du T-group débouche généralement sur l'un des problèmes brûlants de la psychosociologie: celui de la légitimité et de la valeur de ce que l'on appelle les «nouvelles méthodes», en particulier des méthodes non-verbales. On reconnaît au moins au T-group le mérite (en creux!) d'avoir fait découvrir peu à peu qu'il négligeait une dimension:

> Tous ceux qui «font du corps» sont passés aussi par l'école du T-group, ce qui leur a permis de voir que le T-group était avant tout essentiellement verbal, et qu'il ne devait pas y avoir que le verbal à entrer en ligne de compte (France).

On ne songe guère à nier que l'introduction des nouvelles méthodes est venue combler un vide, et qu'elle a répondu à un besoin réel. La psychosociologie classique s'enfermait dans le «parolisme»; la dimension corporelle en était absente:

> En s'enfermant au niveau des techniques verbales, la psychosociologie allait au suicide. Pour ne pas rester dans les schémas anciens, qui paraissaient sclérosés, il fallait trouver une nouvelle façon de faire intervenir les dimensions affectives et sexuelles ... Selon moi, la psychosociologie a vécu une hypertrophie du verbal assez comparable à ce qui se vit dans l'école, en France, avec l'hypertrophie de l'intellectuel. Et la désaffection qui se produit pour la psychosociologie dans un certain nombre de ses moyens de communication verbale est quand même curieusement comparable à la désaffection quasi générale des élèves pour l'intellectuel au niveau verbal (France).

Les nouvelles méthodes (dont nous avons fait une présentation succincte dans notre premier chapitre, lorsqu'il a été question du lancement et de l'influence d'Esalen)[128] apporteraient, si l'on en croit leurs utilisateurs, une implication personnelle beaucoup plus forte; ce serait comme une sorte d'éclairage plus vif, qui pousserait à un engagement plus intense:

> Dans les groupes purement verbaux, les gens ne trouvent pas cette espèce d'implication, de sur-implication, d'état de grâce, enfin tout ce bouleversement qu'ils ont appris à trouver dans les nouvelles techniques. Ils ne le trou-

vent pas dans les techniques anciennes, même si on leur promet une analyse en profondeur, une descente en eux-mêmes, la résolution d'un certain nombre de leurs problèmes; ils sont frustrés, parce que maintenant ils attendent autre chose. (...) Moi-même, j'ai d'ailleurs fait cette évolution. Je me souviens, quand je faisais de la dynamique de groupe classique, j'étais toujours très gêné par cette absence de dimension corporelle, et même émotionnelle; la dimension émotionnelle était présente, mais pas assez exploitée. Je ne voyais pas la solution, jusqu'au jour où j'ai été moi-même bousculé par les techniques du potentiel humain, et j'ai été obligé de m'y mettre. Maintenant, ça me semblerait absolument impossible de revenir en arrière (France).

Les critiques d'ordre idéologique et politique contre les nouvelles méthodes n'ont pas manqué; il en sera question dans les deux chapitres suivants[129]. Pour l'instant, contentons-nous d'indiquer qu'un débat passionné s'est instauré pour savoir si ces méthodes revêtent effectivement un caractère d'efficacité ou de «*dangerosité*». On leur a reproché de n'être qu'une mode, qu'un *gadget*, un amusement; on a parlé de leur superficialité. On a dénoncé les nouveaux thérapeutes comme des «marchands d'illusions psychologiques»; on a dit qu'ils faisaient fi à la légère de la nécessité de la verbalisation et de l'interprétation. Surtout, on a affirmé que les nouvelles méthodes comporteraient des aspects indéniablement dangereux, d'autant plus que les animateurs de groupes ne présenteraient pas toujours, d'après les adversaires de ces méthodes, les garanties indispensables de compétence et d'équilibre:

Le non-verbal a souvent été pour eux un moyen, un moyen qui est proche de la psychose, d'échapper à leurs difficultés à théoriser un savoir. (...) J'aurais tendance à les considérer comme des malades, qui se sauvent en rendant malades d'autres gens; ceci avec la meilleure foi du monde. Leur activité est névrosante, et elle peut même créer une pathologie sociale. Ils se sont développés vers les techniques non-verbales pour fuir une grande difficulté personnelle au niveau des idées: c'est souvent une difficulté à théoriser et à conceptualiser qui les a amenés à théoriser le contraire de la conceptualisation! D'autre part, ils sont d'une remarquable irresponsabilité sociale. Leur excuse, qui est toute à leur honneur, c'est qu'ils sont irresponsables de façon cohérente, c'est-à-dire qu'ils le sont d'abord pour eux-mêmes! (France).

Un psychosociologue québécois traduit ainsi son inquiétude:

Je pense que ça peut être dangereux quand ça n'est pas maîtrisé et contrôlé par des experts et des spécialistes. A partir du moment où vous réveillez un corps engourdi ou endormi, Dieu sait où il peut aller! C'est l'irruption du désir corporel. Pour moi, il y a un inconscient du corps. Si vous ouvrez les vannes et que nous n'êtes pas capable de canaliser ce volcan, les laves peuvent se retourner contre vous (Québec).

Mais un autre psychosociologue, également du Québec, et qui a une longue expérience des techniques d'expression corporelle, prend exactement le contre-pied des craintes formulées par son collègue et déclare avec autant de calme que de certitude:

Je n'ai jamais eu de décompensation: aucune. Pour moi, c'est moins dangereux que de laisser les gens au niveau fantasmatique. En introduisant la gestuelle et l'énergie globale du corps dans le processus du changement, on évite de rester uniquement au niveau du fantasme, et donc au niveau d'une menace infiniment plus grande. Ainsi les gens, en laissant monter globalement leur énergie, évitent d'être coupés d'elle et d'être pris avec des rêves effrayants; ils vivent consciemment, ils s'expriment. Il n'y a aucun danger, dans la mesure où ce n'est pas du «défoulement». Non seulement, il n'y a aucun danger: il y a moins de danger que s'ils étaient coupés d'eux-mêmes (Québec).

### 3. *Coexistence et essais de synthèse*

Dans la pratique courante, l'opposition entre méthodes traditionnelles et méthodes nouvelles ne doit d'ailleurs pas être majorée. Il ne faut pas voir forcément entre elles une coupure radicale et une totale incompatibilité. Le passage des unes aux autres ne signifie pas fatalement discontinuité et rupture:

Pour moi, il y a de la similitude entre dynamique de groupe, gestalt et même bio-énergie; il y a davantage de continuité que de discontinuité. La problématique de fond est à peu près la même. Lorsque, aujourd'hui, les gens utilisent le langage corporel, le toucher, le rapprochement, ils ne font, tout simplement, que pousser au bout ce que la dynamique de groupe avait entrouvert comme possibilités. Elle permettait déjà aux gens d'explorer des *feelings*, alors que jusque là, auparavant, on leur avait dit: «Quand on se réunit en groupe, c'est pour respecter des normes» (Québec).

La coexistence dans un même groupe et l'utilisation simultanée des deux types de méthodes n'ont rien d'exceptionnel. Certains voient même dans cette coexistence une nécessité absolue pour une plus grande fécondité du travail de groupe; le langage verbal serait incomplet sans le langage corporel; et, de son côté, l'expression gestuelle ou physique aurait un besoin strict du supplément indispensable qu'apporte la parole:

Au fur et à mesure que le corps s'abandonne, que la structure énergétique se manifeste au grand jour, que le contact de l'organisme vivant avec lui-même s'accentue, au même moment on voit émerger avec force un besoin de plus en plus intense de relationnel, de verbal, le besoin d'un nouveau mode de contact avec d'autres par l'expression verbale (Québec).

Lapassade, nous l'avons dit[130], est allé encore plus loin: il a rêvé d'un rapprochement entre les états de transe et la socianalyse, d'une synthèse possible entre le mouvement du potentiel humain et le courant de l'analyse institutionnelle. Ce bel espoir n'était-il qu'une utopie? Dans l'entrevue, particulièrement chaleureuse et amicale, qu'il nous a accordée, Lapassade a exprimé quelque hésitation: il ne désespère pas d'arriver à une synthèse; mais il ne veut pas se leurrer: la synthèse est encore loin d'être faite. Il ne veut pas, non plus, s'illusionner sur les possibilités d'application et d'utilisation des phénomènes de transe dans le contexte français: il ne croit pas que le *stambeli* de Tunisie, le *vaudou* d'Haïti, le *candomblé* ou la *macumba* du Brésil, le *ndöp* du Sénégal puissent être un jour transposés à Paris, pour y devenir des méthodes thérapeutiques analogues à l'analyse bio-énergétique.

### 4. *Le refus du modèle médical*

En protestant contre la vogue exagérée des méthodes corporelles, plusieurs de nos interlocuteurs remettent en cause la trop grande importance que la psychosociologie moderne accorderait, selon eux, à travers ces méthodes, au modèle thérapeutique. Pour beaucoup de gens, qui dit «groupe» dit «thérapie». Ils ne savent à peu près rien des réalités de la psychosociologie; ils ignorent tout des phénomènes de groupe. Ils demandent seulement à l'animateur de les guérir, de calmer leur anxiété, de les aider à se développer et à «être bien à l'aise dans leur peau»: ils «prennent du groupe» comme ils prendraient des antibiotiques ou comme ils avaleraient de l'aspirine! On comprend que les spécialistes n'acceptent pas tous inconditionnellement cette perspective:

Une des choses que je remets en cause, c'est le modèle thérapeutique, qui est sous-jacent à peu près à tout ce qui se fait d'habitude. Quand je dis que, pour les gens, une façon de «s'en sortir», c'est de considérer le contenu de ce qui se dit dans nos groupes, de réfléchir sur la portée sociale de ce qu'on fait et d'en rendre compte, il est bien évident que le modèle médical, pris bêtement, ne mène pas du tout à ça: on guérit des gens, et ensuite on n'en parle plus. Alors que, pour moi, j'estime que c'est plus valable de faire un groupe au lieu de dix, mais de prendre du temps pour réfléchir dessus (Québec).

Je me sens en opposition avec tout cet univers psychologique de la vie moderne, qui est profondément technique, avec cette psychologie qui est centrée sur le pouvoir, sur le médecin, sur le modèle médical, qui crée une relation de possédant à possédé, de contrôlant à contrôlé, de sachant à ne sachant pas, qui crée une relation d'aliénation au niveau de la vie. Cela mène presque fatalement à un cul-de-sac: on introduit un intermédiaire technique qui crée une distance entre les personnes en présence, et qui en même temps crée un pouvoir de l'un sur l'autre, qui dépossède l'un au profit de l'autre (Québec).

Pour échapper à cette médicalisation de la psychosociologie, des solutions sont proposées. On souhaite qu'on accorde moins d'attention aux processus et qu'on se centre davantage sur les contenus, que l'utilisation des «recettes» soit reliée davantage au contexte social, qu'on apprenne à décoder plus clairement la symbolique collective du langage du corps, qu'on mette l'accent sur des projets communs plutôt que sur des projets individuels. Ainsi l'«animateur-thérapeute» perdrait de son prestige de technicien et de son pouvoir; il ne nierait pas pour autant sa compétence, mais il «remettrait aux gens la responsabilité de leur santé» (Québec).

## B. Place et responsabilités de l'animateur

### *1. Laisser-aller ou autoritarisme?*

En ce qui concerne la vision qu'ils ont de leur compétence ou de leur utilité et la représentation sociale qu'ils se font d'eux-mêmes, les psychosociologues ne partagent pas tous le même point de vue. Il n'est, pour s'en convaincre, que de voir comment ils définissent leurs fonctions au sein des groupes. La variété des positions est extrême. Il existe encore des «animateurs silencieux» qui se veulent «simplement surface de projection». Il y a aussi des «animateurs conseillers», des «animateurs superviseurs», dont le but est de rendre leurs clients autonomes le plus rapidement possible pour pouvoir se retirer et être considérés comme inutiles. Certains animateurs pensent qu'ils ont, de par leur titre, une fonction bien définie, à laquelle, en conscience, ils n'ont pas le droit de déroger:

Si je suis animateur d'un groupe, je ne suis pas participant: c'est clair. J'ai un autre statut, j'ai un autre rôle; et donc j'ai des pouvoirs. Méthodologiquement, ça me paraît très important d'être clair là-dessus: si je suis animateur, je suis animateur. Et si je suis dans une fonction, j'essaie de remplir cette fonction, avec toute ma personne, avec mon style, mais sans sortir de ma fonction. Le groupe n'est pas pour moi, pour que je m'exprime ... Je ne suis pas partisan de la confusion, du mélange, au nom du mythe de l'égalité, du mythe de la fraternité, du mythe du groupe (Belgique).

Pour appuyer cette position ferme, on cite, en la critiquant, l'attitude d'un animateur, dont les convictions personnelles se traduiraient ainsi: «Un animateur, c'est comme un participant: il peut s'exprimer, il peut s'impliquer, il peut raconter ses problèmes». Mais alors on ne voit plus très bien à quoi il sert. On laisse entendre que, lors d'un stage récent, il aurait été contesté par le groupe dans lequel il s'était intégré: on ne voyait plus pourquoi il était payé, alors que les participants ne l'étaient pas. Et l'on conclut: «Lui continue à maintenir qu'il doit être payé; mais il ne peut plus justifier ce paiement, puisqu'il n'a plus aucune différence» (France).

Pourtant, un autre témoignage tend à apporter la preuve qu'il serait possible de vivre dans la paix et sans tension insupportable le paradoxe d'une implication émotionnelle intense qui n'entraînerait pas l'abdication de toute responsabilité d'animateur:

Je ne crains pas de me laisser aller à mon propre processus énergétique; je laisse passer ma vie comme elle est. Tous les gens avec qui je travaille seraient unanimes, je pense, à dire qu'ils me sentent plus près d'eux, qu'ils me connaissent davantage, qu'ils sentent que je suis moins inatteignable qu'avant. J'ai fait un cheminement énorme; il y a des moments où j'ai pleuré avec eux; j'ai vécu ma désespérance humaine avec eux. (...) Il me semble que je suis en train d'accéder avec eux à un mode relationnel. J'ai quand même un rôle d'expert, mais je suis seulement expert au niveau des conditions de la vie: des conditions pour que la vie soit un peu plus vivante, pour qu'elle trouve ses lieux, ses cheminements, pour qu'elle s'exprime davantage. (...) Ce que j'ai de plus en plus envie de faire, c'est de chercher avec les gens les conditions essentielles pour que la vie puisse trouver, retrouver son mouvement, ses modes d'expression, sa créativité. Je ne peux pas être l'expert du cheminement que va suivre un individu; mais je peux être l'expert des conditions qui vont permettre à cette vie-là de se faire. Je suis comme présent à une chose qui va se produire; et ce que je fais, c'est de créer un espace pour que ce qui va se produire puisse se faire. (...) En même temps, il est inutile de nier que c'est quand même un rôle. Quand on travaille là-dedans depuis plus de vingt ans, on possède une sensibilité à ces conditions de vie, une capacité de percevoir la signification de tout un ensemble de comportements (Québec).

On trouve encore dans nos entretiens une mise en accusation violente des positions jugées trop «dirigistes» de certains thérapeutes qui insistent sur la nécessité du «conditionnement» ou du «renforcement» pour modifier les comportements, ou de certains autres qui, sous prétexte d'«oppose(r) un contre-poids à toutes les habitudes et les déviations que le patient a acquises durant des années de dérèglement», se permettent de prendre des décisions pour lui et de s'immiscer dans sa vie privée, dans ses loisirs, dans ses choix affectifs:

Je trouve cela parfaitement ridicule. C'est ce que j'appelle de la fausse thérapie du comportement, au sens le plus superficiel du mot. Ce n'est que superficiel. Et ce qui m'inquiète c'est justement que ça puisse réussir, parce que, si ça réussit, c'est en réalité par le truchement d'un directivisme complètement assimilé: ce personnage est en situation de me donner des ordres, et, du coup, je réussis parce qu'il m'a donné des ordres! C'est la marque d'une société déboussolée que de ne se régler que moyennant des ordres reçus de cette façon-là, sans tenir compte de l'histoire du sujet et de toutes ses motivations, conscientes et inconscientes. A mon avis, cela consacre l'infantilisme, la dépendance, l'immaturité (Belgique).

### 2. *L'impossible neutralité*

Un bon nombre de psychosociologues, principalement au Québec, sont d'avis qu'ils ont à trouver une position de juste milieu entre une neutralité, qui leur paraît impossible, et une implication trop étroite, qui ferait d'eux, dans le groupe, des participants ordinaires. On remarque que sept Québécois sur douze s'attachent à dénoncer le mythe de la neutralité, alors que seulement deux Français et un Belge soulèvent ce problème.

De multiples arguments sont avancés contre ce qu'on a considéré pendant un moment comme la prétendue «neutralité obligatoire» de l'animateur. On souligne que, dans la réalité, il y a forcément une certaine implication de l'animateur, à laquelle il ne peut pas échapper: il vit ce qui se passe dans le groupe, il le ressent, il y réagit; dès lors, sa soi-disant neutralité risquerait fort de n'être qu'hypocrisie et manipulation. La neutralité apparente de celui qui, sans rien dire, voit tout, observe tout, juge tout, aboutirait en fait à une prise de distance qui, sous des dehors d'insensibilité, s'apparenterait plutôt à une forme de *leadership* rigide et autoritaire. A la rigueur, on pense même que l'animateur qui voudrait couper avec ses émotions, ses réactions, sa vulnérabilité, ne serait plus lui-même; il ne réagirait plus comme un être humain normal; il serait réifié, aliéné. La neutralité du moniteur présente peut-être moins de risques que l'engagement; elle apparaît pour lui comme plus sécurisante, plus confortable; mais peut-on imaginer qu'elle constituerait pour les membres du groupe une incitation énergique à prendre eux-mêmes position et à s'engager ?

Si le leader se cache derrière la neutralité pour ne pas prendre position, c'est un piège qui me paraît extrêmement dangereux : il va demander aux gens de prendre des positions, et, en même temps, en prétextant la neutralité, il va leur montrer comment ne pas en prendre (Québec).

Renoncer à s'abriter derrière le paravent de la neutralité ne signifie pas que l'on fasse bon marché de la liberté de l'autre :

Je peux très bien, en me prononçant en public pour une option, rester quand même tout à fait neutre dans un certain sens : non seulement je laisse pleine liberté aux gens, mais encore j'agis de telle manière que précisément les personnes vont être davantage en mesure d'entrer elles-mêmes en contact avec leur capacité de prendre des options (Québec).

### *3. Une place à part*

En réalité, plusieurs animateurs se retrouveraient sans doute assez bien dans les affirmations de ce psychosociologue québécois, qui déclare ne pas avoir de position de principe absolue, qui se dit capable de faire varier selon les circonstances la distance qui le sépare des membres du groupe, qui tient compte du moment et des personnes pour savoir s'il doit privilégier la neutralité ou l'implication, qui essaie de se trouver une place originale entre les deux positions extrêmes : celle de « l'animateur distant qui ne serait qu'animateur » et celle de « l'animateur-participant qui jouerait au copain ».

Tous, ou presque, pensent que, de toute façon, qu'ils le veuillent ou non, ils occupent dans le groupe une situation particulière, qui fait qu'il ne leur est pas possible d'être des participants comme les autres. Leur formation, leur expérience, la compétence et le pouvoir qu'on leur attribue (à tort ou à raison !) leur confèrent un statut spécial :

Dans un groupe, il y a toujours au moins une personne qui ne peut absolument pas oublier que je suis animateur, et qui reste là précisément parce qu'il y a un animateur. Même si je ne corresponds pas du tout à ce qu'elle attend, je suis pour elle une espèce de garde-fou, une mesure de sécurité (Québec).

Le groupe lui-même, de par son existence en tant que groupe, de par ce rassemblement délibéré d'individus qui constituent, au moins provisoirement, une petite cellule sociale, investit l'animateur d'une responsabilité. On attend de lui un service; on lui demande de remplir une fonction; on compte sur sa disponibilité et sur son apport de «personne-ressource». Il est question, en somme, d'une espèce de contrat, au moins implicite (sanctionné par un salaire), qui lie l'animateur au groupe, et qui ne pourrait pas être méprisé ou ignoré sans une certaine malhonnêteté.

### *4. Des questions de déontologie*

Mais, précisément, le problème de l'honnêteté des animateurs de groupe fait partie de ces questions sur lesquelles on s'interroge avec une franchise très directe ... Est-ce honnête d'assumer des responsabilités pour lesquelles on n'a pas été préparé, d'utiliser des techniques dont on ne connaît pas l'impact exact, de prendre ces techniques pour fin alors qu'elles ne sont que moyen, d'appliquer des méthodes sans s'être demandé au préalable si elles conviennent ou non?

On se bataille beaucoup, par exemple, sur la valeur comparative de la gestalt et de la bio-énergie. Mais le problème n'est pas là. Il faudrait d'abord trouver à qui est utile telle ou telle forme de thérapie, dans quels types de problèmes et pour quels genres de personnes cela convient, dans quels cas cela va permettre une amélioration et dans quels cas il y a contre-indication (Québec).

Certains organisateurs, qui font des groupes dits d'évolution, croient pouvoir, au sein d'un même groupe, passer d'une évaluation psychanalytique sauvage à un petit exercice de bio-énergie, puis à un autre exercice d'*encounter*; ensuite, ils repassent plus ou moins à du T-group; on utilise la technique du cri; on barbouille les gens de couleurs; on leur met un masque sur la tête, et on leur dit: «Exprimez vos sentiments!». On fait de tout, sans bien se rendre compte de ce qu'on veut. Et en définitive, que veut-on? Est-ce que c'est vraiment une approche psychothérapeutique? et si oui, est-ce que les gens le savent? est-ce qu'ils viennent réellement avec une demande psychothérapeutique formulée? Et si l'on veut se poser vis-à-vis des autres comme psychothérapeute, possède-t-on vraiment la formation et le développement personnel voulus pour être psychothérapeute? ... Sinon, on ne peut que se faire traiter d'apprenti ou de farceur (Belgique).

Le groupe ne devrait jamais être utilisé par l'animateur pour satisfaire ses appétits de pouvoir, ou pour se consoler à bon compte de ses désillusions personnelles d'ordre religieux, mythique, institutionnel ou politique. Il ne devrait à aucun prix être considéré par l'animateur comme un exutoire pour ses fantasmes ou comme un moyen pour résoudre ses propres difficultés affectives:

Même des grands noms de la psychosociologie sont parfois des animateurs dont la déontolongie est très discutable. Je suis allé comme participant chez quelques-uns, dont je ne citerai pas les noms, mais qui sur le plan de la déontologie sont absolument lamentables. J'admets qu'on puisse avoir une volonté de changement, même en dehors des interdits habituels; mais le processus du changement personnel de l'animateur ne peut en aucun cas déterminer le processus du développement des personnes du groupe à animer. Lorsque je constate que tel animateur célèbre, sous prétexte d'expression créative, transforme ses groupes en des *sex-groups* ou, à peu de chose près, en des groupes d'entraînement à la séduction, je ne peux que dire mon désaccord (Belgique).

## C. Psychosociologie et psychanalyse

### *1. Aperçu sur la neutralité analytique*

Nous avons signalé un peu plus haut, dans ce chapitre, que les Québécois semblent plus nombreux que les Européens à ne pas croire à la neutralité possible de l'animateur de groupe[131]. A ce sujet, nous pourrions peut-être suggérer une hypothèse explicative. N'existerait-il pas un lien entre d'une part ce refus de la neutralité du moniteur, qui semble plus courant en Amérique du Nord, et d'autre part l'indifférence et le manque d'intérêt que l'on manifeste au Québec, beaucoup plus souvent qu'en France et en Belgique, à l'égard de la psychanalyse? L'hypothèse n'est pas gratuite, car, lorsque les psychosociologues québécois parlent de la neutralité, pour la dénoncer, il n'est pas rare qu'ils fassent explicitement référence à la psychanalyse, comme si, dans leur esprit, la neutralité constituait une caractéristique essentiellement liée à la thérapie analytique et comme s'il s'agissait, à leurs yeux, de l'un des éléments fondamentaux de l'héritage freudien. On pourrait donc imaginer que leur rejet viserait à la fois, de façon unique et indissociable, la neutralité et la psychanalyse.

Voici deux citations qui illustrent apparemment cette mentalité:

Je ne suis pas pour la neutralité psychanalytique, parce que pour moi c'est un rôle qui est faux. C'est peut-être bon en psychanalyse entre un client et un thérapeute; mais dans un groupe, à mon sens, c'est absolument mauvais. Comme moniteur, j'avais l'impression que j'avais beaucoup plus d'impact sur le groupe en m'impliquant moi-même et en clarifiant ma relation avec les gens (Québec: enseignement et développement organisationnel).

Dans un groupe, je participe, comme un être humain, et non pas comme quelqu'un qui est dans un rôle. Je ne suis pas un personnage neutre. Pour moi, dans ma façon de travailler, je trouve la neutralité du psychanalyste très aliénante (Québec: thérapie).

Ces déclarations, il faut bien l'avouer, ne sont pas exemptes de toute ambiguïté. Car s'il est bien vrai qu'il existe en psychanalyse un «principe de neutralité», qui fait, notamment, que l'analyste s'abstient de faire prévaloir dans la cure son propre idéal, et qu'il ne répond pas par des attitudes «affectives», ou des actes, aux demandes transférentielles du patient, il est cependant important de souligner avec force que la neutralité analytique n'est ni impassibilité ni indifférence, et qu'il ne serait pas juste de l'opposer à directivité. Pour définir la neutralité analytique, P. Fedida a repris ce mot de Freud, qu'aucun thérapeute ne devrait, semble-t-il, pouvoir contester: «Nous avons catégoriquement refusé de considérer comme notre bien propre le patient qui requiert notre aide et se remet entre nos mains; nous ne cherchons ni à former pour lui son destin, ni à lui inculquer nos idéaux, ni à le modeler à notre image avec l'orgueil d'un créateur» (1918)[132].

## 2. *Les groupes et la psychanalyse européenne*

En France et en Belgique, la psychanalyse affirme partout sa présence. Non pas que tous les psychosociologues accueillent avec faveur les idées psychanalytiques: loin de là! Plusieurs d'entre eux, et non des moindres, ne ménagent pas à la psychanalyse, à ses options, à sa compréhension de la vie individuelle et collective, à sa pratique, leurs attaques les plus virulentes. Mais depuis Don Quichotte, on ne se bat plus contre les moulins à vent! Même dans les guerres civiles les plus impitoyables, on ne tire pas sur les corbillards ... C'est donc que la psychanalyse est bien vivante; on ne déploierait sans doute pas autant d'énergie, à la fois pour la promouvoir et pour l'attaquer, si on la jugeait morte ou moribonde. On éprouve le besoin de s'y référer, autant pour se réclamer de ses valeurs et de son optique que pour souligner ses lacunes ou pour refuser ses interprétations.

A Paris, l'A.R.I.P. et l'A.N.D.S.H.A. gardent dans leurs perspectives de travail, à des degrés divers, le souci d'une lecture psychanalytique, même si cette lecture n'est ni unique ni monolithique (l'orientation vers une pratique à base psychanalytique semble beaucoup plus nette à l'A.R.I.P.). Quant au CEFFRAP, il se définit essentiellement par sa volonté de se situer au carrefour de la psychologie sociale et de la psychanalyse (on lui a même reproché de se limiter à un «décodage pur et simple de la psychanalyse»). Au Service de psychologie sociale de l'Université de Liège, en Belgique, on tient beaucoup à ce que l'approfondissement théorique axé sur des analyses de cas (c'est ce qu'on appelle les «compléments de dynamique des groupes») soit ouvert à différents angles d'analyse, parmi lesquels la lecture psychanalytique doit évidemment avoir sa place, qu'elle soit de type freudien ou de type jungien.

Dans leur quasi-totalité, les psychosociologues belges et français, même s'ils n'appartiennent en aucune façon au courant psychanalytique, reconnaissent que l'apport de la psychanalyse à la psychosociologie est loin d'être négligeable. Ils apprécient la cohérence de son herméneutique, la profondeur de ses réflexions sur l'appareil psychique, ses certitudes méthodologiques et doctrinales. Ils en tirent parti pour leur travail de groupe, même si ce travail se situe dans une optique différente. Ils y trouvent un autre éclairage qui enrichit leur perception de la réalité psychosociale. Ils y prennent le souci constant de tenir compte du registre de l'inconscient, parce que l'inconscient individuel a des répercussions sur la problématique actuelle du groupe et parce qu'il y a en permanence un rapport dialectique et dynamique entre le niveau inconscient individuel de chacun et la réalité sociale. Au besoin, s'ils ont à faire un travail d'analyse sociale, dans une optique de recherche-action, ils s'adjoignent un collaborateur qui possède une plus grande ouverture sur les dimensions du champ psychanalytique.

### *3. Groupes et psychanalyse en Amérique du Nord*

Au Québec, au contraire, on a l'impression que la psychanalyse, actuellement, n'a que peu d'importance. Les psychosociologues n'évoquent pas spontanément son influence; et il a fallu que nous nous montrions plus directif que de coutume, en posant des questions très précises, au cours des entretiens, pour obtenir de tel ou tel quelques élaborations sur la façon dont il se situe à l'égard du courant psychanalytique.

A ce point de vue, le Québec ne doit absolument pas être isolé de tout le contexte nord-américain. On a écrit à plusieurs reprises sur la décadence que connaîtrait actuellement la psychanalyse aux Etats-Unis, après la période de grandeur et d'enthousiasme qui a suivi immédiatement la fin de la seconde guerre mondiale. On a déploré que la psychanalyse américaine ait été récupérée par les médecins et qu'elle ne présente plus qu'un discours excessivement dilué; on a dit que « les psychanalystes américains, plus soucieux de réadapter leurs patients à la société que de restituer aux découvertes freudiennes leur valeur subversive, sont en train de liquider la psychanalyse »[133]. On a parlé de l'infléchissement et de la quasi-marginalisation des conceptions freudiennes sous l'influence de l'optique « culturaliste » de Karen Horney, qui considère comme prévalents les conflits avec l'environnement socio-culturel dans le déterminisme de la névrose, et qui conçoit une thérapeutique orientée avant tout vers l'adaptation à la société[134].

L'un des spécialistes français que nous avons interviewés s'est essayé à une comparaison entre sa vision de la psychanalyse en Europe occidentale et la représentation qu'il se fait de la psychanalyse en Amérique du Nord; et il a fait allusion à ce qu'il entrevoit comme conséquences possibles pour la pratique des groupes:

> Il est de règle, dans les sociétés de psychanalystes américains, de ne prendre que des médecins. Et la doctrine officielle étant le behaviorisme, ils ont donc réinterprété la psychanalyse en termes behavioristes. Du coup, le champ du groupe a été abandonné à des non-analystes, sans grande formation ni rigueur doctrinale. Tandis qu'en France, nous avons la chance d'avoir des sociétés de psychanalyse qui admettent des non-médecins, donc des gens qui vont s'intéresser à des domaines extra-médicaux avec la rigueur analytique ... Par ailleurs, il faut dire aussi que la psychanalyse médicale, behavioriste, telle qu'elle s'est développée aux Etats-Unis, ne rend pas compte d'une façon correcte de la nouvelle clientèle qui vient maintenant en psychanalyse; à savoir: les états narcissiques, les états limites, les dépressions. Elle n'est pas capable de les traiter; elle est restée sclérosée. Par contre, en Angleterre, plus encore qu'en France, la psychanalyse est restée vivante et fé-

conde; elle a développé des méthodes et des conceptions qui permettent de traiter les névroses narcissiques, les états limites, les psychotiques, et qui, du coup, permettent de comprendre quelque chose aux groupes, parce que ce qui se passe dans les groupes, c'est le noyau psychotique de la personne, c'est le noyau narcissique, qui est mis en question, beaucoup plus que le complexe d'Oedipe (France).

### *4. Entre la psychanalyse et le behaviorisme*

Il est vrai, comme l'indique le témoignage qui précède, que le behaviorisme règne encore sur l'Amérique. Et il est vrai que le Québec, sur ce terrain, n'a pas fait bande à part; depuis près de dix ans, une association active de spécialistes en modification du comportement y contribue efficacement, par l'enseignement et par les recherches, à l'avancement des «thérapies behaviorales». Mais au Québec comme aux Etats-Unis, une réaction s'est amorcée qui refuse à la fois le modèle humain proposé par le behaviorisme et celui proposé par la psychanalyse, et qui reproche à ces deux grandes écoles antagonistes d'avoir une vue pessimiste, mécaniste, pathologique de l'homme. C'est cette réaction qui a donné naissance au courant existentiel et humaniste (lancé par Abraham Maslow), qui inspire actuellement la pensée et les travaux de la plupart de ceux qui nous ont accordé un entretien.

Dès lors, il n'est pas étonnant que nos interlocuteurs québécois aient fait preuve de peu d'enthousiasme à l'égard de la psychanalyse. En raison de leur option «humaniste» de base, les mêmes interlocuteurs auraient sans doute exprimé la même réserve envers le behaviorisme si le problème du behaviorisme avait été soulevé de façon directe en cours d'entretien (l'un des psychosociologues ne s'est d'ailleurs pas gêné, comme nous le verrons dans un instant, pour exprimer spontanément son sentiment sur la question, sans qu'il y ait eu de notre part la moindre sollicitation à ce sujet). Mais dans l'optique que nous avions choisie, d'une comparaison du mouvement des groupes en France et en Belgique d'une part, et au Québec d'autre part, il nous semblait que l'étude du behaviorisme pouvait être laissée de côté, car, à notre connaissance, l'utilisation du behaviorisme en situation de groupe reste encore, en Europe, un phénomène strictement marginal.

Deux passages substantiels, tirés des déclarations faites par l'un ou l'autre des psychosociologues québécois, résument bien l'essentiel des griefs qu'ils adressent à la psychanalyse. Ils y rejoignent d'ailleurs des reproches qui sont également formulés par certains Européens:

Les tenants de l'approche psychanalytique ont introduit la dichotomie dans l'organisme; et ils la conservent, ils la gardent. Ils pourraient faire, eux aussi, que tout l'organisme global puisse vivre, si leur philosophie et leurs techniques n'étaient pas centrées sur le fait de verbaliser, d'associer, et de couper avec tout ce qu'on a appelé l'*acting out*. Ils ont coupé en se centrant sur le verbal et la psyché ... (Québec).

Le mouvement psychanalytique s'est enfermé dans une structure élitiste. Il s'est tenu très loin de tout ce que nous avons vécu ici; il est resté à côté et en dehors... Il y a chez les praticiens une résistance à l'influence des nouvelles ouvertures. Ils ont été dépassés par toute l'aventure du corps; ça venait contester de façon tellement radicale leurs structures d'intervention. Je connais des psychanalystes, que je rencontre, qui s'intéressent au langage du corps, à Reich, à Lowen, à la bio-énergie. Mais c'est comme si on n'avait rien en commun, sauf s'asseoir ensemble, et se parler, théoriser sur les mérites d'introduire la dimension corporelle; mais ça ne transforme pas leur mode d'intervention, que je sache, en tout cas pas de façon significative (Québec).

Et, poursuivant sa réflexion, le même psychosociologue dresse l'ébauche d'un parallèle astucieux entre psychanalyse et behaviorisme, à partir des problèmes concrets de la vie québécoise:

D'une façon générale, on a un peu l'impression que la psychanalyse a à peu près le même type d'actualité que les gens qui se battent pour qu'on parle le français de France au Québec, pour qu'on ait un langage châtié, pour qu'on se conduise comme des Français de Paris. C'est comme s'il y avait une incapacité d'inventer des structures pour rendre compte des changements sociaux, économiques, socio-politiques, socio-culturels, qui se sont passés au Québec depuis les années soixante ... De même, pour les gens qui essaient d'appliquer directement le behaviorisme américain, ça tombe dans le même genre d'inefficacité et de savoir élitiste déconnecté du milieu: c'est déconnecté politiquement, culturellement. Pour apprendre aux gens à faire l'amour, on va créer des cliniques Masters et Johnson; on va faire du conditionnement. C'est totalement déconnecté du milieu: ça nie complètement tout le sens de la révolution sexuelle et l'importance que cela a eu chez nous (Québec).

# Chapitre VII
# Les contraintes idéologiques

Les appréciations que nous avions glanées çà et là, au sujet du contenu idéologique et de la valeur théorique de la psychosociologie, dans la première partie de notre étude [135], n'étaient guère apparues positives. La plupart d'entre elles faisaient ressortir une impression de pauvreté conceptuelle, de manque d'approfondissement, de dépendance servile à l'égard du modèle culturel américain, ainsi qu'une sorte de besoin pathogène de compenser, par la pratique des groupes, le vide de l'existence.

Nous devons à la vérité de dire que ces avis, s'ils se retrouvent encore dans nos entretiens, y sont formulés avec moins d'unanimité. Dans leur majorité, les psychosociologues interviewés font preuve, au sujet de l'idéologie des groupes, d'un peu plus d'optimisme. Sans exclure la critique ou les incertitudes (qu'ils traduisent même parfois avec beaucoup de vivacité), ils ne croient pas pour autant que la situation soit définitivement compromise et qu'on doive renoncer à l'idée d'une amélioration possible. Plusieurs parmi eux expriment l'espoir que la psychosociologie saura élargir ses perspectives de recherche et approfondir le champ de ses théorisations, pour que personne ne puisse plus lui dénier à l'avenir les garanties de sérieux et l'autorité qui lui sont encore fréquemment refusées à l'heure actuelle.

Nous commencerons, dans ce chapitre, par faire le tour des points les plus litigieux: ceux qui sont le plus souvent contestés et qui polarisent la plus grande partie des souhaits de changement. Puis nous présenterons d'autres aspects plus positifs, dont on s'accorde déjà à reconnaître l'intérêt, et qui, au prix de quelques améliorations ou d'efforts d'imagination, pourraient constituer pour tous les psychosociologues une base réelle d'optimisme, et pour la psychosociologie une espérance de renouveau.

## A. Risques et incertitudes théoriques

### *1. Face au vide*

Comme un leitmotiv, le thème est souvent repris du vide actuel de la société, de son désarroi spirituel et moral, de la perte du sens des valeurs, de l'absence d'idéal, du déferlement de la violence, de l'angoisse devant les possibilités d'un conflit nucléaire ou d'une dégradation écologique irréversible. On y ajoute, spécialement au Québec, le dépérissement apparent des religions institutionnalisées et la crise des Eglises: la débâcle des certitudes, la relativisation des croyances et des dogmes, la désaffection à l'égard des cultes et des rites, le démantèlement des institutions et des structures traditionnelles, l'impasse dans le rapprochement œcuménique et dans le dialogue interconfessionnel, le refus de certaines pratiques du passé qui, sous des étiquettes d'«apostolat» ou d'«esprit missionnaire», s'apparentaient plutôt à l'endoctrinement et au prosélytisme, voire au marketing ou à la publicité.

Mais l'homme reste toujours un «animal religieux»: s'il ne trouve plus le sens du merveilleux ou l'idéal d'absolu qu'il cherche chez son fournisseur habituel, il s'adresse à la porte d'à côté. Les techniques d'élargissement de la conscience et de développement du potentiel humain offrent une certaine réponse aux aspirations de ceux qui veulent échapper à une vie de non-sens. Eux trouvent dans les groupes un substitut et un palliatif aux carences de notre monde, aux existences programmées, au vide sensoriel et émotionnel de la civilisation industrielle. D'autres vont chercher ailleurs la communication et l'amour qui semblent de plus en plus impossibles dans une société fondée sur les différences de classes, de races, de générations: chez Guru Maharaj Ji, chez Moon, chez les dévots de Krishna, chez Maharishi Mahesh Yogi, ou même jusqu'à Poona, en Inde, chez «le psychologue de la transcendance», Bhagwan Shree Rajneesh, qui pratique toutes les méthodes d'avant-garde de la psychologie humaniste occidentale (bio-énergie, cri primal, etc.) alliées aux techniques et aux méditations des traditions orientales les plus variées (zen, taoïsme, bouddhisme, tantrisme) [136].

Au mieux, les groupes restreints, vus dans cette optique, pourraient être considérés comme un tranquillisant; au pire, ils constitueraient une drogue ou un poison:

> Quand je suis arrivé en Californie en 1968, on disait en blaguant, à propos des groupes: «Celui qui va descendre d'avion avec une nouvelle religion, il aura cinquante adeptes dès qu'il parlera, dès qu'il va ouvrir la bouche!» (Québec).

C'est l'expression d'une remise en cause profonde de l'aspect aliénant, de l'aspect atomisant de la société industrielle. Les gens essaient de recréer des tribus, des groupes plus sécurisants, où ils peuvent vivre leurs émotions, où ils existent en tant que personnes, où ils sortent de cette situation d'objets qu'on leur réserve habituellement. Mais j'ai l'impression que c'est un palliatif; c'est plus une aspirine qu'un remède! Il y a des drogués du groupe; j'en connais beaucoup: des gens qui ne vivent plus que dans et par le groupe (Belgique).

Cette espèce de pullulement de toutes sortes de techniques faisait penser aux réactions d'une société adolescente. J'ai l'impression que ça a correspondu à une sorte de *vacuum* des valeurs dans de nombreux milieux de l'Amérique du Nord. Dans toutes ces méthodes nouvelles qui se lançaient, les gens allaient chercher quelque chose pour combler un vide: on ne savait pas trop quoi. Et l'on rencontrait, par exemple, à Bethel, des personnes dont le moniteur disait: «Ces gens-là, ça fait dix ans que je les vois tous les étés, ils sont toujours en stage». Ils allaient d'un endroit à l'autre; et probablement qu'ils ne savaient pas eux-mêmes au juste ce qu'ils cherchaient (Québec).

## 2. *Des méthodes sans doctrine?*

Poussant plus loin leur interrogation sur le bien-fondé idéologique du recours aux groupes, plusieurs psychosociologues précisent encore davantage leurs accusations: comment les clients auraient-ils pu espérer combler leur vide intérieur, alors que le groupe lui-même n'avait que du vide à leur offrir, et alors que l'euphorie de la rencontre et l'aspect ludique des techniques ne cachaient que du vent? Là encore, on le devine, ce sont surtout les méthodes du courant californien qui sont sur la sellette...

On a dit qu'elles manquaient de fondements théoriques et rationnels. Ainsi deux des grands noms de la psychosociologie française se permettent de régler leur compte en peu de phrases, de manière apodictique, à l'analyse bio-énergétique et à la gestalt-thérapie:

Ça ne veut pas dire qu'il ne pourrait pas y avoir une autre utilisation du corps, du potentiel humain, etc., si elle était fécondée par une théorisation qui soit plus exigeante. Mais si l'on prend les écrits de Perls, ou d'un certain nombre d'auteurs américains, ou de leurs commentateurs en français, c'est navrant de sottise, de médiocrité et de platitude! (France).

Quand je vois la bio-énergie, je vois une méthode et je ne vois pas de doctrine. Quand je vois la gestalt-thérapie, je vois une méthode et je ne vois pas de doctrine. Je vois même plus: je vois le refus d'avoir une doctrine. Alors, là, je me demande comment ça peut fonctionner: une méthode sans doctrine... Qu'on ne s'étonne pas ensuite qu'il soit question de crise! (France).

On a formulé à nouveau le reproche d'anti-intellectualisme. On a parlé de pratiques empiriques, où l'improvisation tiendrait lieu d'expérimentation. On a dénoncé le syncrétisme de pacotille, qui mêlerait le mysticisme oriental, le *new american way of life*, les aspirations du mouvement charismatique, les revendications des fronts de lutte libertaire, la maîtrise de « l'onde alpha », la libre expression de la sexualité et la prise de conscience du blocage respiratoire !

### *3. La bataille de l'« ici et maintenant »*

Les échanges ont été vifs, en particulier, autour de la règle, essentielle pour les gestaltistes, selon laquelle l'objet de la thérapie est le phénomène vivant qui se situe « ici et maintenant ». Les disciples de Perls insistent sur le fait que c'est « ici et maintenant » que la réalité psychique prend tout son sens, et que le névrosé est celui qui est incapable de vivre dans le présent :

La gestalt est une approche où on travaille dans l'« ici et maintenant ». La gestalt crée des situations de laboratoire qui sont des situations d'apprentissage, où l'on apprend aux gens comment tirer parti de leurs erreurs : on travaille avec cette philosophie qui fait qu'une erreur peut être une occasion merveilleuse pour apprendre à faire mieux (Québec).

Mais les positions gestaltistes sont vigoureusement contestées par ceux qui pensent qu'il n'est ni souhaitable ni possible de faire abstraction du passé individuel et collectif des membres du groupe, de faire l'impasse sur leur environnement culturel et sociologique [137] :

Dire, comme le font certains (même s'ils le disent par omission), dire que tout cela n'est pas surdéterminé d'une part socialement et politiquement par un certain nombre de pratiques sociales, d'autre part par des conflits inconscients, alors là je crois que c'est très dangereux et que c'est vraiment très discutable (France).

Je suis résolument hostile à la bêtification de l'ici et du maintenant. Pour moi, c'est une bêtification. Parce que ça supprime, ça met hors circuit, deux dimensions essentielles de lecture : d'une part la dimension historique individuelle, donc psychanalytique, c'est-à-dire le poids des déterminations du passé, de l'enfance, — et d'autre part la dimension politique, au sens social. C'est vraiment l'attitude psychologisante et réductrice par excellence ! (France).

### *4. Sous le rouleau compresseur américain*

Au Québec, l'oubli de la dimension historique est particulièrement redouté, non pas d'abord, il faut bien le dire, sous l'aspect individuel et psychanalytique dont il vient d'être question, mais, essentiellement et explicitement, sous l'aspect collectif et culturel. A vrai dire, il ne s'agit pas là d'un trait totalement spécifique qui définirait en lui-même un côté exclusif de la situation québécoise. Max Pagès avait déjà expliqué, dans le *Bulletin de Psychologie*, comment, lorsqu'il était à Bethel, les Américains ne voulaient avoir aucune relation avec sa culture de Français : « Ma culture, mes applications, mes intérêts de citoyen, de psychosociologue européen étaient considérés comme inexistants. (...) La structure d'une telle relation est évidemment une structure de domination. (...) Ni l'institution ni les personnes n'attendaient ou ne voulaient une confrontation culturelle réelle » (1971, pp. 302-303).

Mais la question revêt au Québec une acuité très spéciale, pour des raisons qui sautent aux yeux tant elles sont évidentes: raisons liées au passé, à la réalité démographique, au contexte géo-politique, aux structures économiques, à l'environnement culturel.

On vit à trente milles des frontières américaines. Les gens vont en sessions aux Etats-Unis. Les ondes sont envahies. Notre marché est saturé; mais les Américains essaient d'entrer ici par toutes les portes possibles, de fonder des succursales, de lancer des groupes, avec une ignorance, presque un mépris, de tout ce qui se passe chez nous. Les gens ne sont pas assez conscients...: il y a une identification de société, une identification culturelle, une prise en main des instruments à faire chez les Québécois (Québec: thérapie).

Les gens de la Californie ou de Cleveland viennent tout simplement faire ici ce qui se ferait là-bas. Je n'ai vraiment pas du tout l'impression qu'on essaie de tenir compte de notre situation particulière. D'autant plus qu'ici il n'y avait pas, à la différence de l'Europe, à trouver une place dans un champ théorique au milieu d'autres disciplines connexes. Ici, on ne se posait pas de problèmes de remise en place ou de remise en cause, alors que, en France, par exemple, les gens qui revenaient de Bethel étaient obligés de se demander comment ils allaient situer cela par rapport à la psychanalyse, ou par rapport au structuralisme, ou par rapport à trois au quatre autres courants. Ici, au Québec, c'était beaucoup plus facile de se laisser influencer de façon directe: on ne se préoccupait pas de se situer par rapport à d'autres choses (Québec: enseignement et interventions en entreprises).

Le résultat, c'est qu'on adopte les méthodes *made in U.S.A.* sans se poser trop de questions et sans beaucoup de discernement, comme s'il n'existait pas d'autres possibilités de choix et comme si ces méthodes pouvaient s'adapter automatiquement à tout milieu culturel... Il y a là une réalité qui ne date pas d'aujourd'hui. Pendant toute une période, Bethel et le N.T.L. exportaient leur esprit et leur «production» dans le monde entier. Maintenant, c'est le label d'Esalen qui fait autorité: les animateurs de Belgique ou de France tiennent à s'en prévaloir autant que ceux du Canada ou des Etats-Unis. Pour l'un au moins de nos interlocuteurs québécois, cela ne soulève aucune difficulté:

On baigne dans une même culture, qui est peut-être la culture américaine, mais qui est surtout la culture occidentale moderne. Alors je trouve que la recherche psychosociologique peut s'appliquer à peu près n'importe où. Je ne vois pas pourquoi on devrait avoir une psychosociologie québécoise, ou une psychanalyse québécoise, ou «n'importe quoi» québécois. Depuis dix ans, on entend des reproches de ce genre: «C'est de l'importation; est-ce que c'est valable pour nous? etc.». Moi, ça ne m'a jamais influencé; et je ne pense pas que ça influence beaucoup de gens (Québec).

### 5. *Aux sources de l'ambivalence québécoise*

Pourtant, il semble bien qu'il y ait là un problème réel, dont la gravité est soulignée à maintes reprises. Un psychosociologue belge, qui a séjourné longuement au Québec et en Ontario, en parle lui aussi; il explique le succès des méthodes de groupe américaines, et spécialement des méthodes non-verbales, près des Canadiens français, en évoquant les complexes nés des insuffisances et des difficultés de l'expression orale dans le contexte du bilinguisme. L'argument n'est pas dénué de valeur; mais il demanderait sûrement à être complété par beaucoup d'autres éléments qui n'ont été mentionnés qu'à titre allusif dans nos entretiens, et sur lesquels nous ne possédons que des indications insuffisantes et trop peu précises pour nous permettre d'élaborer des conclusions définitives.

Suggérons simplement qu'une étude sociologique exhaustive qui se proposerait une analyse détaillée des raisons du succès au Québec de la psychosociologie américaine aurait sans doute à se référer à de nombreux facteurs qui ont pu, à des titres divers, exercer leur influence. Nous n'en énumérerons ici que quelques-uns, en vrac, sans la moindre ambition d'en dresser une liste complète. Par exemple, on pourrait parler de la proximité et de la séduction d'un modèle frappant de réussite et de richesse, de la fascination inavouée exercée par la puissance de la technicité, du rejet plus ou moins conscient de l'environnement rural traditionnel, du renoncement voulu à l'isolement et au repli sur soi adoptés depuis si longtemps par ceux qui avaient pris l'habitude de se considérer comme minoritaires, de la décision de rompre la non-correspondance entre la langue du groupe dominant et la langue de l'expérience collective, du besoin d'une protestation corporelle et organismique contre la mainmise des élites sur le discours et contre le refoulement de la parole dans la vie privée...

Par ailleurs, il faudrait mentionner également le côté pragmatique, le réalisme spontanément pratique des Québécois. Jean-Yves Roy, dans son volume *Etre psychiatre* (1977b), a souligné ce trait de caractère; il a fait allusion à la proximité du sol et de la souche, encore très présente, qui pousse le Québécois à demeurer « volontiers distant de la logique qui abuse de technologie (ou) de statistique », à « se taire volontiers en face d'abstractions, électroniques ou métaphysiques »; il a évoqué avec talent l'ambivalence profonde du Québec, coincé entre les « deux polarités quasi antinomiques » du « trop bien dire des Français et (du) trop bien faire américain » (pp. 50, 51 et 58). Ce thème est revenu à plusieurs reprises dans nos entretiens avec les spécialistes des groupes :

> Ici, on privilégie le comment du changement plutôt que le pourquoi du changement; on s'intéresse davantage à articuler le comment de la technique qu'à justifier pourquoi on devrait l'utiliser... On vit dans un type de culture qui est en même temps nord-américain et traditionnel, marqué à la fois par la récente influence rurale et des racines européennes très profondes, et aussi par un monde « sur-technologisé » où la télévision crée un peu le village global tel qu'il a été décrit par McLuhan (Québec : enseignement et thérapie).

> On est beaucoup plus concret, beaucoup plus pragmatique qu'en Europe. Si on vient en stage pour des raisons professionnelles, on veut trouver des choses qui aideront dans la vie professionnelle; si on vient pour faire du

*counseling* familial, on veut une aide pratique pour la vie familiale. Ici, ça ne marcherait pas du tout de venir élaborer pendant des heures sur le sens d'un retard, dans la mesure où ce retard peut être symptômatique d'une remise en question du *staff* d'animation, etc. A mon avis, ça explique en partie l'échec de Lapassade lors de son intervention à l'Université du Québec à Montréal (U.Q.A.M.) en 1970: il n'y avait pas correspondance entre, d'un côté, ses désirs à lui, ses besoins, ses objectifs, et, de l'autre, ceux du milieu, mis à part quelques individus isolés (Québec: intervention en entreprises, enseignement et thérapie).

### 6. *Des oppositions idéologiques absolutisées*

Pourtant, si le Québécois se méfie, autant et en même temps, d'une certaine rhétorique pompeuse dite «à la française» et des équations que proposent les ordinateurs américains, il ne renonce pas à chercher «l'énonciation d'un langage qui serait le sien. (...) Au jargon théorique et rationnnel, (il) préfère le verbe senti et lyrique» (Roy, 1977 b, p. 58). Sa discrétion idéologique n'est pas absence de pensée; elle est plutôt quête d'identité, délicatesse d'une intimité qui redoute l'exhibitionnisme, recherche laborieuse d'un parler adéquat qui opte pour le silence timide plutôt que pour l'inauthenticité [138].

En tout cas, les entretiens que nous avons eus avec douze psychosociologues du Québec démontrent à l'évidence que la capacité de prendre possession de leur discipline ne leur fait pas défaut. Ils élaborent à profusion sur leurs propres positions ou sur les positions des maîtres ou des courants auxquels ils se rattachent; ils expliquent leurs façons de faire; ils apportent à leurs pratiques des justifications théoriques. Malgré l'estime profonde qu'ils gardent les uns pour les autres, il leur arrive même de s'affronter avec fermeté (sans que, pourtant, on trouve jamais dans leurs affrontements les aspects implacables des luttes entre tendances diverses de la psychosociologie française). Sans tomber dans le sectarisme, les psychosociologues québécois tiennent assez à leurs idées pour les défendre énergiquement et pour donner à la présentation de ces idées un certain caractère d'absolu.

Ainsi, au dire de plusieurs, la disparition de l'I.F.G. en 1976 aurait été avant tout la conséquence d'une lutte idéologique. Ce serait, pour les spécialistes des groupes au Québec, l'illustration la plus frappante des conséquences que peuvent entraîner les cloisonnements théoriques et les conflits d'idées:

L'une des raisons fondamentales de l'éclatement de l'I.F.G., c'est une lutte idéologique. Il y avait là les tendances les plus différentes, au plan idéologique: il y avait un pôle individualiste et il y avait un pôle collectiviste. Et ça, c'était le conflit le plus profond, même si par ailleurs on avait un certain nombre d'autres bons prétextes pour se dissoudre un jour (Québec).

La mort de l'I.F.G. rejoint une crise beaucoup plus profonde. Je pense que cette crise réside dans le fait que des idéologies contradictoires sont nées, ont cohabité un certain temps, et se sont finalement séparées à propos de la signification véritable de ce qui survient dans une situation de groupe: fallait-il valoriser le vécu subjectif comme fondement de l'expérience de groupe? ou bien fallait-il voir d'abord dans le groupe le microcosme de la société, une espèce de laboratoire du social?... Dans la crise, c'est essentiellement ce clivage idéologique qu'il faut chercher. D'un côté, il y a des gens qui sont plus près d'une certaine forme d'anarchisme, où l'individu est posé davantage en valeur souveraine, où à l'horizon se profilent plutôt des préoccupations qui s'apparentent à la mystique, à l'esthétique. Et de l'autre côté, on trouve des gens qui veulent connaître le fonctionnement des groupes, étudier les rapports sociaux, la dimension sociale de la personnalité individuelle, à des fins d'intégration, d'amélioration du fonctionnement des grands ensembles sociaux et du système de production. En simplifiant, on pourrait dire que, dans le premier courant, c'est la culture de l'individu pour lui-même qui est l'objectif suprême, alors que, dans le deuxième, la priorité est donnée au fonctionnement de la société, de l'organisation, et en particulier du système de production (Québec).

## 7. *Qu'est-ce qui fonde la valeur de la psychosociologie?*

Devant une présentation aussi lucide des idéologies en présence et de leurs oppositions, il pourrait sembler quelque peu déplacé de donner de l'importance aux arguments de ceux qui doutent de l'existence même d'un champ théorique propre à la psychosociologie: comment connaîtrait-on des conflits d'idées s'il n'y avait pas des idées sous-jacentes à toute la pratique? comment existerait-il des heurts entre les théories si les techniques étaient seules en cause?

Il faut pourtant faire écho aux critiques de ceux qui reprochent à la psychosociologie de n'avoir pas su développer un champ conceptuel qui lui soit propre, capable d'éclairer et de soutenir sa pratique:

La psychosociologie est un champ de pratiques, mais elle n'a pas trouvé son champ théorique. C'est en voie d'élaboration: on a quelques bribes sur la notion de rôle, sur la notion de statut, sur la notion de champ; mais il n'y a pas une cohérence, il n'y a pas une théorie. Le résultat, c'est que la psychosociologie, n'ayant pas d'assises, éclate forcément, dans la mesure où, à ses côtés, les positions théoriques des deux disciplines fondamentales que sont la psychologie et la sociologie apparaissent elles-mêmes comme effritées, émiettées, décloisonnées (France).

Si on cherche les causes du dépérissement actuel, c'est que, à mon avis, la psychosociologie était sans fondement théorique (France).

A en croire ces critiques, les spécialistes des groupes n'auraient pas manifesté un souci suffisant de réflexion, de recherche, d'approfondissement. Ils ne se seraient pas livrés à un travail scientifique de valeur:

Les questions fondamentales n'ont pas été posées... Quand on voit la quantité considérable de gens qui se sont lancés dans le travail de groupe, il faut bien avouer que, en proportion, le travail de recherche a été peu abondant et que, souvent, il n'a porté que sur des problèmes très limités (Québec).

On a fait souvent des généralisations beaucoup trop rapides. On a voulu trouver des formules pures, abstraites, décisives, radicalisées, dans lesquelles toute l'histoire du monde était réexpliquée, dans d'innombrables livres paraissant à la cadence d'un tous les six mois, où on travaillait sur un coefficient expérimental minuscule pour en faire soudain un super-objet. Ou bien on partait de quelques éléments psychanalytiques vécus pendant la cure pour édifier, à partir de là, une théorie complète de la société, sans aucun regard pour les réalités juridiques, institutionnelles, réelles; sans patience; donc sans précaution ! (France).

Pour que la psychosociologie garde un certain prestige idéologique, pour qu'elle préserve dans l'opinion son image de discipline scientifique, il eût fallu au moins éviter des compromissions dont on n'a pas toujours su se garder: compromissions avec l'argent, avec le pouvoir politique, avec la direction de l'entreprise, avec la ligne du parti, etc.

A un moment, ces gens-là ne sont plus des psychosociologues sérieux. S'ils se font payer tellement cher, ils ont intérêt à ce qu'on les redemande ! Et souvent, pour qu'on les redemande, il faut qu'ils confirment les idées préalables de ceux qui les appellent... (Belgique).

S'il existe ainsi des présupposés ou des pressions, d'ordre financier, ou d'ordre idéologique, ou de n'importe quel autre ordre, qui imposent un type de lecture du réel, qui fixent des limites à la vérité du groupe, qui déterminent à l'avance les options et les comportements, n'entre-t-on pas, comme le dit l'un de nos interlocuteurs belges, dans un système qui fait penser à Galilée [139] ou à Lyssenko [140], et qui, en favorisant la diffusion de la sottise, aboutit à la négation même de toute science ?

## B. Pistes à suivre: pistes d'espoir...

### *1. Entre l'individuel et le collectif*

En fait, les doutes systématiques sur la spécificité théorique et sur la valeur conceptuelle de la psychosociologie semblent bien n'être le lot que d'une minorité. L'unanimité ne se fait pas forcément pour définir ses buts et ses objectifs; mais on reconnaît qu'il serait calomnieux de la réduire à un recueil de recettes pratiques. On insiste, en particulier, sur la place importante qu'elle occupe à l'articulation des phénomènes individuels et des phénomènes collectifs:

Une chose qui me semble intéressante, mais très difficile à faire, et qui est quand même spécifique de la psychosociologie, c'est de n'éliminer ni les contradictions sociales ni les conflits psychologiques. On se trouve là dans une discipline qui cherche à travailler sur l'interaction entre des déterminants sociaux et des déterminants psychologiques (France).

Qu'il (le psychosociologue) soit toujours centré au niveau de l'articulation entre l'individuel et le collectif, et qu'il soit aussi centré sur une prise de conscience des déterminants psychologiques, sociologiques, économiques, qui ont un rôle sur les conduites individuelles et sociales (France).

Cela ne veut pas dire que l'application de ces principes soit facile.

La pratique de la psychologie individuelle en groupe et la pratique de la sociologie poursuivent des objectifs différents; leur simple juxtaposition pourrait être source de tensions, sans qu'il y ait pour autant mise en œuvre d'une authentique psychosociologie. Il est nécessaire que le travail des groupes ait une visée à la fois individuelle et collective; l'exclusion de l'un des deux termes conduirait à une impasse:

Il y a toujours une conjonction très étroite entre les structures des personnes et les structures des organisations: c'est vraiment le point de centration. Il faut tenir compte de tout ce qui est projeté par les individus sur la structure dans laquelle ils vivent, autrement dit de tout ce qu'ils attribuent éventuellement à cette structure. Et il faut aussi tenir compte de tout ce qu'ils introjectent de cette structure, de tout ce qu'ils en mettent à l'intérieur d'eux-mêmes. (...) C'est à ce point de liaison entre individu et société qu'est le noeud du processus de changement et que peut se développer une analyse qui ait quelque intérêt (France).

Je travaille au niveau de l'intra-psychique et de l'extra-psychique. Ce qui me frappe toujours, c'est de voir combien il y a une corrélation et une ressemblance entre les phénomènes internes et les phénomènes externes. On trouve toujours au niveau institutionnel et social une analogie très forte avec ce qui se passe au plan personnel et interne (Belgique).

## 2. *L'intégration de l'histoire*

Il est un point particulier sur lequel de nombreux psychosociologues insistent parce qu'il exigerait, selon eux, une attention spéciale dans l'ambiance actuelle, et parce que c'est là surtout qu'il importerait de concrétiser le lien entre l'individu et la société, entre la personne et son environnement. Il s'agit (à l'opposé de ce que prônent les tenants exclusifs de l'«ici et maintenant») d'intégrer au «vécu» présent des gens la dimension historique de leur expérience, d'explorer leurs relations à la société à travers la façon dont ils se situent dans le temps et l'histoire:

L'idée d'une analyse en lieu clos dans lequel on fait des expériences nouvelles me paraît fausse; ça ne peut que développer des processus de défense... S'il y a un travail de groupe, c'est toujours en référence à ce qui a été vécu; il y a une réintroduction de l'historicité: histoire personnelle insérée dans le temps, histoire familiale, histoire vécue au jour le jour et mise en relation avec ce qui est en jeu au niveau du groupe. Alors le groupe est comme un lieu où les gens viennent reproduire un certain nombre des problèmes qu'ils rencontrent dans leur vie courante; ce n'est plus un contexte culturel clos (France).

Un reproche que je ferais peut-être aux institutionnalistes, c'est, en définitive, de dénier un peu l'histoire. Par exemple, je pense que le désir est toujours marqué par l'histoire. Et, en plus de la lutte au niveau corporel contre le refoulement et la répression, il faut aussi un travail d'analyse qui permette aux gens une prise de conscience des conflits qui sont en jeu: conflits passés qui ne sont pas uniquement familiaux, qui sont sociaux aussi... (France).

Parce que le Québec, comme nous l'avons vu, se sent plus fragile encore que d'autres régions et plus menacé devant la perspective d'une psychosociologie qui ferait comme si l'histoire n'existait pas, il s'y est développé, en ce domaine, un travail spécial de recherche pour mieux comprendre l'importance des processus historiques et l'influence des déterminismes sociaux sur les rapports entre les êtres. L. Morissette et R. Sévigny nous ont parlé longuement de cette recherche lors des entrevues que nous avons eues avec eux en mai 1977. Nous ne nous y étendrons pas davantage ici parce que, depuis cette date, un article paru dans le numéro de *Sociologie et sociétés* d'octobre 1977 a présenté en détail l'expérience qu'ils ont menée ensemble à ce sujet, avec plusieurs collaborateurs, ainsi que leurs réflexions sur le rôle du développement historique dans les techniques d'intervention psychosociologiques [141].

### 3. *Théorie et pratique*

En définitive (et contrairement à certaines accusations trop rapides), la psychosociologie n'apparaît pas comme dépourvue de richesse conceptuelle. Il s'avère que ses possibilités d'approfondissement théorique sont réelles. Mais souvent il s'agit encore de potentialités, plutôt que de réalités: «Dans l'application du travail de groupe, aussi bien pour les problèmes organisationnels que pour les problèmes personnels, la conceptualisation n'est pas encore suffisante» (Québec). C'est pourquoi dans tel ou tel organisme l'accent est mis en priorité, actuellement, sur les activités de recherche théorique:

> On n'a pas d'objectifs vraiment commerciaux; on se rémunère mal sur les quelques activités payantes qu'on peut faire. Vraiment, un de nos grands objectifs a toujours été de pouvoir échanger, de pouvoir discuter de notre travail, de pouvoir travailler sur le plan théorique (France).

Cependant, parce qu'il faut vivre, on ne peut pas se contenter de théoriser: les belles idées ne tiennent pas toujours lieu de bon pain! Alors le souci majeur, c'est de ne pas séparer théorie et pratique; c'est d'éclairer la pratique par la réflexion; c'est de lier la recherche d'une élucidation intellectuelle aux applications pratiques qui pourront en être tirées:

> Pour moi, la liaison entre pratique et théorie est fondamentale. Je pense qu'on fait de la mauvaise théorie sans pratique, et aussi qu'on fait de la mauvaise pratique s'il n'y a pas une conceptualisation, s'il n'y a pas des échanges assez fondamentaux (France).

> Nous assurons en même temps un travail de recherche et des activités pratiques. Nous cherchons comment l'inconscient fonctionne dans les groupes, comment il fonctionne dans les institutions; il ne fonctionne pas de la même façon que chez l'individu, mais c'est quand même l'inconscient: il y a des homologies, mais il y a des transpositions nécessaires à faire. Quant à la formation que nous donnons à nos participants, avec l'orientation qui est la nôtre, nous pensons que c'est une forme de psychothérapie brève et que

c'est en même temps une recherche touchant certaines dimensions qui avaient à peine été élaborées dans le passé (France).

J'ai voulu essayer de constituer quelque chose qui ait un certain raffinement au point de vue conceptuel. (...) Nos exigences vont à la fois sur le plan du potentiel intellectuel, du potentiel affectif, et aussi sur le plan de la déontologie, sur le plan de l'implication, sur le plan de la compréhension relationnelle et des capacités d'impact. (...) Dans notre programme de formation d'animateurs, il y a à la fois un enseignement théorique et une formation approfondie en techniques de groupes, une pratique du développement personnel par le groupe, une pratique de l'observation et de l'animation de groupes, une initiation à l'analyse institutionnelle, des orientations optionnelles en des domaines spécifiques de la dynamique des groupes (pédagogie en groupe, créativité en groupe, développement organisationnel, etc.), une supervision collective, une supervision individuelle (Belgique).

Les psychosociologues reconnaissent que le couple ainsi formé par l'alliance de la théorie et de la pratique pourrait se révéler éminemment fécond. Mais si la théorie n'est ni claire ni cohérente, si les concepts restent confus, si les catégorisations intellectuelles se laissent aller au simplisme ou à l'outrance, si les généralisations revêtent des allures d'utopies irréalisables, si la terminologie manque de précision, alors il est bien évident que les réalisations concrètes n'en tireront aucun enrichissement. De même, si la pratique prétend vivre en autarcie sans jamais recourir à l'intellect, si elle n'accepte ni évolution ni adaptation, si elle impose sa rigidité sans respect pour la liberté des individus, si elle confond automatiquement vulgarisation et efficacité, ou si au contraire elle croit compenser par la sophistication des processus l'insignifiance des contenus, alors il est certain qu'elle pourra difficilement prétendre à des résultats valables.

Ces différents facteurs d'échec, qui se rattachent aussi bien au champ théorique qu'au champ pratique, ne sont pas pure spéculation imaginative: ils sont tous énumérés, à un titre ou à un autre, dans nos vingt-neuf entretiens. Parfois, ils sont attribués sans vergogne à une école concurrente dont on ne partage pas les idées, ou à un «collègue» dont on n'apprécie pas les façons de faire (le métier de psychosociologue n'exclut pas forcément tout désir de s'auto-justifier en essayant de déconsidérer «l'adversaire» !). Mais plus souvent, les causes possibles d'insuccès sont examinées avec lucidité, dans un esprit irénique, pour savoir comment on pourrait échapper à leurs limitations et à leurs contraintes, et dans le but d'harmoniser, si possible, des convictions idéologiques qu'on voudrait solides avec des techniques aussi attrayantes qu'efficaces.

### 4. *La formation des psychosociologues*

Malheureusement, l'harmonie idéale d'une compétence qui s'étendrait à la fois, avec autant de sûreté, à toute l'ampleur du domaine théorique et à toute la variété des applications pratiques n'est pas monnaie courante... Ceci pose le problème de la formation des psychosociologues, qui est loin d'être assurée de façon uniforme.

Il a été fait allusion dans une citation, il y a un instant (à propos des essais d'harmonisation entre théorie et pratique), à la richesse et à la variété d'un stage de formation d'animateurs de groupes, qui a lieu en Belgique. Ce stage fait partie du vaste éventail d'activités de formation et de recyclage que le Service de psychologie sociale de l'Université de Liège met à la disposition aussi bien du grand public que des praticiens des sciences humaines et sociales. La durée de la formation des animateurs, qui peut se faire sur la base d'activités presque exclusivement du soir et du week-end, varie en fonction de l'expérience préalable de l'intéressé, du temps qu'il peut ou désire y consacrer par an, ainsi que de son degré d'implication et du fruit qu'il en retire. Le programme-type est de *trois ans* ou *phases*, mais le candidat peut étaler les prestations de chacune de ces phases sur deux ans; il lui sera toutefois demandé, s'il fait usage de cette latitude, de prendre part chaque année aux activités de supervision collective. Il s'agit d'une formation qui se veut intensive, pluridimensionnelle et aussi exigeante que possible. Les activités de simple participation totalisent pour l'ensemble du programme un minimum de 280 heures et un maximum de 350 heures; la supervision collective exige un total minimal de 120 heures; et il est prévu une supervision individuelle qui ne peut en aucun cas être inférieure à une durée de dix-huit heures.

La reconnaissance d'une spécialisation d'animateurs-formateurs a été proposée, par la même Université, dans quatre domaines: collectivités, activités culturelles et loisirs, développement personnel par le groupe, développement organisationnel. A ce sujet, le prospectus officiel de présentation des activités déclare: « Le Service de psychologie sociale estime qu'il n'y a pas lieu de galvauder les titres d'animateur et *a fortiori* de formateur et récuse fermement la prétention de ceux qui prétendent façonner des animateurs ou des formateurs en quelques mois, voire en quelques semaines ».

En dehors de cette expérience de Liège, il n'est pas évident que les indispensables garanties de sérieux qu'exigerait la formation des spécialistes des groupes soient toujours respectées. Il y a bien ailleurs en Belgique, ainsi qu'en France et au Québec, de nombreux centres qui proposent des cycles de formation, des stages de formation intensive, des séminaires de perfectionnement, des sessions d'orientation expérientielle ou de systématisation théorique, des groupes de contrôle et de supervision, etc. Mais il s'agit en général d'officines privées, qui ne peuvent pas disposer de tout l'ensemble des moyens qui seraient nécessaires pour assurer en même temps une formation équilibrée à la fois dans le domaine de la théorie et dans le domaine de la pratique. Car les deux domaines n'ont pas forcément à être séparés: pourquoi faudrait-il réserver la théorie aux seuls «théoriciens», c'est-à-dire, en l'occurrence, aux professeurs d'Université, — et la pratique aux seuls « praticiens », c'est-à-dire, concrètement, aux animateurs qui travaillent pour le compte d'organismes privés ?

Même si ces organismes sont honnêtes et compétents, il leur est difficile d'assurer une formation aussi longue, aussi suivie, aussi approfondie que celle qui est donnée à Liège. Comment ne pas s'inquiéter lorsqu'il est question de séminaires de perfectionnement de formateurs qui durent cinq jours (France), ou même d'un cycle de longue durée de perfectionnement de formateurs qui s'étend au total sur vingt-cinq journées (France) ? Comment ne pas être surpris lorsqu'on constate qu'un programme de formation professionnelle en gestalt-thérapie, qui est annoncé comme un programme intensif d'une durée de cinq mois, ne regroupera, en fait, les participants que pendant vingt journées, de 10 h. à 17 h. (Québec) ? Comment ne pas garder un fond de scepticisme lorsqu'on voit l'annonce d'un programme de formation qui en 80 heures permettra aux thérapeutes d'acquérir une compréhension et un savoir-faire suffisants en analyse bio-énergétique pour commencer à en utiliser les techniques et à en appliquer les principes dans leur pratique professionnelle (Québec) ?

Il est à noter, d'ailleurs, que, dans la plupart des cas, les organismes « vendent » seulement leur propre « spécialité ». C'est ainsi qu'on est inondé au Québec d'offres diverses qui parlent, par exemple, de « programmes thématiques pour professionnels qui veulent développer leur capacité à appliquer les principes et méthodes de la psychosynthèse », de « stages d'entrainement à la relation d'aide », de « sessions de perfectionnement pour ceux qui veulent se familiariser avec les principales approches thérapeutiques du corps », de « programme intensif permettant d'acquérir une connaissance expérimentale et didactique des principaux concepts et outils gestaltistes », de « programme de formation spécialisée en développement organisationnel »...

Tout cela a un but bien précis de rentabilité, que l'on comprend et qui, en soi, ne mérite pas l'opprobre d'un blâme automatique. Mais des questions doivent cependant être soulevées. La psychosociologie (la vraie !) peut-elle trouver sa place au milieu de cette foire d'empoigne de la formation ? Où et comment pourrait-on acquérir une connaissance structurée de l'existence et des manifestations des phénomènes et des interactions de la vie groupale ? Peut-on prétendre à une qualification sérieuse de thérapeute de groupe si l'on ne s'est pas essayé à une réflexion didactique et à une synthèse pratique sur les conditions de l'équilibre du groupe, ou sur les variations de cet équilibre, ou sur les interdépendances entre les membres du groupe, ou sur les discordances fantasmatiques sous-jacentes, ou sur l'organisation psychique consciente et inconsciente des individus qui forment le groupe ? Est-il possible de concilier, au sein d'un programme de formation, le nécessaire recul conceptuel et l'indispensable immersion dans le concret ?

En France comme au Québec, il ne semble pas que l'Université soit encore prête à assumer toutes ses responsabilités sur ce plan. Même si, à l'origine, des personnalités comme Faucheux et Max Pagès à Paris, Mailhiot et Roussel à Montréal, ont joué un rôle important dans le mouvement des idées et un rôle d'initiateurs et de « stimulateurs » en ce qui concerne la mise en application pratique, ils ont par la suite été relayés par des chercheurs et des réalisateurs qui, souvent, n'étaient pas rattachés au milieu universitaire. Serait-ce parce que le prestige et la respectabilité de l'Université ne l'encouragent pas à se lancer dans des voies trop ouvertement novatrices et la poussent plutôt à se mettre à l'abri dans les chemins protégés (banalisés ?) de la saine doctrine ? Serait-ce parce que les organismes privés, stimulés par la concurrence sont davantage à l'affût de la nouveauté et du sensationnel ?

Quoi qu'il en soit, il faut bien reconnaître, avec le numéro de *Sociologie et sociétés* d'octobre 1977, que, au Québec, les techniques nouvelles, comme « le dessin, le maquillage, la représentation théâtrale ou télévisuelle, l'humour, l'écriture automatique, l'expression corporelle et la danse, etc., ne sont que très rarement associées à l'expérience universitaire » (p. 184). Il faut bien admettre que les quelques « groupes d'implication » et les quelques séminaires d'expression corporelle proposés en France aux étudiants en psychologie (par exemple, pour les Universités parisiennes, à Censier, à Nanterre, et même à Vincennes, dont l'ouverture totale et l'esprit créatif ont pourtant assuré la renommée) restent encore très insuffisants pour donner une connaissance expérimentale complète de l'évolution des techniques de groupe et pour préparer, de l'intérieur, à une compréhension intellectuelle sérieuse de cette évolution.

Il n'est pas certain d'ailleurs que les candidats français aux fonctions de psychothérapeute ou d'animateur de groupe seraient prêts à investir beaucoup d'énergie et de capital dans une formation théorique et pratique de longue durée. Leur statut officiel reste encore trop imprécis, ils sont encore trop peu sûrs de leur rôle et de leur place dans la société, pour qu'ils jugent de tels efforts rentables et pleinement justifiés [142]. Ils ont l'impression qu'ils prennent moins de risques en apprenant leur métier « sur le tas », par la répétition des expériences. De plus, l'individualisme de quelques-uns est peut-être un argument qui les amène à se méfier de l'académisme et des aspects trop officiels qu'ils craignent de trouver dans une formation universitaire : « Conférer à l'Université le droit de légiférer équivaudrait à nous enfermer dans son conformisme; et la profession y perdrait en qualité et en possibilité de renouvellement » (Ambrosi, 1977, p. 20).

## 5. *Le mérite des méthodes californiennes*

Même si l'Université, dans son ensemble, maintient le privilège du langage verbal et n'a pas encore intégré l'apport nouveau des techniques californiennes, même si, comme nous l'avons vu, le prétendu vide doctrinal de ces techniques a souvent été décrié dans les rangs des psychosociologues, il nous faut mentionner cependant que plusieurs des spécialistes que nous avons rencontrés ont reconnu aux nouvelles méthodes des mérites explicites, alors qu'ils n'en étaient pas forcément eux-mêmes des utilisateurs assidus. C'est ainsi qu'on leur accorde, par exemple, une réelle utilité dans une optique de recherche révélatrice:

Les techniques du potentiel humain sont pour moi d'usage très marginal. Mais je reconnais qu'elles peuvent jouer un rôle d'analyseur de l'incarnation de structures objectives, c'est-à-dire que, comme un analyseur, elles peuvent révéler des structures cachées (France).

Elles peuvent être extrêmement utiles dans des situations précises de formation et de recherche, à condition qu'on n'en fasse pas une fin en soi. Par exemple, au début d'un séminaire de formation, si on veut donner au groupe de la liberté et de la spontanéité, la parole ne suffira pas pour établir une sensibilité réciproque. Par les techniques du potentiel humain, c'est l'ensemble de la présence des existants qui va être mise en jeu (France).

Surtout, il importe de souligner qu'aux yeux de certains psychosociologues québécois, les nouvelles méthodes, même si elles sont nées à Esalen et si elles sont des produits d'importation venus des Etats-Unis, peuvent trouver au Québec un usage particulièrement adapté à la mentalité locale et, en quelque sorte, au génie de la race:

Il y a ici un intérêt croissant pour le langage du corps: on s'intéresse à la musique traditionnelle, on s'intéresse au patrimoine, on s'intéresse à l'héritage amérindien; on s'intéresse même à comprendre la culture gestuelle traditionnelle québécoise, celle de la génération de mon grand-père, qui ne savait ni lire ni écrire... Alors une partie de mon travail consiste à remettre les gens en contact avec leur héritage gestuel. Je m'intéresse beaucoup à la région où quelqu'un vit, à son environnement géographique et écologique. C'est ma manière de voir que l'analyse bio-énergétique ne concerne pas que le fonctionnement corporel: la bio-énergétique, c'est aussi la psycho-énergétique et la socio-énergétique (Québec).

### 6. *Nouvelles méthodes et tempérament québécois*

Vues sous cet angle, les nouvelles techniques perdent le côté «dangereux» qui pouvait leur être attribué dans le contexte historique et culturel du Québec. Il n'y a plus à tenir compte de l'origine étrangère de ces techniques, ni de la suffisance «quasi colonialiste» que l'on prêtait aux animateurs américains lorsqu'ils venaient diriger des sessions à Montréal, ni de l'effacement servile et de la dépendance soumise que l'on croyait discerner chez certains animateurs québécois en face des «maîtres» venus de San Francisco, de Cleveland ou de New York.

Loin de contribuer à une désappropriation du lien des Québécois à leur histoire, les méthodes d'expression corporelle pourraient, au contraire, les aider à assumer leur insertion dans l'environnement; elles pourraient devenir des agents efficaces d'une prise de conscience culturelle plus dynamique:

> Je m'intéresse à la culture traditionnelle. Nos ancêtres ont inventé un mode de vivre dans ce pays; ils ont inventé une série de métiers, de gestes, une architecture; ils ont appris avec les Indiens; ils ont appris en inventant. Puis ils ont développé une musique, une manière de danser, une manière de faire la fête, de vivre dans l'univers pour composer avec les saisons, pour composer avec les cycles de l'environnement. (...) Alors, aujourd'hui, si je m'intéresse au langage du corps, je dois voir le corps comme étant la représentation vivante d'une culture, de notre culture, de l'environnement dans lequel il se trouve actuellement. (...) S'il n'y a pas de transformation au niveau du rapport à l'environnement, je pense qu'on est dans du pseudo-changement. C'est ma préoccupation. En ce moment, par exemple, ça devient extrêmement intéressant d'observer ce qui se passe au Québec; moi, ça me passionne (Québec).

L'émotion contenue qui vibre dans ce témoignage, l'intérêt qu'il manifeste à l'égard de l'héritage du passé et aussi la disponibilité qu'il laisse entrevoir pour une prise en charge des problèmes du présent ouvrent des aperçus qui débordent largement la question de l'acceptation ou du refus des techniques américaines. Au-delà des méthodes de groupes, au-delà de la situation de la psychosociologie, ces extraits d'entretien ont évoqué pour nous un texte brillant dans lequel Marcel Rioux s'interroge sur le caractère du peuple québécois (1974). Utilisant une typologie que Nietzsche fut l'un des premiers à employer, qui a été souvent reprise par certains anthropologues américains, et dont Lapassade lui-même s'est servi abondamment dans plusieurs de ses volumes, Rioux se demande si les Québécois doivent être classés parmi les peuples «apolliniens» ou parmi les peuples «dionysiaques».

Lapassade s'était appuyé sur l'opposition mythologique entre Apollon et Dionysos, symbolisant la pensée et le corps, pour comparer, d'une part, les «thérapies apolliniennes», qui auraient été des thérapies de la parole, utilisées par les maîtres, et, d'autre part, les «thérapies dionysiaques», qui se seraient traduites en rites de possession, en transe, en bouillonnements orgiaques, et qui auraient été la culture des opprimés et des esclaves (Lapassade, 1974, p. 20). Faisant l'application des mêmes thèmes à l'anthropologie, Rioux écrit:

> En gros, on peut dire que les peuples apolliniens auraient tendance à être mesurés, prudents, se méfieraient de leurs sentiments, de leurs émotions et pratiqueraient la maîtrise d'eux-mêmes. Les dionysiaques seraient tout à l'opposé, extatiques, adonnés aux excès et donnant libre cours à leurs émotions (p. 88).

Rioux refuse de verser dans le déterminisme géographique qui ferait des Québécois un peuple «froid» à cause de la rigueur de leur hiver. La thèse qu'il veut défendre,

> c'est que le caractère prédominant chez les Québécois est dionysiaque

(c'est de caractère dominant qu'il s'agit, plutôt que de l'un à l'exclusion de l'autre), même si plusieurs circonstances historiques ont amené les Québécois à refouler de leur caractère ces traits dionysiaques, qui ont tendance à resurgir quand les contraintes disparaissent (p. 88).

La cohabitation depuis 1759 « avec un peuple apollinien, réputé pour son flegme, sa mesure et la maîtrise de lui-même » (p. 90) a pu faire croire « dans les couches de la population québécoise qui collaboraient avec les anglophones » (p. 92) à une victoire définitive de l'influence apollinienne. Il s'agissait d'un processus d'acculturation, de « dépossession de soi ». Mais aujourd'hui,

> il semble bien que le Québécois s'est assumé et qu'il ose se manifester tel qu'il est profondément, c'est-à-dire exubérant, chaleureux, expansif, en un mot : « chaud » (p. 94).

Dans la ligne de cette pensée, il serait donc permis de supposer que le succès des méthodes d'Esalen, de l'expression corporelle, de la communication par le toucher, de l'échange de chaleur au sein de la cellule groupale pourrait être une manifestation de ce « retour du refoulé », la traduction au grand jour d'une tendance profonde et permanente du tempérament québécois...

# Chapitre VIII
# La contestation socio-politique

Au terme du chapitre II, nous avions souligné combien les ambivalences, les incertitudes, les divisions, les interrogations apparaissaient spécialement vives dès qu'était abordée la question des relations entre la psychosociologie et les problèmes socio-politiques. Pour une partie des animateurs, les pratiques de groupe ne pouvaient prétendre qu'à une efficacité individuelle sur la personne même des participants; pour d'autres, au contraire, elles constituaient un outil approprié de changement social, susceptible d'entraîner progressivement des répercussions au niveau d'ensembles plus vastes (organisations, institutions) et même, éventuellement, au niveau de la société globale. Certains regardaient les groupes comme un ferment révolutionnaire, propre à mettre en cause les privilèges établis et à préparer de substantiels bouleversements; d'autres voulaient en faire un instrument de concertation et de dialogue, qui permettrait de préserver l'ordre en sauvegardant les harmonies menacées. Parmi les «clients», il en était qui cherchaient la sécurité rassurante d'une communauté provisoire et artificielle, où il leur était possible, sans trop se compromettre, de se situer plus ou moins dans un rôle de «voyeurs» vis-à-vis des autres, en évitant d'avoir à se regarder eux-mêmes et d'avoir à aborder en face leurs propres problèmes; mais il y en avait aussi pour qui le groupe était l'occasion de trouver les contacts qui les obligeaient à «sortir de leur coquille», qui leur faisaient découvrir l'enrichissement possible des échanges interpersonnels et qui les préparaient indirectement à prendre une place nouvelle dans la collectivité.

Nos entretiens avec les psychosociologues de France, de Belgique et du Québec ont confirmé l'existence des mêmes dissensions et des mêmes oppositions profondes dans des contextes géo-politiques pourtant bien différents. Ils nous ont montré également combien on juge nécessaire, des deux côtés de l'Atlantique, une réflexion sérieuse sur les aspects socio-politiques du travail des groupes. Nulle part on n'a la moindre envie de nier qu'il puisse y avoir là un problème; nulle part on ne prétend le régler par prétérition ou le traiter à la légère. Nous allons donc voir comment ce problème est perçu: nous dirons d'abord toute l'importance qu'on lui accorde; puis, pour mieux en situer la difficulté, nous parlerons des controverses et des doutes qui s'expriment autour de la question de l'efficacité socio-politique des groupes.

## A. Travail de groupe et projet socio-politique

### *1. La psychosociologie éclatée*

Nous avons déjà cité [143] l'opinion de Max Pagès qui, en 1975, parlait d'un éclatement de la psychosociologie: «vers le haut», dans une perspective d'action politico-sociale, et «vers le bas», dans l'ouverture aux techniques corporelles. Cette opinion de Pagès a reçu l'appui de plusieurs autres psychosociologues, qui perçoivent, eux aussi, comme une cause essentielle de tension dans la pratique des groupes l'irruption simultanée de l'intérêt pour le politique et de l'intérêt pour le biologique:

Je suis d'accord avec l'analyse de Max Pagès sur cet éclatement des volets de la psychosociologie: d'une part, le volet clinique, psycho-émotionnel et corporel; d'autre part, le volet plutôt socio-politique, avec notamment tout le champ de l'analyse institutionnelle. C'est une caractéristique de la crise actuelle de la psychosociologie. (...) Les psychosociologues se divisent entre ceux qui pensent que le salut viendra par la connaissance de soi, par la mise en lumière de structures objectives qui ont pris corps en quelque sorte, et, d'un autre côté, ceux qui disent: «Il faut d'abord travailler ces structures objectives, en prendre conscience à l'extérieur, les changer, changer les rapports sociaux, voir comment ces rapports sociaux passent dans la vie quotidienne pour pouvoir les modifier partout, à tous les niveaux de médiation» (France).

Il y a un essoufflement. Certains ne veulent plus traiter des problèmes personnels; ils ne sont plus intéressés par cette problématique individuelle. Ce qui les intéresse, c'est le collectif, ce sont les macro-structures, c'est la critique du discours social... Il y a vraiment deux tendances: la tendance psychologisante qui voudrait tout réduire à l'individuel ou au *couseling* familial, et la tendance sociologisante pour qui, si ça ne va pas entre les individus ou dans les familles, c'est, bien entendu, à cause du système politique, et donc c'est là qu'il faut porter les efforts (Québec).

Il semblerait que cette séparation en deux courants, dont les positions divergentes s'affirmaient comme de plus en plus étrangères les unes aux autres, ait joué un rôle de premier plan dans les difficultés de l'I.F.G. à Montréal; elle a contribué à faire naître, à alimenter et à renforcer les conflits idéologiques dont nous avons fait mention au chapitre précédent [144] :

A partir du groupe de formation, se sont différenciés deux sous-ensembles qui ont eu tendance de plus en plus à se dissocier. Il y avait le sous-groupe de ceux qui étaient centrés sur la croissance des individus; ils se réclamaient d'une approche clinique qui s'apparentait un peu au traitement de la psychopathologie. Et il y avait le sous-groupe de ceux qui s'intéressaient davantage à la psychosociologie des organisations et qui étaient amenés à étudier les conditionnements sociaux en donnant beaucoup de place à la technologie ou à une étude quasi-mathématique des réseaux de communication. Il y a eu un cloisonnement entre ces disciplines (Québec).

Il y a eu une spécialisation de plus en plus grande. Alors qu'au début on faisait tous la même chose, ensuite on a pris des chemins différents. Et, par exemple, celui qui faisait de la bio-énergie avait de moins en moins d'occasions d'échanger avec celui qui était consultant dans les organisations: les réseaux d'échanges n'étaient plus les mêmes (Québec).

Il a pu arriver que le choix de l'une ou l'autre tendance se soit fait, au départ, pour des raisons fortuites (hasard, besoins alimentaires), dans lesquelles les convictions politiques ou les enracinements doctrinaux ne tenaient que peu de place. C'est ainsi qu'une comparaison a été dressée entre l'indépendance, presque absolue, des psychosociologues qui jouissent de la sécurité (soit parce qu'ils ont un statut officiel, soit parce que leur aisance matérielle est assurée en raison de leur nom ou de leur réputation), et celle, toute relative, de leurs «confrères» qui travaillent «à la base», sans garantie sociale, espérant un salaire de la direction d'une entreprise ou de la satisfaction problématique de clients occasionnels:

Celui qui est professeur titulaire pourra se permettre beaucoup de choses, tandis que, par exemple, le psychosociologue d'entreprise, qui est pratiquement sous la botte du chef du personnel ou du responsable des relations, sera encore souvent obligé de pratiquer la psychosociologie d'il y a dix ans. C'est là surtout qu'il y a éclatement dans deux directions: d'un côté ceux qui peuvent se permettre d'être subversifs, parce qu'ils sont relativement libres, ou relativement puissants; et, de l'autre, ceux qui, à cause des risques qu'ils courent, en sont réduits à des besognes plus simples, du genre formation à la vente, marketing, initiation à la publicité (France).

## 2. *Conscientisation et politisation dans les groupes*

Les spécialistes des groupes ne sont certainement pas tous préoccupés au même titre de la dimension politique possible de leur action. Cependant, il est remarquable de noter que personne, au cours des vingt-neuf entretiens, n'a contesté officiellement et de manière explicite l'opportunité ou la pertinence d'une certaine perspective sociopolitique en psychosociologie (il y a bien eu l'un de nos interlocuteurs qui s'est élevé contre ce qu'il a appelé «la tarte à la crème de la dimension socio-politique»; mais il a tenu à préciser que son refus ne visait que le « niveau macro-social », et qu'il admettait volontiers que l'attention du groupe déborde les réactions individuelles pour s'étendre aux conditionnements collectifs).

Quelques-uns, parmi les interviewés, ont même insisté, de façon très convaincue, non seulement sur la possibilité, mais sur la « nécessité absolue » d'une telle perspective, qu'ils considèrent, pour leur part, comme strictement indispensable. C'est évidemment l'avis de ceux pour qui l'une des principales causes de ce qu'ils voient comme le « dépérissement » actuel de la psychosociologie résiderait précisément dans l'absence d'un fondement politique et dans le manque de prise en charge du contexte institutionnel :

> La psychosociologie n'a pas résisté aux crises multiples et diverses des réalités sociales. Elle dépérit parce qu'elle n'était pas de taille à rendre compte de la réalité à laquelle elle faisait face et à transformer cette réalité (France).

Ainsi sont récusés avec la même énergie le prétendu humanisme qui ne se préoccuperait ni d'action solidaire ni de réalisations transformatrices, le travail thérapeutique qui n'aurait pour intention que la libération du désir en ignorant la complexité des liens entre l'individu et la société, l'interprétation limitée à des termes de détresse psychologique d'une situation subie d'injustice ou d'exploitation. Des explications sont fournies par tel ou tel psychosociologue sur la façon dont il essaie, pratiquement, de faire passer une optique socio-politique dans la vie concrète de ses groupes : en mettant en relief la portée significative et la valeur d'initiation des transformations micro-sociales vécues dans la cellule groupale, en favorisant tout échange susceptible d'éclairer la manière dont émergent et fonctionnent les pouvoirs à partir des situations symboliques ou réelles vécues en commun, en cherchant à procurer aux participants les occasions et les moyens d'un pouvoir réel sur le groupe dans la ligne d'une visée autogestionnaire, en s'efforçant de faire toujours place à une dimension d'analyse des processus sociaux, en donnant une formation qui rendra les individus à même de promouvoir ensuite le changement dans les organisations. On cite, par exemple, un projet particulièrement révélateur :

> Il s'agirait de travailler avec un groupe de chômeurs. Notre but ne serait pas directement de les aider à trouver un emploi. C'est pour ça que l'Etat nous paierait, en théorie tout au moins; et, bien sûr, on essaierait de les aider à affronter pratiquement leurs problèmes d'emploi. Mais surtout, ce qu'on voudrait, c'est qu'ils fassent une remise en question beaucoup plus vaste, qu'ils regardent comment ils travaillent ensemble, qu'ils voient un peu ce qui, en dehors d'eux et en eux, les a amenés là où ils sont, de manière à éviter la culpabilisation, tellement fréquente chez les chômeurs, et le conformisme, qui leur ferait dire simplement : « Il faut à tout prix qu'on rattrape le train » (France).

Un souci du même ordre se manifeste chez plusieurs spécialistes qui ont fréquemment à travailler avec des éducateurs :

Un désir s'est fait jour, chez les gens qui venaient aux sessions, de participer à l'organisation, à la gestion. Et maintenant, les rencontres sont en permanente élaboration. On n'y vient plus d'abord pour consommer de la formation. D'ailleurs, l'aspect purement professionnel, dans le sens où on se limitait aux matières scolaires, a quasiment disparu. Désormais, les stages sont plutôt centrés sur des analyses sociologiques ou politiques de l'école et de l'organisation scolaire, avec une présence permanente de la dimension psychologique et créative. (...) Au niveau même de l'école, la mise en application, avec les élèves, des principes du travail en groupe, telle qu'elle s'est faite dans certaines classes, a provoqué un renouvellement incontestable dans la pédagogie, avec un développement de la participation et du phénomène de partage du pouvoir. Mais il faut bien reconnaître que les professeurs, les parents et même les élèves n'étaient pas tous prêts pour cette évolution: ça peut amener des clivages, des tensions et parfois des blocages (Belgique).

Au Québec, l'évolution radicale qui a secoué les mentalités et les habitudes depuis une vingtaine d'années a provoqué dans les groupes le surgissement de problèmes nouveaux dont les animateurs ne pouvaient pas ne pas tenir compte: politisation croissante des esprits, «déconfessionnalisation» des structures de la société, volonté d'affirmation originale de la collectivité socio-culturelle, réflexion sur le statut de la femme, désir de concilier la lutte pour les transformations sociales et la dimension d'un libre épanouissement corporel, etc. Pour faire face à toutes ces questions, des initiatives ont été prises, des positions se sont affirmées, des infléchissements dans les méthodes se sont produits. Ainsi un spécialiste du développement organisationnel dit son souci de se libérer des valeurs trop individualistes qui sous-tendent ce courant aux Etats-Unis. Des thérapeutes expliquent comment ils ont été amenés à assimiler peu à peu à leur façon ce qu'ils avaient reçu des Américains, puis à créer leur propre style d'intervention qui ne copie ni Perls ni Lowen, et qui veut répondre aux besoins spécifiques des Québecois. L'un d'eux affiche une position dont la fermeté mérite d'être mise en évidence:

La prise de position politique que je fais, c'est de dire à Lowen: «Il n'est pas question que vous veniez lancer une succursale ici. Si vous ne comprenez pas ce qui se passe chez nous, ne comptez pas sur nous pour qu'on encourage des gens à se former chez vous ou pour qu'on introduise ici vos modèles de centres de croissance pour gens riches». Nous, on préfère tenter des interventions pour des apprentissages dans les institutions ou dans les quartiers défavorisés, même si ça n'a pas la solidité apparente du T-group officiel ou la sécurité soi-disant scientifique de la modification du comportement (Québec: thérapie).

### 3. *Conditions pour un engagement politique en psychosociologie*

Si la légitimité d'une implication socio-politique dans le travail de groupe n'est pas mise en cause, les discussions sont cependant nombreuses autour des conditions d'une telle implication: on l'entoure de préalables et d'exigences, comme si l'on craignait qu'elle se fasse trop envahissante, ou comme si l'on en redoutait les conséquences. Le concept de «neutralité» est invoqué à nouveau, non plus seulement dans le sens que nous lui donnions au chapitre VI, où il était question de distance entre l'animateur et les participants, de non-implication affective du psychosociologue à l'égard de ses clients[145]. Cette fois, au dire de certains, c'est toute la pratique psychosociologique qui devrait prendre suffisamment de recul pour qu'on ne lui jette pas l'accusation d'engagement partisan, et qui devrait garder assez de liberté à l'égard des différentes options politiques pour qu'on ne la suspecte pas d'apriorisme intransigeant ou de sectarisme délibéré.

On admet aisément qu'il n'est pas question de refuser au psychosociologue et aux membres du groupe le droit d'avoir des convictions, de faire preuve de militantisme, de s'engager dans une action concrète pour le triomphe de leurs idées. Mais le voeu est émis à plusieurs reprises que la pratique des groupes ne soit pas confondue avec le combat politique. Si les groupes peuvent mener un certain nombre d'analyses qui ont des implications politiques, il ne leur reviendrait pas de prendre, en tant que groupes, une position politique: ils ont à susciter une conscience sans imposer un message. On souhaiterait que les analyses auxquelles ils se livrent soient plus interrogatives que conclusives, pour qu'elles aient la possibilité de se développer «quel que soit le parti politique au pouvoir, quelles que soient les luttes sociales, quel que soit le type de société qui est en place» (France). On voudrait que se perpétuent ces «lieux de rencontre et de liberté», qui seraient nés, affirme-t-on, «à la faveur d'un certain recul par rapport à une praxis engagée et passionnelle» (Belgique).

Il est bien évident que ces positions n'obtiennent pas un assentiment unanime. Elles laissent insatisfaits ceux qui croient à la valeur du groupe comme instrument d'action politique. Selon eux, elles aboutiraient équivalemment à un refus de l'engagement, et donc à une acceptation de l'inefficacité. Dans de telles conditions, la prise en charge par le groupe du domaine socio-politique, bien qu'admise en principe par tout le monde, ne serait plus, en réalité, que tolérée du bout des lèvres par certains, qui la videraient de sa signification et lui enlèveraient sa portée pratique.

Un débat est soulevé au sujet de la liberté d'action du groupe dans les interventions en entreprises. On considère comme absolument nécessaire une stricte indépendance à l'égard de la direction et du patronat:

J'ai souvent observé que les patrons avaient tendance à vouloir utiliser des gens comme moi pour manipuler leurs subordonnés. A mon avis, il faudrait que le supérieur hiérarchique soit exclu du groupe. Sinon, comme son pouvoir lui vient d'ailleurs, il lui sera difficile de ne pas imposer ses vues; s'il y a désaccord, il n'acceptera de changer de point de vue que sur des affaires secondaires. (...) S'il m'arrive de me rendre compte, avant une intervention, qu'on veut me manipuler, ou par exemple m'utiliser pour éliminer des gens, j'annule l'intervention, tout simplement. Si je m'en rends compte en cours de travail, je peux me permettre, parce que je viens de l'extérieur, de m'affronter au patron, même très durement. A ce moment-là, d'une certaine façon, c'est moi qui essaie de manipuler le patron, pour au moins le neutraliser (Québec).

On exige des garanties. S'il y a une demande qui émane du patronat, on la prend comme telle. Mais on demande à avoir aussi des contacts avec les syndicats; on demande à avoir éventuellement l'accord du comité d'entreprise. A la limite, on préfère renoncer à un certain nombre d'interventions, plutôt que de se mettre dans des positions de porte-à-faux (France).

Par ailleurs, plusieurs psychosociologues mettent en relief l'importance qu'ils accordent au «contrat» qui a été passé avant l'intervention. Il y a là une exigence qui les lie: une orientation peut avoir été tracée, qui ne leur permet plus de s'abandonner totalement à leurs préférences, à leur libre initiative, à leur spontanéité:

Je parle de contrat parce que pour moi, dans ma pratique, c'est une notion centrale, comme ça l'est d'ailleurs dans tout le secteur du développement organisationnel (Québec).

C'est ce que j'appelle une intervention braquée sur une demande, et qui a le souci d'y répondre. On pourrait me dire que je travaille pour un système. Mais les systèmes ne sont pas tous mauvais; il y en a que je trouve intéressants (Belgique).

Le psychosociologue, selon moi, c'est d'abord quelqu'un qui est au service d'un client, quel que soit ce client: ça peut être un syndicat, ça peut être un patron. Il s'agit d'apporter à ce client un service technique, comme un ingénieur-conseil, sans prêter attention à l'idéologie du demandeur. (...) Je peux accepter ou refuser tel ou tel client. Mais, si j'accepte, je ne vais pas détourner la demande; je vais faire un travail honnête, ou du moins ce que je considère comme tel; c'est-à-dire que je vais aider l'organisation, quelle qu'elle soit, dans la mesure de mes possibilités, à atteindre ses objectifs. Je ne ferai pas du suicide: je n'ai pas de tendances suicidaires (Québec).

Ce souci de respecter intégralement la demande n'apparaît pas à tous comme un absolu: pourquoi n'essaierait-on pas de dégager les désirs profonds qui se cachent derrière l'alibi d'une demande superficielle? pourquoi ne rejoindrait-on pas la complexité des problèmes organisationnels, même si la demande primitive ne s'attachait qu'aux problèmes individuels? pourquoi ne partirait-on pas d'une demande de formation pour dévoiler les manques qu'elle révèle et pour infléchir l'intervention en une recherche sur l'institution? ... Ceux qui se refusent à entrer dans une telle argumentation se justifient en expliquant que l'acceptation littérale de la demande ne les empêche pas de garder à l'esprit une perspective plus large, un désir d'approfondissement; mais ils ne sauraient imposer leur préoccupation au client si celui-ci ne l'assume pas en pleine liberté ou s'il n'y a pas renégociation du contrat. De plus, ils ajoutent que leur but premier ne consiste pas forcément en un résultat tangible, en un changement des comportements ou en une modification des structures. Ils ne veulent que déposer un germe, susciter un appétit, faire réfléchir, apporter des éléments de formation. L'évolution ultérieure serait l'affaire des membres du groupe; elle échapperait à la responsabilité de l'animateur.

### *4. Le lien entre le politique et l'affectif*

Comment concilier, au sein du groupe, le travail psycho-émotionnel et le travail socio-politique? Il y a là une préoccupation majeure pour de nombreux psychosociologues. Les spécialistes de la psychothérapie et de la dimension affective ne tiennent pas à s'enfermer dans «des pratiques psychologiques un peu maternantes qui n'aideraient pas les gens à agir sur l'environnement» (France). Ceux qui interviennent dans les organisations ou qui gardent le souci de militer, dans l'exercice même de leur profession, pour une transformation des institutions trouveraient «simplistes et autoritaires des pratiques qui ne tiendraient pas compte du vécu des personnes, de leurs conflits» (France).

La recherche d'harmonie entre les deux orientations est malaisée; c'est un peu comme si l'on voulait faire cohabiter le jour et la nuit, le chaud et le froid:

> Habituellement, quand on aborde les dimensions politiques, ça devient froid, ça devient rationnel, ça devient stratégique. Et quand on aborde les autres dimensions, ça devient émotif, individuel, psychologique (Québec).

Tel animateur, insistant sur l'aspect antinomique des deux réalités, pense qu'il est dans la nature des choses que le contact entre elles soit explosif. Tel autre conclut qu'il ne peut exister qu'une juxtaposition, une succession dans le temps, et qu'il faut renoncer à tout rêve de présence simultanée ou de symbiose:

> Lorsque je suis en train, en bio-énergie, d'essayer de repérer les noeuds de mon corps, pour savoir dans quelle mesure ces noeuds sont révélateurs de certains empêchements, de certains blocages, de certaines dispositions, il est bien évident que je ne suis pas en train de faire de l'analyse institutionnelle. Je me hérisse quand on mélange tout (Belgique).

Il est vrai que jusqu'à présent les essais de conciliation ou d'unification se sont souvent soldés par des échecs, et qu'il en est parfois résulté une impression de scepticisme, sinon un réel pessimisme:

> J'ai constaté que les deux aspects restaient toujours séparés, que dans des institutions militantes ou politisées on employait le groupe comme une technique de formation ou comme un moyen de mieux connaître ses motivations, mais qu'on ne pouvait pas en même temps se situer directement au niveau politique. Or mon idéal à moi, ce serait de trouver dans le politique tout ce qu'il y a d'affectif, et dans l'affectif tout ce qu'il y a de politique; et à ce moment-là, il faudrait que les deux instances ne se superposent pas, mais qu'elles s'interpénètrent dans la même activité. (...) Souvent le psychologique est présent, mais on a l'impression qu'il ne sert qu'à arriver au social; c'est une démarche qui me semble insuffisamment centrée sur l'affectif, dans ce que l'affectif aurait lui-même de politique et de révolutionnaire. (...) Mon

espoir actuellement, ce serait de dépasser l'antagonisme qui semble exister entre les deux: par exemple, en ce qui me concerne, dans ma vie de tous les jours, je souhaiterais trouver l'unité entre ma vie familiale, qui est surtout affective, et ma vie professionnelle, qui, en schématisant, est plutôt politique (encore qu'il y ait beaucoup de politique dans ma vie familiale, et beaucoup d'affectif dans ma vie professionnelle); ce serait très important parce que ça n'existe pas, et d'une certaine façon je suis comme éclaté (Belgique).

## B. L'efficacité socio-politique: réalité ou illusion?

### *1. Des accusations contradictoires*

Le lien difficile entre les schèmes socio-politiques et le monde des émotions n'est pas le seul problème que doit affronter la psychosociologie lorsqu'elle s'aventure sur le terrain de l'environnement collectif et des structures globales. On s'est demandé si elle ne peut que se contenter, en ce domaine, d'analyses critiques et de suggestions théoriques, ou bien si elle a à proposer des réalisations concrètes, un modèle-type, une image de société. On s'est posé des questions sur les soubassements doctrinaux des interrogations qu'elle soulève: a-t-elle fait le choix d'une orientation déterminée? est-elle, par nature ou par option, au service d'une école bien définie?

Parce qu'il est toujours tentant de catégoriser, on a cherché à l'étiqueter, à lui attribuer à tout prix une appartenance précise dans le monde politique. On a accumulé (presque jusqu'à l'outrance) les alternatives : conservatrice ou révolutionnaire? réformatrice ou progressiste? de droite ou de gauche? indécise ou militante? capitaliste ou socialisante? au service des revendications ouvrières ou instrument du pouvoir patronal? centriste ou communiste? autoritaire ou anarchiste? fascisante ou gauchiste? Les qualificatifs les plus opposés ont été lancés, soit comme des injures, soit pour une approbation sans réserve. Les classifications les plus hétéroclites ont été proposées: nous en avions déjà fait la constatation dans la première partie de notre recherche[146]. Sur ce point, nos rencontres avec les vingt-neuf spécialistes n'ont pas apporté d'éléments fondamentalement nouveaux: comme dans les livres et revues que nous avions consultés, nous retrouvons dans les entretiens des prises de position tranchées et des reproches contradictoires. Il ne sera donc pas nécessaire que nous reprenions dans le détail tous ces éléments. Nous nous contenterons de résumer les principaux arguments, en ne retenant au passage que quelques témoignages qui frappent par leur originalité ou par une plus grande conviction.

Plusieurs psychosociologues tiennent à protester contre le sectarisme abusif des classements arbitraires. Ils reconnaissent que la psychosociologie adopte parfois des positions extrêmes, qui pourraient être qualifiées ou de subsersives ou de réactionnaires; mais ils nient que ce soit en vertu de postulats ou d'une systématisation automatique. Il y a, selon eux, une liberté absolue de choix. Les divergences concrètes trouvent leur source, non pas dans la rigidité intangible d'une doctrine, mais dans la souplesse des méthodes, dans la variété des contextes, dans l'imprécision des besoins, dans la diversité d'évolution des individus:

Un grand nombre de pratiques psychosociologiques se situent dans une espèce de terrain difficile à préciser. Ce qu'on y fait pourrait passer pour un réencadrement libéral, parce que, par exemple, la société libérale, américaine ou giscardienne, a grand besoin de «jeunes loups» qui soient affranchis sexuellement, qui ne soient pas bourrés de complexes par la religion, qui puissent créer librement avec d'autres, etc. Et en même temps, ça peut conduire à une demande de levée des censures sociales, qui rejoint ce que les gauchistes appellent les nouveaux terrains de lutte: le sexe, le corps, le non-verbal, la critique de l'intelligence classique. Alors, ça n'est plus de la récupération libérale; ça devient de la revendication libertaire (France).

Peu à peu, chacun de nous a vu son schéma valoriel se complexifier, de sorte qu'on n'a pas abouti nécessairement aux mêmes conclusions. Certains de mes anciens collègues se situent maintenant aux antipodes de ce que je suis, moi, au plan des valeurs. Il y en a qui sont devenus marxistes, alors que je me situe dans une option encore plus capitaliste qu'au départ. Pourtant, au début, on se pensait tous sociaux-démocrates! (Québec).

La prétendue indépendance théorique et le non-engagement officiel de la discipline des groupes sont évidemment contestés et dénoncés. On y voit une soumission devant le fait accompli, une acceptation de l'intolérable, et donc une lâcheté. Mais, en même temps, on ne croit pas à la réalité et à l'authenticité de cette «neutralité socio-politique». Choisir de mettre l'accent uniquement sur les problèmes de caractère, ce serait équivalemment faire un choix qui aurait déjà, en soi, une signification politique. Ce serait couper les gens d'une ouverture sur la société, et ce serait les rendre plus «exploitables» parce que moins «solidaires». Ce serait laisser le champ libre à la récupération commerciale des techniques et au danger de «psycho-manipulation». Ce serait refuser d'ouvrir les yeux sur le problème de l'insertion actuelle des psychosociologues et des méthodes de groupe dans le système socio-politique ambiant. Ce serait, dit-on, opter pour «des valeurs de droite»:

Je pense aux valeurs véhiculées par les méthodes qui sont centrées sur le développement personnel et sur la responsabilité de l'individu. La fameuse «prière de la Gestalt» est très caractéristique, à ce niveau-là[147]. Chacun est responsable pour lui, sans être nécessairement en rapport avec les autres. Ce qui fait que, dans des sessions de ce genre, le moniteur va décourager les interactions. Il ne tient pas à entrer dans un processus de groupe. Pour lui, ce qui est important, c'est la croissance de chacun des individus, même si ça se passe en groupe ... Pour moi, ça rejoint des valeurs qui se situent plutôt à droite (Québec).

On explique de cette façon l'abandon progressif de l'I.F.G., au Québec, par la partie la plus «politisée» de sa clientèle:

Au début, les responsables d'associations, les syndicalistes, les dirigeants de groupes allaient à ces sessions. C'était là qu'ils trouvaient leur formation. Mais ensuite, ce qu'on leur a offert ne les a plus intéressés; ils étaient beaucoup plus axés sur une action politique, sur une analyse de type marxiste. Ils ne voulaient plus de notre philosophie qui recherche l'entente, la conciliation, qui veut aider les gens à se comprendre, qui craint une confrontation trop forte. On a perdu la partie la plus «avant-gardiste» de notre clientèle. On s'est fait dépasser sur notre gauche (Québec).

Une autre façon pour les spécialistes des groupes de se situer dans une ligne politique de droite, c'est d'entrer dans le jeu de la société de consommation, c'est de se mettre au seul service des intérêts économiques, c'est d'accorder une prééminence absolue à la productivité et au «taylorisme». Cet argument revient très souvent dans les attaques contre le courant du développement organisationnel, auquel il est reproché (surtout en Europe) de donner priorité aux problèmes technologiques plutôt qu'aux relations humaines, de ne songer qu'au développement de l'organisation en oubliant le développement des personnes.

Mais, là encore, des généralisations trop absolues auraient un côté injuste. Nos entretiens ont apporté la preuve qu'il existe aussi des psychosociologues spécialisés dans le développement organisationnel qui affirment travailler dans une perspective politique dite «de gauche»:

Je voudrais aider les gens à remettre en cause, de façon réelle et substantielle, l'organisation du travail, à ébranler un peu plus le modèle taylorien. (...) Ce qui me guide, c'est de donner aux gens la possibilité d'être responsables ... On avance peu à peu: il y a dix ans, dans le contexte socio-politique de l'Amérique du Nord, c'était osé mais acceptable de parler de participation; et maintenant c'est osé mais acceptable de parler d'auto-gestion ... J'essaie d'ébranler les bureaucraties: par exemple à propos des nominations de chefs; je crois fondamentalement que le pouvoir doit venir des gens qui sont servis par ce pouvoir-là, plutôt que de venir d'une force extérieure (Québec).

Des positions de ce genre ne sont pas faites pour plaire à un certain nombre d'entreprises, dans lesquelles on a pu, à une époque, faire appel à une forme très classique de travail de groupe, mais où la direction craint maintenant d'avoir à faire face à des remises en cause fondamentales qui seraient, selon elle, inopportunes et dangereuses:

Même la dynamique de groupe est quelque chose qui fait peur. On a vu dans les entreprises que ça pouvait produire des effets un peu bouleversants. Alors, il y a eu un reflux, un blocage. Ce qu'on accepte encore, c'est une psychosociologie très technologique, du type conduite de réunions, séminaires sur l'autorité, sur les techniques de négociation ou d'entretien. Mais dès qu'on aborde des choses centrées sur le groupe, où il n'y a plus un thème imposé, on a peur que la dynamique de groupe fasse émerger la parole, notamment la parole instituante: l'organisation est, par nature, hostile à toute forme de parole instituante (France).

A plus forte raison, il n'est pas surprenant que les entreprises manifestent la plus grande réticence à l'égard de pratiques comme la socianalyse, qui a pour objectif avoué la mise en crise de l'institution[148], ou à l'égard de la sociopsychanalyse, qui n'a sans doute pas comme projet direct, à court terme, un projet de changement social, mais qui cherche à comprendre pourquoi les rapports sociaux sont bloqués dans le micro-monde qu'est l'institution, et comment on pourrait envisager d'autres rapports sociaux entre «classes institutionnelles», notamment dans la perspective d'une prise de conscience qui soit de l'ordre du pouvoir collectif[149].

Quant aux groupes qui se réunissent et qui évoluent dans la ligne préconisée par les tenants de l'anti-psychiatrie, ils ne cachent pas que, dans leur démarche, la contestation politique est inséparable de la visée thérapeutique:

On ne peut pas «soigner» tous ces gens comme s'ils étaient tous et chacun individuellement malades et responsables de leur maladie. (...) Nous croyons que les personnes qui vivent des situation de crise, que ce soit au niveau de la famille, d'un refus d'emploi ou du chômage, que toutes ces personnes doivent se regrouper entre elles, voir ce qu'elles ont en commun, voir que l'aliénation n'est pas qu'individuelle, qu'elle est également sociale. (...) Les gens doivent eux-mêmes devenir conscients, mais pas seulement conscients de leurs problèmes intra-psychiques: conscients également des problèmes sociaux et de l'oppression politique. Je crois qu'il faut mener les deux approches d'une façon intégrée (Québec).

## 2. *Expression corporelle et politique*

Les nouvelles méthodes, du type expression corporelle, analyse bio-énergétique, gestalt-thérapie, sont jugées parfois comme spécialement efficaces pour conduire à une prise en charge des problèmes politiques et sociaux. Cela pourrait sembler paradoxal; mais après tout, n'est-ce pas là le thème même que développait Reich dans la partie européenne de son oeuvre, lorsqu'il affirmait que la répression des pulsions primaires, biologiques, constituait le fondement social de la domination idéologique des masses par la famille autoritaire, par le mysticisme et par le fascisme[150]?

On se dit convaincu, en tout cas, que ces méthodes ne font pas fi des relations entre l'individu et l'environnement et qu'elles peuvent contribuer utilement à la lutte contre les aspects pathogènes de l'organisation sociale:

Je suis très favorable au non-verbal, s'il est utilisé non pas pour lui-même, mais sous l'égide du politique, de l'analyse politique, de l'analyse sociale. (...) Il faut qu'il soit réinséré, réinterprété dans un sens politique; par exemple, en se demandant: comment est-ce que, ici et maintenant, le politique est présent, tout en étant non-dit? (France).

Redécouvrir son corps, c'est redécouvrir la vie d'une façon créatrice. C'est modifier tout le rapport avec la nature: des gestes aussi simples que se raser ou se laver deviennent les lieux d'une action où l'on se crée, où l'on découvre la vie (...) Mais l'action aveugle ne suffit pas; pour mobiliser l'énergie, il faut aussi une réflexion, un approfondissement. Il est nécessaire de sortir de la passivité, de faire quelque chose; mais il est tout aussi important que les gens sachent quoi faire, comment agir. Il ne suffit pas de désamorcer l'hostilité. En rejoignant l'énergie créatrice des êtres, on va aider les gens à voir que notre civilisation est psychotisante, à découvrir tout ce qu'il y a de pathologique dans notre société centrée sur l'argent et les biens matériels; on va les aider à reconnaître que l'essentiel c'est que le désir, dans son cheminement, aille vers la relation, vers l'acte d'être avec, de faire avec (Québec).

Pourtant plusieurs psychosociologues émettent des doutes sur la possibilité d'une ouverture aux préoccupations socio-politiques à partir des méthodes d'expression corporelle. Ils craignent plutôt que ces méthodes accentuent le morcellement entre le politique et l'affectif:

Si vous faites une session en développement sensoriel, en expression corporelle, en bio-énergie, vous n'entendrez pratiquement jamais évoquer une partie des problèmes des gens qui sont reliés à leurs fonctions sociales. Dans ces sessions, on est beaucoup plus centré sur des aspects de la vie qui sont plus gratuits, plus esthétiques. Il y a là un clivage très ferme entre la vie privée et la vie socio-économique (Québec).

C'est vrai que l'aliénation des individus est aussi dans leur corps... Mais ces réparations affectives, ces mieux-être que chacun tente d'acquérir ne répondent pas aux questions théoriques et pratiques fondamentales sur les sociétés actuelles, sur leur devenir, sur leurs transformations, sur les modes de production, etc. On peut bien faire de la bio-énergie: ça ne changera pas la réalité du capitalisme d'Etat! (France).

Les nouvelles méthodes ne permettraient donc pas d'avancer dans la compréhension des rapports sociaux. Certains pensent même qu'elles pourraient être, sur ce point, facteur de régression. Elles accroîtraient la résistance au changement; elles démobiliseraient le désir d'action politique:

Qu'est-ce que ça signifie qu'on fasse systématiquement de la relaxation, du yoga, des trucs comme ça? Est-ce que ça n'est pas une fuite des difficultés et des tensions de la vie quotidienne? ... A l'heure actuelle, on voit se développer des pratiques où, effectivement, des choses comme le potentiel humain, la bio-énergie, sont très recherchées dans les entreprises, parce qu'on ne touche à aucun problème d'autorité, à aucun problème de pouvoir. On entre là dans une forme de manipulation sociale (France).

Je trouve que c'est de l'illusion politique, au sens où ce n'est, à aucun degré, ni une analyse ni une expérimentation d'une pratique sociale. Ça ne change rien, ni sur le plan de l'analyse ni sur le plan de l'action, aux rapports d'autorité, au rapport à l'argent, au rapport à l'organisation, aux rapports aux normes sociales. Non seulement ça ne change rien; mais ça a plutôt tendance, à mon avis, à renforcer, ou enfin à reproduire (France).

Le comportement même d'un bon nombre de spécialistes des nouveaux groupes confirmerait, dit-on, qu'on ne peut fonder sur leurs méthodes aucun espoir sérieux de modifications réalistes des conditions socio-politiques:

Les deux tiers des gestaltistes et des bio-énergéticiens que je connais se moquent éperdument des questions de fonctionnement quotidien d'organisations complexes, et à plus forte raison de la société globale, si ce n'est pour prendre une attitude critique qui pourrait ressembler à une certaine forme d'utopisme. Ce qu'on peut attendre d'eux serait beaucoup plus proche de la contre-culture que des institutions classiques de la psychologie universelle. Ce serait plutôt la tentation de la «commune», la volonté de créer un jeu social complètement marginal: comme s'ils désespéraient un peu de tirer quoi que ce soit de la société telle qu'elle est, ou de pouvoir l'améliorer de façon purement réformatrice, ou même d'arriver à la transformer dans une optique révolutionnaire ou radicale (Québec)[151].

### 3. *Pour une vision plus réaliste*

Finalement, les doutes semblent plus grands que les certitudes en ce qui concerne les perspectives d'efficacité de la psychosociologie dans le domaine socio-politique. Pourtant, dans la plupart des cas, ce n'est pas la possibilité théorique d'une action efficace qui est mise en cause; mais on a l'impression de se trouver en face d'une impossibilité pratique. Le travail de groupe aurait, en principe, la capacité de s'insérer utilement dans la dynamique d'une action de transformation de la société; mais, dans la réalité, les faits obligent fréquemment à dresser un constat d'impuissance.

Ainsi, il est question des sessions de formation pour éducateurs, qui suscitent d'abord l'enthousiasme, mais qui, après coup, font naître beaucoup d'amertume parce que la direction des établissements s'oppose à toute mise en application, dans la vie quotidienne, de ce qui a été découvert dans l'expérience de groupe. Il est fait allusion aux entreprises où l'on se donne bonne conscience en faisant appel aux animateurs de groupe pour apaiser les mécontentements, mais où il ne saurait être envisagé de procéder au moindre changement structurel d'importance:

> C'est de la «poudre de perlimpinpin». On saupoudre tout ça d'un peu de relationnel. Mais il y a interdiction d'entrer réellement dans les problèmes conflictuels vrais qui se posent à l'intérieur de l'entreprise (France).

On parle aussi du choc en retour qui se produit parfois après une intervention psychosociologique apparemment couronnée de succès: on dirait que les forces d'inertie, bousculées de façon trop vigoureuse, prennent leur revanche en rétablissant la situation antérieure avec une rigidité encore accrue. On se demande, non sans inquiétude, si la psychosociologie ne fait pas preuve d'un certain manque de lucidité dans le choix de ses lieux d'intervention, dans la mesure où, souvent, elle ne s'attaque qu'à des tâches secondaires ou à des objectifs qui ne présentent pas trop de difficultés; on préférerait qu'elle vise en priorité des «cibles-clés», où son action serait plus significative et pourrait obtenir un plus grand retentissement. Peut-être est-ce une inquiétude de ce genre, assez grave en son fond, qui se cache derrière le ton un peu badin et gavroche du commentaire suivant, destiné aux socianalystes et aux théoriciens de l'analyse institutionnelle:

Moi, je leur dis: «Les gars, c'est très beau, vos trucs. Bon! moi, je vous comprends. Je suis même d'accord, sous un certain angle. Mais quand vous aurez fait votre cinéma ..., au lieu de le faire dans l'Eglise qui est en pleine décomposition[152], au lieu de le faire dans l'Université qui est dans un état de délabrement notoire, ou dans des associations à but non lucratif, quand vous aurez fait ça chez Renault, ou chez Citroën, ou chez Honeywell-Bull, à ce moment-là ça deviendra intéressant!» (France)[153].

En attendant, des illusions s'envolent; des espoirs exagérés s'amenuisent. Une vision plus réaliste des choses s'installe, qui fait que l'on tolère mieux les imperfections et les limites du présent, et que l'on a un regard plus lucide sur les conditions à remplir pour un avenir différent:

J'ai pu croire, à un moment, que le groupe et le marxisme, ensemble, changeraient plus efficacement la société que le marxisme seul, ou que le groupe seul. Je pensais que l'alliance des deux (d'un côté les techniques de groupe, ou l'évolution personnelle par le groupe, qui est en même temps démarche individuelle et sociale, et de l'autre côté les théories marxistes de changement social, en plus des théories économiques), ça pourrait amener une société plus juste, plus équitable. A ce niveau-là, j'ai perdu pas mal d'illusions. Je crois encore que le groupe peut, dans certaines circonstances, apporter beaucoup de choses; mais ce n'est certainement pas au même niveau que le marxisme ou la lutte des classes, qui sont, d'après moi, des outils bien plus puissants que le groupe pour l'évolution sociale (Belgique).

Il faudrait une transformation complète des structures sociales pour qu'un travail de ce genre puisse se développer ... Ça suppose un gros changement de mentalité; et, avec les structures actuelles, je ne crois pas que ce changement de mentalité puisse s'effectuer autrement qu'en milieu clos. C'est pour ça que je dis que notre expérience ne peut pas avoir une très grande diffusion sociale (Québec).

# Chapitre IX
# Vers quel avenir ?

Aux premières pages de notre étude, dans l'introduction, nous disions notre désir de chercher à percevoir plus clairement quelles pourraient être les implications futures des difficultés que traverse actuellement la psychosociologie. Nous nous interrogions sur l'avenir de la pratique des groupes et sur la situation future des psychosociologues.

Ensuite, dans le cours de notre recherche, nous avons évoqué à plusieurs reprises les orientations divergentes que les animateurs de groupes semblaient envisager lorsqu'ils traitaient de leur devenir personnel ou de l'évolution prévisible de leur discipline. Il y avait de l'incertitude, de la déception, et parfois du découragement. On trouvait aussi de l'optimisme, un sentiment de sécurité, une confiance tranquille qui n'excluait pas un effort de lucidité.

Il n'est pas facile de regrouper ici en quelques pages ces positions différentes, pour dégager avec précision la pensée des psychosociologues concernant l'avenir. Un essai de synthèse trop insistant aboutirait, sous prétexte d'unification, à un amalgame confus, plutôt qu'à un assemblage cohérent. Par ailleurs, les spécialistes que nous avons rencontrés ne se sentaient évidemment pas la compétence d'une voyante extra-lucide qui déchiffrerait l'avenir avec assurance dans le marc de café ou dans sa boule de cristal. L'auteur de la présente recherche ne prétend pas, lui non plus, à une compétence de ce genre; il ne pourra donc, dans ce dernier chapitre, que rassembler et rapprocher quelques-unes des principales affirmations, celles qui sont répétées avec le plus de fréquence, et qui semblent indiquer des lignes de force essentielles. Il s'en dégage, semble-t-il, un espoir réel dans la possibilité d'une survie, et même d'un progrès, de la psychosociologie; mais, en même temps, on pressent que l'évolution va se poursuivre ou s'accélérer, et que la psychosociologie de demain sera très différente de celle d'aujourd'hui...

Est-il besoin de souligner que ce ne sont pas là des certitudes? Le lecteur devra plutôt considérer qu'il s'agit d'hypothèses. Il ne devra pas, non plus, perdre de vue la possibilité qu'en s'exprimant sur un ton d'espérance, certains de nos interlocuteurs aient peut-être voulu inconsciemment, comme nous l'avons déjà suggéré[154], se rassurer eux-mêmes en minimisant la gravité de la crise et en proclamant leur foi dans «des lendemains qui chantent».

## A. Un avenir? ... oui

### *1. Une minorité de pessimistes*

On trouve, nous y avons fait allusion[155], quelques pessimistes qui sont tentés d'abandonner, de se reconvertir dans un autre secteur d'activité professionnelle. Ils ont mal accepté que les attentes qu'ils fondaient sur l'utilité du travail de groupe aient été déçues. La minceur des résultats les a frustrés. Ou bien ils se sont sentis écartelés parce que les compromissions idéologiques ou politiques qui leur étaient imposées heurtaient de plein fouet leurs convictions personnelles.

Certains seraient portés à se décourager, fatigués de percevoir une hostilité perpétuelle aux méthodes et aux idées qui leur sont chères, usés par la résistance continuelle qu'ils rencontrent, écœurés par l'opposition trop systématique que soulèverait, selon eux, la psychosociologie:

> Un certain nombre de focalisations négatives se sont faites sur la psychosociologie. (...) A un moment donné, c'est la psychanalyse qui a joué ce rôle de bouc émissaire. Maintenant, c'est la psychosociologie, parce que, dans la mesure où elle intervient, elle se fait remarquer, évidemment; elle trouve des résistances, à droite ou à gauche; elle développe des inquiétudes en face d'elle. Donc elle rencontre des ennemis (France).

Mais on a nettement l'impression que les pessimistes convaincus ne sont qu'une minorité. La plupart des psychosociologues, même s'ils accumulent les doléances au sujet de la «crise» et même s'ils en détaillent les causes avec une abondance qui pourrait parfois faire penser à un soupçon de complaisance morbide, n'en trouvent pas moins des raisons pour rester confiants.

### *2. «Continuons le combat!»*

Beaucoup se sentiraient assez à l'aise dans une position qui a déjà été formulée par écrit dans des livres ou des revues, et qui pourrait se résumer ainsi, en simplifiant: «Ça ne va pas bien, mais on continue, parce qu'on a encore l'espoir que ça pourrait s'arranger».

A ce propos, l'exemple de Max Pagès est caractéristique. Lors du VI^e Congrès International des Sciences de l'Education (1974), il avait présenté son «cas de conscience» dans les termes suivants:

Si un jour je suis convaincu qu'en agissant de cette façon je ne suis qu'un agent du système existant, alors, soit je deviens consciemment un agent du système existant, soit je cesse d'être psychosociologue. Mais, tant que j'ai l'espoir que cela n'est pas entièrement inutile, je favorise les échanges entre les gens; tant que j'ai l'espoir que ces échanges n'éliminent pas la possibilité d'agir, je continue (p. 133).

En 1977, dans son volume *Le travail amoureux* (qui porte un sous-titre évocateur: *Eloge de l'incertitude*), il a parlé à nouveau de ses hésitations:

Je suis convaincu depuis quelques années de la nécessité de réviser mes thèses sur le changement social. J'oscille entre la tentation de les conserver, en vertu du poids des habitudes mentales et sociales, le désir d'envoyer la psychosociologie par dessus bord, en m'alignant sur les critiques qui lui sont faites par l'extrême-gauche, et en allant dans le sens d'une révolution par le désir, et l'intuition qu'il convient de les changer tout en les conservant, et qu'il est un noyau spécifique de la psychosociologie qu'il convient de préserver (p. 99).

Ce sont les mêmes hésitations qu'Ardoino évoquait en 1975 au sujet du rôle du psychosociologue industriel. Se référant au cas de conscience (dont nous avons parlé il y a un instant) que Pagès avait exposé quelques mois auparavant, il écrivait:

Encore faut-il que l'interrogation ne soit pas esquivée (...). Comme le souligne très bien Pagès, nous devons assumer ces contradictions qui nous sont propres, proches parentes au demeurant de celles de nos clients, pour essayer de limiter notre compétence à être dupe (1975d, p. IX).

Un bon nombre des psychosociologues que nous avons interviewés se posent, eux aussi, des interrogations de ce genre. Ils ne nient pas la crise; ils ne refusent pas de regarder en face les problèmes multiples qu'elle soulève; ils ne sont pas sûrs d'avoir réponse à toutes les difficultés. Mais ils ont décidé de rester, persuadés que si la solution choisie a ses insuffisances elle est cependant «vivable», et qu'un départ présenterait encore beaucoup plus d'inconvénients:

On est vraiment assis entre deux chaises. C'est la fin de la psychosociologie telle qu'on l'a pratiquée jusqu'à présent. Et c'est le début d'une ère nouvelle, dont on ne connaît pas très bien les tenants et aboutissants (Québec).

Peut-être qu'il y a éclatement! peut-être qu'il y a crise! Mais on n'est pas sûr que ce soit un échec. Un éclatement, ça pourrait aussi être quelque chose qui se transforme, sans disparaître; ça pourrait être la naissance d'autre chose (France).

### *3. Des raisons d'optimisme*

Le chapitre VII, sur les contraintes idéologiques, a déjà mis en évidence des aspects positifs qui peuvent être considérés comme des «pistes d'espoir»[156]. Ce ne sont pas les seuls motifs d'optimisme. En survolant tout le champ d'action de la psychosociologie, on en découvre d'autres, qui permettent de prononcer sans complexe des affirmations de confiance globale:

Je ne crois pas du tout que la psychosociologie va disparaître. Je pense qu'elle sortira de cette crise beaucoup plus forte. (...) A mon avis, l'avenir de la psychosociologie est immense (France).

Il n'y a rien qui s'oppose au développement de la psychosociologie, me semble-t-il, sauf peut-être des problèmes financiers. (...) En tout cas, moi, je peux affirmer que je ne me sens pas mal à l'aise en tant que psychosociologue (Belgique).

L'apport des nouvelles méthodes d'expression corporelle est souligné, en particulier, comme un élément certain d'enrichissement futur, dans la mesure où l'on ne sera pas attiré seulement par leur côté spectaculaire:

La psychosociologie va récupérer la dimension corporelle; ça va entrer dans son corpus. Dans quelques années, elle va inclure systématiquement les techniques corporelles dans son processus de formation, que ce soit à l'Université ou ailleurs (Québec).

Intégrées aux techniques de groupe plus anciennes, ces méthodes rendront la psychosociologie plus apte à intervenir dans la réalité sociale:

Je suis persuadé qu'on arrivera à une intégration de ces techniques de potentiel humain. Et en même temps, on reconnaîtra à nouveau l'importance du verbal (je ne dis pas la priorité du verbal, mais son importance). A ce moment-là, avec tous ces éléments intégrés, on sera beaucoup mieux armé pour aborder tous les terrains classiques de l'intervention psychosociologique, y compris les interventions dans les entreprises ou dans les institutions, ou les groupes qui sont davantage centrés sur des tâches (France).

Comment pourrait-on douter que la psychosociologie ait encore sa place?

Dès lors qu'elle s'occupe de problèmes de relations, de problèmes de fonctionnement des groupes et des institutions, elle a forcément un rôle à jouer dans la société actuelle (Belgique).

Si elle s'intéresse à la vie des gens, à tout ce qui fait leur vie, elle gardera sa raison d'être. Mais elle ne devrait se limiter ni au verbal seul, ni au corps seul, ni aux seuls problèmes d'autorité au sein du groupe: opter pour une problématique restreinte serait s'enfermer et s'appauvrir ... Pourtant, personne ne croit sérieusement que le groupe puisse être un «fourre-tout» où se règleraient tous les problèmes de vie des individus; personne n'affirme que l'animateur doive être un homme-orchestre possédant toutes les compétences. Est-ce contradictoire? on n'exclut pas la spécialisation, mais on tient à l'ouverture. C'est, en tout cas, une perspective qui ne manque pas d'ambition:

Pour moi, la psychosociologie ce serait un lieu où pourraient être travaillés les différents types de conflits et de contradictions que les gens rencontrent. (...) Ce que je voudrais, c'est faire une analyse très concrète avec des groupes qui ont déjà une certaine existence sociologique, et travailler avec eux pour élargir les prises de conscience dans un certain nombre de domaines, et mettre tout cela en rapport: leur rapport à l'argent, leur rapport au pouvoir, leur rapport à l'organisation, leur rapport au sexe, etc. Cela dit, c'est un programme; il reste à le réaliser! (France).

## B. Un avenir différent

### *1. Demain sera plus beau*

De l'ambition, oui! Les spécialistes des groupes continuent à en avoir ... Certains ne se contentent pas d'affirmer qu'ils n'éprouvent aucune crainte au sujet d'un éventuel danger de disparition de leur discipline; ils proclament bien haut que l'avenir sera meilleur, que l'influence et la portée des groupes ne peuvent que se développer, que la psychosociologie est appelée à avoir une importance encore plus grande.

L'un d'eux appuie son analyse sur une appréciation personnelle de la relation entre le monde des sciences et la situation économico-politique au cours des dernières années:

Après le succès des groupes dans les années 1960-1966, il y a eu une résistance de plus en plus grande des milieux capitalistes, qui s'opposaient à ce que les problèmes des entreprises soient considérés sous l'angle de la psychologie. Au contraire, la jeunesse, elle, demandait cela de plus en plus. Puis il y a eu le *clash* de 1968, qui a entraîné ensuite, par réaction, une opposition encore plus forte, dans une ligne d'extrême-droite. Cela s'est répercuté dans les entreprises et les administrations jusqu'aux environs de 1974. Mais voilà qu'en 1973-1974 éclate la crise économique. Alors le contexte devient différent. Les gens ont cherché à comprendre ce qui se passait; il y a eu une sorte d'affolement. Les méthodes habituelles de représentation de la réalité ont été mises en accusation: par exemple, l'informatique a été critiquée; l'économie et l'économétrie ont été ridiculisées, parce qu'elles n'avaient pas su prévoir. Pourtant, on avait dit au sujet de ces sciences: «Celles-là au moins, elles sont sérieuses; elles ne sont pas psychologiques!». A partir du moment où elles se cassent la figure, on est bien obligé de se retourner vers les sciences humaines, et notamment vers la psychosociologie. Les sciences humaines avaient été dévalorisées entre 1968 et 1974; mais, par le fait même, elles n'ont pas été mises en cause dans la crise économique. C'est pour cela qu'à partir de 1975-1976 on voit plutôt le retour en force d'une préoccupation beaucoup plus vive pour les problèmes humains; et ça a bien des chances de continuer (France).

### 2. *Des chemins nouveaux*

Dans l'ensemble, on croit volontiers que l'évolution de la société va amener des responsabilités plus vastes pour les sciences humaines. Il sera fait appel plus souvent à la collaboration des psychologues, des sociologues, des psychosociologues:

> La sociologie aura à prendre contact avec la psychosociologie, pour réformer, remodeler ses méthodes d'intervention ... (afin) que tous les praticiens du social, ensemble, travaillent à ce que le groupe soit vraiment un groupe d'action. Pour moi, ça veut dire forcément: réintroduction dans la pratique sociale du champ symbolique, et notamment de l'imaginaire humain, et aussi réinsertion du psycho-affectif, réintégration de l'émotionnel (France).

Dans une société qui, pour survivre, aura à renoncer au mythe de la croissance illimitée de la consommation matérielle, et qui devra accorder la priorité à l'homme plutôt qu'aux biens, des voies nouvelles s'ouvriront du côté de la vie associative, des tâches collectives, des problèmes écologiques. Le souci de la qualité de vie au travail pourrait enfin l'emporter sur le souci du rendement. Des postes nouveaux devront être créés dans les activités de service, sociales et culturelles, plus encore que dans les activités commerciales et industrielles:

> Je crois que la psychosociologie va être amenée à se développer. De plus en plus, il va y avoir des problèmes de type politique qui vont se poser. Il va y avoir des comités de quartier; beaucoup de choses de ce genre-là vont se former. Tout cela va nécessiter des animateurs, mais des animateurs d'un type nouveau sans doute (Québec).
>
> Un jour, la psychosociologie s'occupera de l'animation de quartier, des problèmes des consommateurs, de tous ces problèmes et de tous ces groupes qui sont innombrables dans la vie sociale (France).
>
> Il y a un processus de socialisation des fonctions de psychosociologue, de psychologue, de psychiatre, de tous les travailleurs du «psy». C'est une socialisation qui est urgente à faire, et qui se fait actuellement; ça pose des questions assez importantes à la psychosociologie (Québec).

### 3. *Des rapprochements qui s'imposent*

Cette perspective de «socialisation», et corollairement de politisation, ne fait pas peur. Il semble acquis qu'elle ne se traduira pas par un retour au «parolisme» ou à l'intellectualisation. Plus que jamais, la liaison entre la dimension affective et la dimension politique, dont nous avons déjà souligné la difficulté[157], s'imposera comme une nécessité:

> Il s'agira d'inventer une approche qui pourrait ne pas laisser de côté le social, la conscience socio-politique, et qui pourrait ne pas négliger non plus le bien-être individuel (Québec).

La recherche en cours à ce sujet ne peut pas être abandonnée. Les insuccès et les impasses de l'heure présente ne dureront pas toujours:

On n'y arrivera peut-être pas parfaitement. Mais il sera certainement possible d'assembler une bonne partie des morceaux du puzzle: il sera possible de développer le potentiel humain à partir du groupe, il sera possible d'améliorer la vie en groupe à l'aide des techniques de groupe, il sera possible d'avoir un impact institutionnel et politique (Belgique).

C'est à cette condition que la psychosociologie de demain apportera une contribution utile pour «une société à la mesure de l'homme»:

Ce qui serait vraiment intéressant, ce serait que la nouvelle psychosociologie se lance dans une recherche obtinée du lien, et même d'une certaine osmose, entre d'une part l'émotionnel et le psycho-affectif, et d'autre part le champ économique et sociologique (France).

Si on ne veut pas rester dans les schémas actuels qui paraissent sclérosés, il faudra trouver le moyen d'aborder l'analyse des institutions ou des rapports entre les individus et les institutions, en particulier les problèmes d'autorité, à travers d'autres modèles, dans lesquels une dimension plus totale de la personne sera impliquée dans l'analyse des rôles. Ça passera sûrement par une nouvelle façon de faire intervenir les dimensions affectives et sexuelles (France).

### *4. Autre chose, autrement*

L'espérance ne fait donc pas défaut. Encore faut-il qu'elle ne soit pas une projection fantasmatique de rêves ou d'illusions, et qu'elle ne se nourrisse pas seulement de mots. Elle exige, pour ne pas apparaître comme déraisonnable, une vision aussi lucide que possible des conditions qui devront être remplies pour que le développement à venir de la psychosociologie soit assuré. Ainsi, les Québécois évoquent la nécessité de sauvegarder les valeurs qui leur sont propres:

On pourrait devenir une espèce de «succursale sucrée» des Etats-Unis... Il va falloir qu'on se retrousse les manches pour trouver nos modèles à nous, qui ne seront pas ceux des Américains ou des Européens (Québec: thérapie).

Un Français insiste sur le caractère indispensable du maintien d'un système démocratique qui soit garant des libertés individuelles et collectives:

Notre pratique ne pourra continuer que si on n'est pas dans un régime totalitaire, que si on ne se trouve pas sous des menaces de pressions telles qu'il y a des peurs qui empêchent toute analyse. Les organismes qui font appel à nous ne sont pas ceux dont la position est la plus tragique; ce sont ceux qui ont encore la possibilité de réfléchir sur leur devenir, et qui sont motivés pour le faire. Alors, si ces gens-là disparaissaient sous la pression des événements, ou sous une certaine répression politique, effectivement la pratique psychosociologique deviendrait difficile. Par exemple, j'ai fait une intervention d'une semaine dans une entreprise très importante d'un pays d'Afrique; je me suis promis de ne plus y remettre les pieds; les responsables du personnel étaient aussi des indicateurs au service du régime... Notre développement est donc lié aux conditions socio-politiques (France: interventions en entreprises).

Il est nécessaire également que l'espérance ne se contente pas de spéculations futuristes, mais qu'elle s'incarne et s'alimente dès maintenant dans des essais, des tentatives, qui prépareront les réalisations de demain, même s'il ne s'agit pour l'instant que d'ébauches tâtonnantes. C'est peut-être dans ce sens qu'il faut interpréter le projet que lançait Max Pagès en 1975 d'une sorte de «cirque psychosociologique» qui s'adresserait «directement à la population comme le font les artistes dans la vie quotidienne» (1975 a, p. 66; 1975 b, p. 74). Et c'est peut-être aussi le sens que l'on pourrait donner à l'expérience du séminaire sur la transe à Essaouira (Maroc), où Lapassade a voulu, pour sortir du ghetto du groupe, tenter un travail de formation au sein d'une communauté sociale réelle (une petite ville: une communauté urbaine), en dehors de tout cadre institué (1975 c, pp. 595-596)[158].

De toute façon, on a déjà l'assurance que demain ne reproduira pas les modèles d'aujourd'hui. La perpétuation de l'acquis ne saurait être, en aucun cas, une garantie de durée: il n'y aura de survie que dans l'adaptation et le renouvellement:

> Je crois à l'avenir de la psychosociologie à condition qu'elle soit plus démocratique, plus tranquille, cherchant moins à «faire de l'esbroufe», de l'apparence, de l'effet (France).
>
> Il faut redécouvrir des modes d'intervention beaucoup plus intégrés, plus profonds. Il ne suffira plus d'annoncer «des supermarchés de salut éternel ou de bonheur en deux jours ou en deux semaines»... On va aller non plus vers une approche technique, mais vers un type d'intervention où les techniques ne seront plus des trompe-l'œil. On va démystifier les techniques. On va se centrer sur les personnes, sur la vie à faire, sur la vie à venir (Québec).

L'optimisme n'est pas sans fondement, mais il n'est pas aveugle: loin de justifier l'immobilisme il ne trouve sa véritable raison d'être que dans une perspective de changement... C'était aussi la conviction qu'exprimait Max Pagès au terme de son livre *Le travail amoureux*:

> La psychosociologie pourra jouer un rôle plus ample qu'à l'heure actuelle et contribuer à la gestion décentralisée du changement. Elle peut en attendant s'y préparer en préparant ses outils et ses méthodes, en engageant des actions locales, de portée nécessairement partielle et ambiguë, en aidant et en critiquant les autres forces de changement social. L'argument de sa faible efficacité actuelle au niveau macro-social ne suffit pas à la discréditer. (...) L'essentiel pour la psychosociologie est une clarification patiente et progressive de ses théories et de ses pratiques, en suivant le processus scientifique de l'accumulation, en empruntant sans vergogne aux autres courants, sans se laisser emprisonner dans aucune tradition (1977, p. 129).

# Conclusion

Nous nous demandions en commençant notre recherche si la psychosociologie traversait effectivement une crise, ou bien si les quelques indices de malaise que nous percevions au niveau de la réflexion théorique et au niveau de la pratique des groupes restreints n'étaient que des épiphénomènes superficiels auxquels il convenait de ne pas attacher trop d'importance. Sur ce point, il nous apparaît que les avis formulés par les psychosociologues que nous avons rencontrés permettent d'apporter une réponse sans équivoque. Même si tous n'ont pas prononcé le mot « crise », et même si quelques-uns ont voulu donner l'impression, en se cantonnant au secteur limité de leurs activités propres, qu'ils ne se posaient pas de problèmes et qu'ils n'éprouvaient aucune inquiétude, les commentaires abondants qu'ils ont fournis sur les difficultés présentes du travail des groupes, et les liens qui peuvent être établis, à partir de leurs commentaires, entre ces difficultés et des causes d'ordre économique, méthodologique, idéologique, socio-politique, ne laissent aucun doute sur la réalité et sur la gravité de la crise.

Depuis que nous avons réalisé nos interviews, la situation ne semble pas s'être sensiblement améliorée. Plusieurs publications parues en 1977, 1978 et 1979 contribueraient plutôt à donner encore plus de poids au diagnostic de crise.

Ainsi, dans l'une des dernières productions des sociopsychanalystes (1978: *Sociopsychanalyse 7*), malgré l'optimisme de façade qui fait proclamer qu'on a toujours la foi et qu'on croit encore que

> la sociopsychanalyse (...) peut ouvrir des perspectives aux révoltes comme

aux formes déjà existantes d'une autre vie sociale, (...) pour contribuer à faire advenir une société de transition au socialisme, société qui irait dans le sens de la destruction du capitalisme et de l'Etat (pp. 173-174),

ne peut-on pas déceler quelques signes de fatigue ou de découragement, lorsqu'est exprimé l'espoir qu'on en arrive enfin à «tirer une leçon de chaque tentative et (à) briser la désespérante et mortelle nécessité à chaque fois d'un nouveau départ à zéro» (p. 13), — ou bien lorsqu'on se demande:

pourquoi les luttes et les efforts de tant d'individus et de groupes institutionnels tournent-ils court? pourquoi, dans toutes les interventions et les exemples que nous citons, ne voyons-nous à l'œuvre que des variantes d'une pauvreté politique? pourquoi, du régressif le plus archaïque au psycho-familial, ne rencontrons-nous que des ébats douloureux plus ou moins impuissants? sommes-nous devenus fous, sommes-nous des pessimistes maladifs ou des utopistes dangereux d'idéalisme? (p. 161),

— ou encore lorsqu'on s'évertue à «suiv(re), aussi loin que possible, les moindres lueurs, les moindres étincelles qui jailliss(ent) dans le ciel relativement sombre des Institutions-Organisations actuelles» (p. 192)? Suffirait-il de dénoncer «la misère politique actuelle» pour persuader le lecteur, envers et contre tout, que les sociopsychanalystes ont trouvé l'antidote à cette misère et qu'ils possèdent la «potion magique» qui devrait permettre l'émergence et la manifestation de «l'anti-misère politique»?

La crise est encore plus évidente chez les institutionnalistes du mouvement socianalytique. Le numéro de novembre-décembre 1978 de la revue *Pour* rend compte de la division en courants antagonistes, des querelles entre partisans de Lourau et partisans de Lapassade, des «affrontements sans fin entre clans et fractions» (p. 4) [159]. Reprenant comme par dérision un titre qu'avaient employé les principaux animateurs des groupes d'analyse institutionnelle en 1972 («Les analyseurs arrivent») [160], un article, dans ce numéro de *Pour*, est intitulé: «Les analyseurs s'en vont». Il y est fait le compte rendu d'une rencontre institutionnaliste qui s'est tenue à Paris en juin 1978 (Montsouris II); mais ce compte rendu apparaît tellement sévère et critique qu'il donne presque l'impression de dresser un constat de décès [161].

Ceux qui croient à la possibilité d'une action politique efficace des groupes comme facteurs de changement de la société globale ne seront pas encouragés par le jugement que porte Jean-Pierre Poitou dans son livre *La dynamique des groupes: une idéologie au travail* (1978). Selon lui, en effet, on a affaire avant tout à

une idéologie théorique, c'est-à-dire (à) la théorisation d'une idéologie (en l'occurence une idéologie politique) afin de donner une caution «scientifique» à des techniques, en l'occurence des techniques de formation et de *management* (p. I)...

En représentant l'unité du travailleur collectif comme le résultat d'une entente entre des individus autonomes, et le but de cette association comme la satisfaction de ses membres, la notion de groupe contribue à présenter les rapports socio-économiques comme des relations individuelles volontaires, nécessaires et non antagonistes. Elle représente le travailleur collectif sans références aux rapports de classe, et qui plus est, en effaçant ces rapports (p. 213).

J.-P. Poitou affirme que le lien qu'entretient la dynamique des groupes avec les idéologies politiques et les pratiques de formation ne serait nullement fortuit, mais qu'il serait «au contraire nécessaire et déterminant» (p. I). Dès lors, n'y aurait-il pas lieu de craindre que la liberté d'option et la marge de manœuvre du groupe ne soient plus que quantité négligeable? La bonne volonté de l'animateur et des participants, leurs intentions, leurs choix politiques personnels risqueraient fort de n'avoir plus guère d'influence: le groupe serait comme placé sur des rails et comme téléguidé malgré lui vers un but auquel il ne pourrait échapper. Dans ces conditions, la psychosociologie n'aurait pas grand chance d'être un instrument de conscientisation politique; elle serait condamnée malgré elle à un rôle de manipulation.

Pour fuir une telle responsabilité, pour éviter «d'entrer dans l'économique» [162], pour empêcher que le groupe ne soit qu'un «*gadget* dans une panoplie de réparateur en sociétés décadentes» [162], les animateurs n'auraient-ils comme solution que de se spécialiser dans une orientation psychothérapeutique en adoptant les perspectives de la croissance individuelle et les techniques corporelles du potentiel humain? Ils pourraient indubitablement y faire œuvre utile; et, à court terme, ils assureraient sans doute leur propre sécurité matérielle. Mais, là encore, certains indices sont susceptibles d'inquiéter l'observateur qui, de l'extérieur, s'interroge, pour l'avenir, sur les garanties de sérieux et sur le caractère «scientifique» que pourra présenter la démarche des groupes [163].

Ne va-t-on pas être amené, par désir de plaire et par souci d'attirer la clientèle, à choisir une ligne de facilité démagogique, qui se satisferait à bon compte des méthodes capables d'apporter la plus grande rentabilité financière? N'y a-t-il pas danger d'être entraîné à l'acceptation plus ou moins explicite du battage publicitaire, de la course à la nouveauté, de l'érotisation croissante, du mercantilisme, de l'exploitation commerciale d'un public crédule et désarmé?

Autre risque: le travail des groupes ne pourrait-il pas se perdre dans des «envolées» à visée religieuse, dans des tâtonnements pseudo-mystiques ou dans les chemins incertains de la parapsychologie [164]? N'est-il pas significatif qu'une récente «trouvaille» sur le marché psychothérapeutique nord-américain s'intitule la «christothérapie» [165]? N'est-il pas quelque peu préoccupant de constater que, dans le numéro de *Sociologie et sociétés* d'octobre 1977, plusieurs articles semblent envisager une «ouverture» de ce type comme tout à fait normale et comme ne soulevant aucune difficulté particulière?

Ainsi L. Racine entrevoit sans inquiétude excessive le développement et la généralisation des «capacités psychiques latentes», des «pouvoirs de guérison», des «facultés de télépathie et de clairvoyance» (pp. 51 et 53). Carl Rogers se hasarde, «avec quelque appréhension», à souhaiter que «la prochaine étape de l'apprentissage concerne (...) le domaine de l'intuitif, du psychique, du vaste espace intérieur qui nous habite, (...) que l'enseignement innovateur fasse avancer les apprentissages dans le champ fondamental du non-cognitif, cette région qui semble couramment illogique et irrationnelle» (p. 64). Tessier et Morissette évoquent «la paramédecine» et la «tradition des guérisseurs» (p. 179).

Par ailleurs, il est certain que la psychosociologie va avoir à fournir un gros effort d'adaptation et d'imagination si elle veut répondre aux besoins du vingt-et-unième siècle. Nous entrons dans l'ère de la télématique [166]; nous allons vivre dans une «société informatisée», qui pourrait bien être une «société de conflits culturels», et où la «modification des connaissances» s'accompagnera forcément de «mutations sociales» [167]. Le psychosociologue, s'il veut survivre en tant que tel, devra tenir compte des bouleversements qui s'annoncent. Il est peu probable que les groupes puissent susciter beaucoup d'enthousiasme s'ils se contentent d'un rôle-refuge de consolation-évasion, s'ils n'ont pour unique objectif que de soigner la société industrielle malade, ou s'ils se limitent à des tâches de développement administratif et de régulation de la gestion du personnel.

Il leur faudra éviter de s'enfermer dans l'idéologie utopique d'une recherche exclusive de satisfactions individuelles. Ils ne pourront pas renoncer à une critique courageuse de la vie quotidienne. Ils auront à affronter, à leur mesure et sans prétention à l'universalisme, les grands problèmes de l'époque, les questions-clés susceptibles de mobiliser les énergies: l'urbanisation, l'adaptation à l'environnement, l'affirmation de la solidarité, la sauvegarde de la dignité humaine, la prise de conscience difficile d'un nécessaire primat de l'être sur l'avoir, etc. C'est à ce prix qu'ils contribueront au «projet espérance» cher à Garaudy [168], qui consiste à viser l'«homme-projet», source de création, de transcendance, — et non plus seulement l'«homme-objet» des sociétés totalitaires (est-ce lui qu'on trouve dans certaines pratiques actuelles des interventions en entreprises?), ou l'«homme-sujet» des sociétés individualistes (n'est-ce pas à lui seulement qu'on s'intéresse dans certaines méthodes de développement personnel?).

La psychosociologie est-elle capable de la mutation et du renouvellement que cela suppose? Malgré le fond d'optimisme qui semble prévaloir dans nos vingt-neuf entretiens [169], on ne peut pas l'affirmer avec certitude. Il n'est pas absolument sûr, en effet, comme nous l'avons indiqué au passage dans le cours de notre étude, que cet optimisme ne soit pas destiné d'abord à rassurer les psychosociologues eux-mêmes, et qu'il ne soit pas, en conséquence, quelque peu «forcé» [170]. De plus, l'hétérogénéité, maintes fois soulignée, de l'échantillon de spécialistes que nous avons consultés ne donne pas la latitude suffisante pour établir avec sécurité une typologie bien définie, qui permettrait une classification rigoureuse de ceux qu'anime l'espoir et de ceux chez qui la crainte l'emporte [171].

La crise, à l'instar des méthodes de groupes elles-mêmes, est ambivalente. Comme le dit E. Morin, «nous savons que le désordre, la crise, en même temps qu'ils portent les risques de la régression, constituent les conditions de la progression» (1973, p. 209). Mais ni la régression ni la progression ne sont inscrites à l'avance dans le devenir historique comme des échéances assurées ou comme des fatalités.

Il serait donc difficile, aujourd'hui, de prédire avec pleine assurance ce que sera la psychosociologie de demain. Si l'on peut raisonnablement penser qu'il y aura toujours place pour une «science des groupes», pour une réflexion théorique sur les phénomènes de groupe et sur les interactions qui se déroulent au sein du groupe, on peut se demander quels seront les liens de cette «science» avec la pratique concrète, comment la théorie s'incarnera dans les faits. Y aura-t-il, d'un côté, une réflexion intellectuelle sur la vie des groupes et leur fonctionnement, et, de l'autre, des réalisations empiriques, plus ou moins improvisées, sans aucune référence commune de la théorie et de la pratique à une discipline nommée «psychosociologie», qui serait à la fois comme la souche et la clé de voûte de tout ce qui concerne les groupes?

Comment pourrait-on savoir si les suggestions qui ont été faites ici ou là pour apporter une solution à la crise [172], si les remèdes qui ont été proposés pour améliorer le sort de la psychosociologie et assurer son avenir seront efficaces? Qui se risquerait à affirmer sans crainte de se tromper que la psychosociologie va vers sa mort ou vers son épanouissement? qui oserait dire sur le ton d'un doctrinaire infaillible si elle connaîtra une lente agonie ou un regain de vitalité?...

Ce n'était pas, en tout cas, le but essentiel de notre recherche, dont l'intention première (comme nous l'avions annoncé dès le départ) était avant tout d'analyser la présente situation de crise. En ce qui regarde l'avenir, nous devons avouer avec franchise que notre étude n'a pas permis de dissiper complètement toute perplexité. Dès lors, le lecteur aurait-il matière à nous en vouloir ou à se sentir frustré si notre point final ne peut pas être autre chose qu'un point d'interrogation?

# Notes

[1] Pascal, *Pensées*, VII, 455.

[2] S'il fallait justifier à tout prix (mais en est-il besoin?) cette implication personnelle, que d'aucuns pourraient être tentés de qualifier d'exhibitionnisme, il suffirait peut-être de « s'abriter » derrière l'exemple de deux auteurs qui font autorité dans le monde de la psychosociologie: l'exemple de Michel Lobrot, qui, dans *L'animation non-directive des groupes* (1974), s'engage lui-même personnellement et parle de ses origines, de sa formation et de son expérience concrète d'animateur; l'exemple de Max Pagès, qui, dans *Le travail amoureux* (1977), mélange délibérément à des écrits théoriques des références personnelles, extraits de journal ou correspondance privée, parce que, dit-il, la pensée rationnelle est indissociable de la vie intime, et la vie personnelle influe sur la vie sociale.

[3] Certeau, M. de, Pour une nouvelle culture: prendre la parole. *Etudes*, tome 329, juin-juillet 1968, p. 29.

[4] On trouvera des allusions au travail de ce groupe de Censier dans les ouvrages suivants: Lapassade, G. (1974). *La bio-énergie*. Paris: Editions universitaires; p. 123 (note 1); — Hess, R. (1975 a). *La socianalyse*. Paris: Editions universitaires; p. 89; — Hess, R. (1975 b). *La pédagogie institutionnelle aujourd'hui*. Paris: Jean-Pierre Delarge, Editions universitaires; p. 95. — Par ailleurs, l'expérience vécue au sein du groupe de Censier et la réflexion sur cette expérience ont été à l'origine de la publication d'un article rédigé par l'auteur de la présente recherche: Rondeau, R. (1974). Les techniques non verbales dans les nouveaux groupes de thérapie. *Psychiatries*, n° 16, 41-58.

[5] *Sociologie et sociétés*, *IX*, n° 2, octobre 1977.

[6] Lewin, K. (1947). Décisions de groupe et changement social, *in* Lévy, A.: *Psychologie sociale: textes fondamentaux anglais et américains* (pp. 498-519). Paris: Dunod, 1965.

[7] Cf. Ardoino, J., *in* VIème Congrès International des Sciences de l'Education (1974), *Psychologie sociale et nouvelles approches pédagogiques*. Paris: Epi; p. 95.

[8] L'ouvrage fondamental de Moreno, *Who shall survive?*, publié en 1934, a été traduit en français en 1954 sous le titre: *Les fondements de la sociométrie*. Paris: Presses Universitaires de France.

[9] Cf. Amado, G., Guittet, A. (1975): *La dynamique des communications dans les groupes*. Paris: Armand Colin; pp. 78-81.

[10] Dans *Critique de la raison dialectique* (1960), J.-P. Sartre s'en prend à la démarche de Lewin, qui aboutirait à «un fétichisme de la totalité». La dialectique de groupe selon Sartre veut, au contraire, tenir compte des «actes totalisateurs»; elle vise à décrire des «totalisations» qui ne s'achèvent jamais en «totalités».

[11] Sur la notion de «Gestalt» et sur la «théorie de la forme», ou *gestalt-theorie*, cf. *infra*: p. 32.

[12] La pagination renvoie à l'édition française de 1973.

[13] Cf. Amado, G., Guittet, A. (1975), *op. cit.*, pp. 105-113.

[14] Psychologie sociale: groupes. *Bulletin de psychologie*, *XII*/6-9, n° 158-161.

[15] Pour être exact, il importe cependant de rappeler qu'un certain nombre de psychiatres européens n'avaient pas attendu que soient diffusées les idées de Lewin ou de Rogers et les expériences de Bethel, pour recourir abondamment aux méthodes de groupe en psychothérapie. C'est ainsi qu'on pouvait lire dès 1948 dans *L'évolution psychiatrique* deux articles consacrés à ce thème: «Les psychothérapies de groupe», par le Dr Paul Bernard (1948, *III*, 1-21), et «Les fondements d'une psychothérapie collective», par le Dr G. Daumezon (1948, *III*, 57-85). La même revue publiait en 1952 le compte rendu détaillé d'un symposium sur la psychothérapie collective, qui s'était tenu à Bonneval en septembre 1951 (*L'évolution psychiatrique*, 1952, *III*, 531-576).

[16] Le terme «groupe d'évolution» sera retenu, de préférence aux autres dénominations, dans le n° 1-2 de la revue *Connexions*, en 1972.

[17] Il convient pourtant de citer, en ce qui concerne les Etats-Unis, les travaux faits par Slavson, sur la rééducation par le groupe dans une perspective psychanalytique. Cf.: *The practice of group therapy* (1947); *Group psychotherapies for children* (1975).

[18] Une bonne part du succès de la psychanalyse et des idées freudiennes en France est due, spécialement dans les milieux intellectuels, à la «ferveur» qui s'est développée autour du personnage et des idées de Jacques Lacan. La récente dissolution par Lacan de l'Ecole freudienne de Paris (janvier 1980) pourrait peut-être marquer «le commencement de la fin» d'un long règne...

[19] Il faut évoquer également l'action du psychanalyste anglais Balint qui a pris l'habitude de réunir les médecins en groupe, pour qu'ils exposent au sein du groupe leurs difficultés, leurs relations avec leurs patients, telles qu'ils les ressentent. L'idée de Balint a été de considérer que la manière dont le médecin accepte le malade, dont il réagit à son comportement, est un élément très important de la thérapeutique. Dans un «groupe Balint», le médecin tente d'apprendre quelle est son influence sur ses consultants; les hypothèses et les interrogations formulées par les membres du groupe amènent à une remise en cause de la relation thérapeutique.

[20] Mousseau, J. (1975). Visite à Esalen. *Psychologie*, n° 66, p. 23.

[21] Pour une découverte synthétique et rapide de l'œuvre et de l'héritage de Reich, on pourra consulter la revue *Sexpol*, n° 18-19, décembre 1977: «Wilhelm Reich, vingt ans après».

[22] Royer, D., *Concepts fondamentaux en analyse bio-énergétique*. Document inédit, sans indication de date. Montréal: Institut de Formation par le Groupe.

[23] *Gestalt*: mot allemand, difficilement traduisible en français, qui signifie à peu près «forme» ou «structure», «totalité des parties», «organisation».

[24] Cf. Guillaume, P., *La psychologie de la forme*. Paris: Flammarion, 1937.

[25] *Mantra*: mot sanskrit signifiant «formule (sacrée)», littéralement «instrument de pensée» (définition du *Grand Larousse encyclopédique*, *VII*, 1963).

[26] Il n'est pas sans intérêt de remarquer que, même dans le monde des «sciences exactes», on s'intéresse beaucoup aux phénomènes dits «parapsychologiques», ainsi qu'à la sagesse orientale et à la métaphysique. A un colloque qui s'est tenu à Cordoue (Espagne) au début d'octobre 1979, certains physiciens de renommée mondiale n'ont pas craint de dresser un parallèle entre physique moderne et mysticisme oriental, de

parler d'analogie entre le tao et la mécanique quantique, ou d'évoquer leurs expériences sur la vision à distance (*Le Monde*, 24 octobre 1979).

[27] Enriquez, E., Préface, *in* R. Tessier et Y. Tellier (sous la direction de): *Changement planifié et développement des organisations*. Paris: Epi; et Montréal: Editions de l'I.F.G., 1973, p. XIII.

[28] Projet «SESAME» (Sessions d'Enseignement Spécialisé aux Adultes par le Ministère de l'Education): cf. Robert, G., Royer, D., Tellier, Y. (1969). *La dynamique des groupes appliquée dans une classe d'adultes*. Montréal: Ministère de l'Education et Editions de l'I.F.G. — Projet «SEMEA» (Stages d'Entraînement aux Méthodes d'Education Active): cf. Noreau, J.-J., Tessier, R., Tremblay, B. (1970). *L'évolution d'une stratégie de changement*. Montréal: Ministère de l'Education et Editions de l'I.F.G.

[29] Soulignons que ce livre a été publié en coédition à Montréal (éditions de l'I.F.G.) et à Paris (éditions de l'Epi).

[30] *Arguments*, n° 25-26. Ce numéro, consacré aux liens entre psychosociologie et politique, fut l'avant-dernier de la revue, qui cessa de paraître à la fin de l'année 1962. Entre 1956 et 1962 *Arguments* a rassemblé l'essentiel de la pensée sociologique française: Axelos, Barthes, Crozier, Duvignaud, Fougeyrollas, Lapassade, H. Lefebvre, Mallet, Morin, Touraine, etc.

[31] Les actes de ce colloque de Royaumont (1962) ont été publiés cinq ans plus tard, à la fin de 1967, sous le titre *Le psychosociologue dans la cité* (Fondation Royaumont). Paris: Epi.

[32] Lapassade, G. (1963). Un problème de pédagogie institutionnelle. *Recherches universitaires*, n° 6.

[33] On se reportera notamment aux articles regroupés sous le titre «La critique du changement planifié» dans la quatrième partie du volume *Changement planifié et développement des organisations* (1973): — 1) Tessier, R.: Pour une stratégie de changement vraiment démocratique (pp. 739-752); — 2) Lagadec, C.: Dynamique des groupes et traitement des personnes (pp. 753-771); — 3) Riel, M.: Intervention psychologique et réalité sociale (pp. 772-779); — 4) Royer, D.: L'intervention psychologique et la réalité socio-politique (pp. 780-785); — 5) St-Arnaud, Y.: A quoi sert l'intervention psychologique? la réponse d'un praticien (pp. 786-789); — 5) Table ronde sur la fonction socio-politique de l'intervention psychologique (pp. 790-825).

[34] Pour un aperçu concernant l'évolution récente de la socianalyse et de l'analyse institutionnelle, cf. conclusion du présent volume, p. 172, et *infra*, note 148, p. 187.

[35] Lapassade a présenté son intervention à l'U.Q.A.M. dans *L'arpenteur* (Paris: Epi; 1971). Il est fait allusion également à cette intervention dans l'ouvrage de L.A. Dorais, *L'autogestion universitaire: autopsie d'un mythe* (Montréal: Les Presses de l'Université du Québec; 1977; pp. 48-49 et 98-99).

[36] Pour mieux connaître la pensée de G. Mendel, on pourra consulter quelques-uns de ses écrits, notamment ses volumes *La révolte contre le père* et *Anthropologie différentielle* (Paris: Payot; 1968 et 1973), et la série des cahiers collectifs *Sociopsychanalyse* qu'il a publiés avec ses collaborateurs (1, 2, 3, 4, 5, 6, 7; Paris: Payot; de 1972 à 1978). Cf. également conclusion du présent volume, pp. 171-172, et *infra*, note 149, p. 187.

[37] Cette hypothèse a été soulevée, en particulier, par Epistémon (pseudonyme de D. Anzieu), dans *Ces idées qui ont ébranlé la France*. Paris: Fayard; 1968.

[38] Nous nous référons ici à trois articles, brillants et lucides, d'E. Morin, parus dans le journal *Le Monde*, sous un titre quelque peu humoristico-lacanien (!): «Mai mais. Mais mai» (31 mai, 1e juin, 2 juin 1978).

[39] Cf. *Sexpol*, n° 29-30, mai 1979: «Les bio-énergies» (avec un guide «bio» France et environs).

[40] Des psychosociologues québécois ont contribué directement à faire connaître en Europe les nouvelles méthodes de groupe. C'est ainsi qu'en 1973-1974, Denis Royer a

eu l'occasion d'animer en France et en Belgique plusieurs séminaires d'information et de formation sur l'analyse bio-énergétique. Pendant l'été 1973, la première introduction des techniques de groupe dans un village de vacances du Club Méditerranée fut l'œuvre, à notre connaissance, d'une psychologue québécoise, Michèle Rinfret, et d'un psychologue belge résidant à Montréal, Bernard Ochin.

41 Cf. spécialement le n° 1-2: «Dynamique des groupes: les groupes d'évolution» (1972); — le n° 6: «Positions sur l'analyse institutionnelle» (1973); — le n° 7: «Sens et institution» (1973); — le n° 13: «Les nouveaux praticiens du social et leurs problèmes» (1975); — le n° 21: «Interventions psychosociales et recherche-action» (1977); — le n° 24: «Analyse sociale et intervention» (1977).

42 Cf. *Bulletin de psychologie, XXVII*/10-12, n° 311: «Chronique bibliographique sur les groupes de rencontre», par G. Lapassade, pp. 669-672; — Spécial 1974 («Groupes: psychologie sociale clinique et psychanalyse»): notamment un article de J. Muller, «Groupes de formation: quelques idées reçues contestées et peut-être contestables», pp. 23-30; — *XXIX*/8-13, n° 322: «Le ghetto des groupes», par G. Lapassade, pp. 583-596.

43 *Perspectives psychiatriques* (1976), *III*, n° 57.

44 *Revue française de sociologie, XVII*, n° 4, octobre-décembre 1976, pp. 551-571.

45 La note 158, *infra*, p. 188, permet de mieux situer les plus récentes étapes de l'évolution de Lapassade.

46 Cf. l'émergence massive aux Etats-Unis du phénomène des «groupes d'entraide» (les plus connus sont les «*Alcoholics Anonymous*» et les «*Weight Watchers*»), ainsi que la vogue récente dans les milieux catholiques nord-américains du mouvement «*Marriage Encounter*». Au sujet des groupes d'entraide, on consultera: Gartner, A., Riessman, F. (1977), *Self-help in the human services*. San Francisco: Jossey-Bass.

47 Anzieu, D. (1974). Introduction. *Bulletin de psychologie*. Groupes: psychologie sociale clinique et psychanalyse. N° spécial 1974, p. 4.

48 Peterson, S. (1971). *A catalog of the ways people grow*. New York: Ballantine Books.

49 Gibello, B., Muller, J. (1975). La Gestalt: une technique de thérapie et (ou) de formation et sa lecture par un psychanalyste. *Pour*, n° 41, p. 99.

50 *Psychologie*, n° 66, juillet 1975; et n° 69, octobre 1975.

51 Pour l'année 1978, un bilan officiel portant sur cent vingt et un mille entreprises françaises, employant neuf millions neuf cent mille salariés, indiquait que le pourcentage des salariés en formation était de 17,6 %. Par type de stages, 77 % relevaient de l'entretien et du perfectionnement des connaissances, 11 % de l'adaptation, 10 % de la promotion professionnelle et 2 % de la prévention. Enfin, 57 % des stages étaient organisés à l'intérieur même des entreprises.

52 Wiznitzer, L. Une industrie: la formation continue. *Le Monde*, 24 août 1977.

53 Muller, J. (1974). Groupes de formation: quelques idées reçues contestées et peut-être contestables. *Bulletin de psychologie*. Groupes: psychologie sociale clinique et psychanalyse, n° spécial 1974, 23-30.

54 Perls, F.S. (1969). *Gestalt therapy verbatim*. Cité *in* Ancelin-Schützenberger, A. et Sauret, M.-J.: *Le corps et le groupe*. Toulouse: Privat; 1977, p. 9.

55 La pagination renvoie à l'édition française de 1973.

56 Tessier R., *Sociologie et sociétés, IX*, n° 2, octobre 1977; pp. 163 et 170.

57 *Bulletin de nouvelles. La Corporation des psychologues de la Province de Québec, III*, n° 9, septembre 1971.

58 Les participants étaient au nombre de quatre: Luc Morissette, Yves St-Arnaud, Robert Sévigny, Roger Tessier. Leurs échanges ont porté sur «le métier de psychosociologue au Québec». *Sociologie et sociétés, IX*, n° 2, octobre 1977, 148-180.

59 Le livre d'Olivier Cotinaud, *Groupe et analyse institutionnelle* (1976), porte en sous-titre: «L'intervention psychosociologique et ses dérives».

[60] VIe Congrès International des Sciences de l'Education, *Psychologie sociale et nouvelles approches pédagogiques*. Paris: Epi; 1974.

[61] Cf. *Connexions*, n° 13, p. 3: présentation par Jean-Claude Rouchy de l'article de J. Ardoino.

[62] Dans la préface au livre de Lapassade, *Socianalyse et potentiel humain*, Ardoino parle, au sujet de ces divergences, du clivage entre «une tendance esthético-sociologique» (la tendance de Lourau) et «un courant psychosociologique existentialo-politique» (le courant de Lapassade): 1975, p. XI. — De son côté, R. Hess fait allusion au courant nanterrois (celui de Lourau, qui a enseigné à l'Université de Nanterre), dont le pôle de regroupement reste la théorie des analyseurs, et au courant vincennois (celui de Lapassade, qui enseigne à l'Université de Vincennes), dont le pôle est la pratique des «éclateurs»: Hess, R., (1975 a), *La socianalyse*, pp. 74-75 et pp. 95-96.

[63] Avant-propos pour la troisième édition (1974) de: *Groupes, organisations, institutions* (dont la première édition était parue en 1967).

[64] Cotinaud, O. (1976). Paris: Le Centurion; p. 223.

[65] Nous gardons cette division en quatre grandes catégories pour la clarté de l'exposé et pour la commodité de la présentation, même si nous nous sentons partiellement en accord avec Alain Touraine lorsqu'il affirme que les mots d'économique, de politique, d'idéologique «sont entièrement dépourvus de sens». Il est certain, en effet, qu'une systématisation des divisions pourrait aboutir à un découpage artificiel et à une vision trop rigide de la complexité du réel. Faisant l'application à notre sujet de la pensée de Touraine, nous croyons que la psychosociologie, comme la société, «n'est pas faite de la combinaison de catégories de faits; (...) connaissance, économie et éthique y sont mêlées». On pourrait dire que les problèmes de groupes «de la même manière (que) les rapports de classes sont conflits économiques et visées culturelles à la fois» (Touraine, 1978, pp. 99-100).

[66] Cf. Ambrosi: «Le marché des groupes s'épuisera peut-être de lui-même, comme c'est le cas actuellement aux Etats-Unis où les ''revendeurs en seconde main'' des techniques issues principalement de Reich ne trouvent plus de 'contrats'» (1977, p. 20).

[67] Selon un mot plaisant d'Ardoino (1975 a): *Connexions*, n° 13, p. 64.

[68] C'est encore une citation d'Ardoino (1975 b): *Pour*, n° 41, p. 122.

[69] A ce propos, P. Boyer s'est permis (dans *Connexions*, n° 5, article intitulé: «Le lieu du cérémonial») un rapprochement audacieux avec un texte, fort éloquent, de Nietzsche. Il écrit: «Nietzsche déjà avait su remettre à leur juste place idéologique ces vacances dont les membres du groupe de formation sont les consommateurs obligés, au même titre qu'ils le sont de leurs congés obligatoires» (1973, p. 95). Et il propose à la réflexion des lecteurs les lignes suivantes de Nietzsche: «Ces gens ne manquent ni de caractère, ni de dons, ni d'application; mais on ne leur a jamais laissé le temps de se donner à eux-mêmes une direction; on les a bien plutôt habitués dès le berceau à recevoir une direction. Lorsqu'ils furent assez mûrs pour ''être envoyés dans le désert'', on agit différemment: on les utilisa, on les déroba à eux-mêmes, on leur apprit à se laisser user quotidiennement, on leur en fit un système de devoirs; et maintenant ils ne peuvent plus s'en passer et ne désirent rien d'autre. Une seule réserve: on ne doit pas refuser à ces pauvres bêtes de somme leurs 'vacances', comme cela s'appelle, — cet idéal d'oisiveté d'un siècle surmené: où il est enfin permis de paresser à coeur joie et d'être stupide et infantile» (Nietzsche, *Aurore*, *Oeuvres complètes*, IV, p. 138; Paris: Gallimard; 1970).

[70] Fondation Royaumont (1967), *Le psychosociologue dans la cité*, p. 37.

[71] Cf. Winn, A. (1971): «Que les budgets soient diminués, et l'agent de changement ouvrira en général le défilé des économies»; *Bulletin de psychologie, XXV*/5-7, n° 296, p. 255. Un article paru dans le journal montréalais *Le Devoir* le 13 novembre 1979 a bien situé le problème dans la conjoncture du moment; il avait pour titre: «La formation du personnel, est-ce vraiment payant? La première victime quand les affaires tournent au ralenti».

[72] London, P. (1975). Le boom des psychothérapies. *Psychologie*, nº 69, p. 33.

[73] Cf. *supra*, chapitre I, pp. 20-46.

[74] Cf. allusion de Sévigny à ces «chicanes» d'écoles (1977): *Sociologie et sociétés, IX*, nº 2, p. 176.

[75] L'accident que rapportaient les journaux en mai 1979 n'est-il qu'un fait divers tragique qui ne doit prêter à aucune généralisation? ou bien mérite-t-il d'être souligné comme révélant des dangers réels trop souvent passés sous silence? Sous le titre «Un patient meurt au cours d'une séance de psychothérapie de groupe», on pouvait lire (*Le Monde*, 16 mai 1979): «Une douzaine de personnes participaient à cette séance, au cours de laquelle M. X... fut roulé entre deux matelas, maintenu par les personnes présentes, selon une technique destinée, d'après ses promoteurs, à permettre au patient de se libérer de ses angoisses en utilisant l'énergie qui est en lui, mais qui est habituellement bloquée. (...) Une autopsie sera pratiquée pour déterminer si M. X..., qui n'a pas pu (ou qu'on n'a pas laissé) se dégager à temps, est mort étouffé ou d'un malaise cardiaque».

[76] On pourra se reporter aux interprétations que donne G. Mendel au sujet de certaines théorisations de Lourau (cf. *Sociopsychanalyse 1*, 1972, p. 20) et de Lapassade (cf. *Sociopsychanalyse 4*, 1974, p. 16). On se reportera également à la dénonciation virulente des idées de Mendel par P. Ville (1973, pp. 204-208) et R. Hess (1974, *in* ANDSHA: *L'intervention dans les organisations et les institutions*, p. 216).

[77] Cf. les réticences exprimées par Enriquez (1972, p. 7), par Ardoino (1974 b, p. IX), par Max Pagès (1975 b, p. 73; M. Pagès et D. Descendre, 1977, p. 125).

[78] A titre d'exemple, on lira ces quelques lignes, à l'humour un peu grinçant, écrites par un collaborateur de Max Pagès, Guy Lafargue: «'' L'animateur - à - pipe - assis - sur - le - fauteuil - inébranlable - du - savoir - analytique '' est, peut-être, une espèce en voie de disparition. Celle du '' client - assis - en - rond - autour - d'une table - pendant - une - semaine - appliqué - à - développer - consciencieusement - une - névrose - de - transfert - à - la - grande - satisfaction - des - moniteurs '' risque, mais ce n'est pas vraiment sûr, de se faire rare» (1975, p. 79).

[79] *Connexions*, nº 1-2 (1972), pp. 141-169.

[80] *Changement planifié et développement des organisations* (1973), p. 736.

[81] VIe Congrès International des Sciences de l'Education (1974). *Psychologie sociale et nouvelles approches pédagogiques*. Paris: Epi; p. 98.

[82] Dans une brève communication présentée en novembre 1967 devant la Société belge de Psychologie, à l'Université Libre de Bruxelles, J. Morval mettait en relief les problèmes posés par l'évaluation des résultats du T-group. Il citait notamment une étude américaine, publiée par R. Harrison en 1966, qui a souligné les difficultés du contrôle expérimental de la valeur pédagogique des groupes de sensibilisation. Il évoquait également plusieurs travaux réalisés à Louvain sur des thèmes similaires (Hogenraad, Vansina, P. Servais). En conclusion, il déclarait: «D'une manière générale, l'approche expérimentale des techniques de formation dérivées du groupe de diagnostic reste difficile, aussi bien en ce qui concerne l'évaluation des résultats obtenus chez les participants qu'en ce qui concerne les problèmes plus fondamentaux des processus d'apprentissage sous-jacents» (1968, pp. 100-104).

[83] Au moment de la rédaction de leur texte, Lanthier et Rodrigue n'avaient en mains que les résultats préliminaires de l'étude, plus vaste, de Lieberman, Yalom et Miles, dont nous avons déjà fait mention (cf. *supra*, p. 48). Cette étude était alors sous presse. Rappelons que, depuis qu'elle a été publiée, ses principales conclusions ont été présentées dans le *Bulletin de psychologie*, nº spécial 1974, pp. 23-30; elles n'infirment nullement ce qu'avaient écrit Lanthier et Rodrigue.

[84] Perls, F.S. *Gestalt therapy verbatim*. L'ouvrage, publié en 1969, a été traduit en français en 1972 sous le titre: *Rêves et existence en gestalt-thérapie*; Paris: Epi. La pagination indiquée ci-dessus renvoie à l'édition française de 1972.

[85] Rouchy, J.-C. (1972). *Connexions*, nº 1-2, p. 12.

[86] Est-ce une illustration de l'anti-intellectualisme des nouvelles méthodes, ou une preuve tangible de leur rentabilité immédiate? On a signalé, en tout cas, que nombre

de jeunes psychologues, au Québec aussi bien qu'en Belgique, se sentent plus attirés par la thérapie et par les contrats en pratique privée que par la préparation d'un diplôme de troisième cycle universitaire. La liste serait longue, paraît-il, de tous ceux qui ont renoncé en cours de route à la préparation d'une thèse de doctorat qu'ils avaient déjà mise en chantier...

[87] Au sujet des positions d'Enriquez, cf. *supra*, p. 55 et p. 60.

[88] Cf. un texte écrit en 1974 par les responsables du Centre « Tribu » (G. Guelfand, R. Guenoun et A. Nonis): « Nous ne nous reconnaissons pas comme appartenant à ce mouvement (...). (Son) contenu idéologique renvoie directement à une réalité socio-économique et politique américaine, anglo-saxonne, de type capitaliste: humanisme traditionnel, apolitisme, occultation du contenu social et politique d'une telle pratique ».

[89] Rubin, J. (1970). *Do it*, publié en français en 1971. Paris: Le Seuil.

[90] *Drop-out*: qui « laisse tomber » la famille, l'école, le travail, etc.; fugueur, « déserteur » au sens propre (vis-à-vis de l'armée) ou au sens figuré (définition de Lourau, R., *Le gai savoir des sociologues*, 1977, p. 309).

[91] A Jonestown, en Guyana, près d'un millier d'adeptes de la secte du « Temple du peuple » trouvèrent la mort le 18 novembre 1978, par poison ou par balle, à l'instigation du « responsable charismatique » de la secte, Jim Jones.

[92] On lira l'intéressant article de J.-C. Sagne, publié par le *Bulletin de psychologie*, sous le titre: « L'utopie communautaire: pour une psychosociologie des groupes contestataires de cohabitation », n° spécial 1974, 304-313.

[93] Parlant du « modèle amour-vérité » sur lequel s'appuient la plupart des praticiens du développement organisationnel, Winn émet l'hypothèse que ce modèle exprimerait une « nostalgie religieuse » et traduirait « une régression à des concepts psychologiques pré-freudiens » (1971, p. 250).

[94] Cf. Bosquet, M. (1977). *Ecologie et liberté*. Paris: Editions Galilée.

[95] Dhombres, D. Le temps « du pain et du beurre »: à Berkeley, dix ans après... *Le Monde*, 3 novembre 1976.

[96] Duvignaud, J. Avoir vingt ans en 1975. *Le Nouvel Observateur*, n° 535, du 10 au 16 février 1975. Citons quelques phrases caractéristiques, sur la mentalité des jeunes, qui pourraient peut-être s'appliquer, parfois, à la clientèle des groupes: « Ce repliement dans l'existence privée répond à une volonté de contrôle de la personnalité, sans doute aussi à une crainte frileuse de perdre ou de pervertir son "moi". Résultat curieux des dernières années que cet "égotisme"... Nons pas égoïsme, mais "égotisme" au sens stendhalien de ce mot: culte de sa propre personnalité psychique, tendresse pour son existence privée » (p. 71).

[97] Dans une conférence prononcée à Boston en septembre 1979 et intitulée « *The politics of encountering* », une sociologue américaine, Marguerite Kiely, a critiqué spécialement les groupes de rencontre et de thérapie en se situant à un point de vue féministe. Selon elle, en effet, on chercherait, dans les groupes, à mettre en évidence les qualités dites féminines (sensibilité, douceur, peur, timidité) et à polariser sur ces qualités l'effort de croissance des participants. Puisque le fait de penser, d'évaluer, de critiquer, d'articuler, n'est pas de mise au sein des groupes, les femmes seraient ainsi contraintes à demeurer amputées d'une partie d'elles-mêmes: on les condamnerait à n'être qu'émotives, à rester confinées dans leur rôle traditionnel. Elles seraient tenues à distance de l'apprentissage des comportements décisionnels. La « libération » apportée par les groupes serait à sens unique, puisque les hommes, qui ont déjà développé leur potentiel de rationalité, pourraient, en retrouvant leurs émotions, progresser plus aisément dans le développement de leur personnalité. Les femmes seraient donc réduites, dans les groupes, à être les témoins et les instruments du progrès de l'autre moitié de l'humanité. Et cette expérience confirmerait les hommes dans leur rôle de dominateurs, tout en leur donnant la capacité d'utiliser les ressources de leur affectivité pour continuer de manipuler le monde (cf. résumé de la conférence de M. Kiely dans la revue *Relations*, Montréal, novembre 1979, pp. 313-314).

[98] Favez-Boutonier, J., Préface, *in* G. Lapassade: *Groupes, organisations, institutions*. Paris: Gauthier-Villars, 1974 (3e éd.), p. 4.

[99] Ces objections ont surtout été développées dans une perspective marxiste. On se reportera notamment à Snyders, G., *Où vont les pédagogies non-directives?* (1973), et à Lagadec, C., Dynamique des groupes et traitement des personnes, *in* Tessier et Tellier (sous la direction de): *Changement planifié et développement des organisations* (1973).

[100] Cité par G. Lapassade, 1973 a, p. 147.

[101] La «déviation de droite», comme dit Lapassade: 1972, p. 93. Cf. cette phrase de M. Huguet: «Si l'approche psychosociologique veut éviter (le) risque (d)'être une fois de plus en accord avec l'idéologie dominante, elle doit inverser sa perspective pour devenir socio-psychologique» (1975, pp. 451-452).

[102] Un entretien avec Herbert Marcuse (propos recueillis par P. Dommergues et J.-M. Palmier). *Le Monde*, 10 mai 1974.

[103] Un entretien avec Herbert Marcuse, *op. cit.*, *Le Monde*, 10 mai 1974.

[104] J.-L. Laroche (1974) a relevé et critiqué finement les six «postulats» principaux de l'orientation rogerienne. Sur «l'utopisme» de la non-directivité, on se reportera à Hameline et Dardelin (1977), pp. 304-306.

[105] Ce problème de la prise en charge éventuelle de la violence par les psychosociologues a été fort bien analysé par M. Pagès (1974, p. 16) et par Lapassade (1975 a, p. 181). On lira également la note de Peter Bruce (Annexe, *in* Lapassade, 1974, pp. 119-123), qui aborde une approche de «la question politique en bio-énergie».

[106] Entretien avec Vladimir Jankélévitch. *Le Monde*, 13 juin 1978. Pour illustrer ces interrogations, on citera encore le titre d'un article paru le 20 avril 1976 dans le journal *Rouge* (journal trotskiste, organe de la Ligue Communiste Révolutionnaire): «Des psychologues très spéciaux: une milice patronale en costume et cravate, l'art de licencier en douceur». Et l'on renverra à un exemple d'anathème sans nuance porté contre l'ensemble des sciences humaines: «Les sciences humaines se débattent dans l'empirisme le plus plat et le pragmatisme le plus borné et contre-révolutionnaire. Quant à leur vocation, D. Cohn-Bendit a dit un jour très justement qu'elles étaient les auxiliaires de la préfecture de police. Les sciences humaines, totalement passées dans le camp bourgeois, sont devenues une arme contre-révolutionnaire aux mains de l'appareil d'Etat bourgeois ou stalinien» (J.-M. Brohm, 1975 a, p. 57).

[107] Enriquez, E. (1977). Présentation du no 21 de *Connexions*, centré sur le thème: «Interventions psychosociales et recherche-action» (pp. 3-4).

[108] Tessier, R., Tellier, Y. (sous la direction de), (1973). *Changement planifié et développement des organisations*. La critique du changement planifié (introduction à la quatrième partie), p. 736.

[109] *In* ANDSHA: *L'intervention dans les organisations et les institutions*, 1974, p. 234.

[110] Nous avons déjà abordé cette question précédemment, de façon indirecte, en faisant allusion à l'importance respective du changement individuel et du changement social: cf. *supra*, pp. 71-72. Pour illustrer la complexité des interrogations qui se posent à ce sujet aux psychosociologues, citons encore un texte rédigé en mai 1979 par A. Morissette, L. Morissette et R. Sévigny: «Un des dilemmes du ''préposé à l'intervention'' tient à ce qu'il exerce simultanément deux fonctions s'inscrivant dans deux univers culturels bien différents. Comme théoricien-philosophe-chercheur, il se préoccupe d'enrichir le savoir 'savant' dans les limites rigoureuses des épistémologies dominantes et des règles du jeu particulières au milieu universitaire *international*. Au contraire, comme praticien-enseignant, il est engagé dans des rapports complexes avec une population (groupe ou institution) qui, en lui définissant les limites de son mandat, attend de lui des stratégies de changement qui conviennent à ses conditions bien *locales* d'existence et de fonctionnement» (1979, *Projet de session sur l'intervention psychosociologique*).

[111] VIe Congrès International des Sciences de l'Education (1974). *Psychologie sociale et nouvelles approches pédagogiques*. Paris: Epi; pp. 175-176.

112 On lira les questions que se posait D. Royer en 1973 (ex: « N'est-il pas vrai qu'en négligeant de réfléchir sur cette réalité plus globale dans laquelle s'inscrit mon intervention je participe, sans me l'avouer, à un système socio-politique que j'endosse aveuglément ? ») et la citation de Lowen qu'il proposait comme un élément de conclusion: « Je n'ai que deux mains; je ne peux pas arrêter une inondation avec ça; j'essaie d'augmenter la santé d'un certain nombre de personnes ». *Changement planifié et développement des organisations*, pp. 784 et 819.

113 Lapassade écrit, en évoquant ses articles de 1962 dans *Arguments*: « Nous disions avec Sartre: ''Si la dynamique de groupe est, comme le dit la critique de gauche, une arme dans les mains de la bourgeoisie, prenez cette arme et retournez-la contre la bourgeoisie''... Il y avait dans ces raisonnements une double erreur: celle de la critique de gauche, qui accordait trop de pouvoir réactionnaire à la psychologie des groupes dans le champ social; et notre erreur, qui mettait trop d'espoir dans ses potentialités révolutionnaires » (1975 b, p. 584).

114 Nous avons dit, en introduction, comment les événements et notre propre évolution personnelle nous ont amené à faire ces choix, qui, comme tous les choix, revêtent forcément des aspects arbitraires. Nous ne doutons pas de l'intérêt que pourraient présenter, pour une vision complète des problèmes de la « psychosociologie d'expression française », des études complémentaires sur la situation dans d'autres communautés francophones, comme celles de Suisse ou du Val-d'Aoste, de l'Ontario ou du Nouveau-Brunswick. Mais de telles études dépasseraient notablement à la fois nos possibilités et le cadre que nous nous étions fixé.

115 Nous nous contentons d'accoler à chaque nom le strict minimum d'informations indispensables pour situer, en gros, la qualification de la personne: un titre, une Université, une responsabilité, une publication... Il n'était évidemment pas question, ici, de dresser un *curriculum vitae* détaillé ou d'établir un palmarès complet des titres, des travaux et des recherches.

116 « Le matériel qualitatif se définit par opposition au matériel quantitatif. C'est le matériel sur lequel il est impossible d'appliquer des outils mathématiques, du moins dès l'abord. Avant toute formalisation, en termes de modèle, le matériel est tel qu'il faut le manipuler, opérer sur lui une lecture, fabriquer une observation » (Canto-Klein, M., Ramognino, N.: Les faits sociaux sont pourvus de sens; réflexions sur l'analyse de contenu. *Connexions*, n° 11, 1974, p. 74).

117 Citons notamment: — 1. deux numéros de la revue *Connexions* (1974): le n° 11, « Sujet(s) et objet(s) de l'analyse de contenu », et le n° 12, « Interprétation et analyse de contenu »; — 2. Unrug, M.-C. d' (1974). *Analyse de contenu et acte de parole: de l'énoncé à l'énonciation*. Paris: Editions Universitaires; — 3. Bardin, L. (1977). *L'analyse de contenu*. Paris: Presses Universitaires de France.

118 J. Palmade, cité par M.-C. d'Unrug (1974), p. 27.

119 W. Ackerman et R. Zygouris, cités par M.-C. d'Unrug (1974), p. 26.

120 Il s'agit de Mme Colette Bâ-Prévotat, avec qui nous avions travaillé de janvier 1971 à juin 1974, pour le compte du « Centre de Communications Economiques et Sociales » (COMES), à Paris. Nous tenons à la remercier ici très vivement pour l'intérêt qu'elle a apporté à notre recherche et pour la part active qu'elle a bien voulu y prendre.

121 Moscovici, S.: *La psychanalyse, son image et son public* (1re éd.: 1961; 2e éd. entièrement refondue: 1976). Paris: Presses Universitaires de France.

122 Touraine, A.: *La voix et le regard* (1978); Touraine, A. *et al.*: *Lutte étudiante* (1978). Paris: Le Seuil.

123 Le film de Makavejev, produit en 1970, a été présenté à Paris en 1972 et à Montréal en 1974.

124 Cf. *infra*, chapitre VII, pp. 132-135 et pp. 144-146.

125 En France, on comptait en 1975 près de 6000 organismes qui s'occupaient de formation permanente.

[126] Allusion au montant de la participation obligatoire des employeurs au financement de la formation professionnelle continue, en France. Ce montant, qui était primitivement de 1 % de la masse salariale, a été élevé à 1,1 % en 1978.

[127] Toutes ces expressions sont empruntées à des programmes ou à des feuillets de présentation d'organismes français, belges et québécois, mis à la disposition du public pendant la période comprise entre 1975 et 1979. Faut-il préciser qu'une énumération de ce genre pourrait se continuer et s'étendre sur de nombreuses pages; elle constituerait un florilège significatif, qui ne manquerait ni d'intérêt ni d'un certain humour (peut-être involontaire!)...

[128] Cf. *supra*, chapitre I: pp. 30-31, sur Esalen; — pp. 33-34, sur la multiplication des méthodes; — pp. 42-43, sur l'arrivée en France des techniques californiennes.

[129] Cf. *infra*, chapitre VII, pp. 131-132; — chapitre VIII, pp. 155-158.

[130] Cf. *supra*, pp. 44-45.

[131] Cf. *supra*, p. 120.

[132] Fedida, P. (1974). *Dictionnaire de la psychanalyse*. Paris: Larousse; pp. 181-182.

[133] Delacampagne, C., Le moi selon Lacan et Freud. *Le Monde*, 7 avril 1978. Citons encore deux courts extraits qui abordent le même sujet: — 1. «De théorie critique, la psychanalyse devint, notamment aux U.S.A., une technique de santé mentale, d'hygiène morale et d'adaptation sociale: le microbe analytique avait été, lui aussi, récupéré» (Brohm, 1975 a, p. 64); — 2. «La vision psychanalytique d'un sujet en répétition constante, fixé quelque part à son développement imparfait, est un modèle de personnalité qui ne fait pas partie facilement des images acceptables aux U.S.A. Cette civilisation de la fuite en avant, du changement, de la dynamique (y compris celle des groupes) nous est sur ce plan assez étrangère en Europe» (Gibello et Muller, 1975, p. 104).

[134] Pour une présentation d'ensemble de la pensée de K. Horney et pour une meilleure connaissance de la psychanalyse américaine, on consultera: Brès, Y. (1970). *Freud et la psychanalyse américaine; Karen Horney*. Paris: Vrin.

[135] Cf. *supra*, chapitre II, pp. 65-70: «Psychosociologie et idéologie».

[136] Il y aurait beaucoup à dire sur cet attrait de l'«orientalisme»... Au sujet de Bhagwan Shree Rajneesh, qui a été présenté au public francophone, en termes enthousiastes, dans *Psychologie*, n° 95, pp. 33-39, nous pouvons citer, à titre informatif, le jugement personnel d'un ami qui vit à Poona, inséré au coeur de la société indienne depuis huit ans, et qui nous donnait récemment son avis dans les termes suivants: «L'environnement magique de son ashram, l'absence de valeur scientifique des expériences qui y sont menées, le culte de la personnalité et les dimensions hypnotiques de la personne du gourou, le mélange fascinant de la religion (démission de la raison et retour à l'immédiateté des sens et des émotions comme voies d'accès vers une unité transcendantale) avec l'utilisation de toutes les techniques modernes et d'une pseudo-scientificité psychologique, font, me semble-t-il, le succès de cet ashram auprès des Occidentaux frustrés qui s'y pressent en grand nombre» (lettre de G.P. à R. Rondeau, 2 juin 1978). Nous renvoyons également à l'appréciation de Max Pagès, qui a raconté ses impressions sur Poona et sur Rajneesh dans *Le Monde* du 30 septembre-1e octobre 1979, sous le titre: «Une nouvelle religion: la psychothérapie»; le sous-titre (éloquent) de l'article était ainsi rédigé: «Dents cassées, viols collectifs, des disciples à la dévotion du gourou... Ce que Max Pagès a vu à l'ashram de Poona défie l'imagination. Exemple extrême des ravages d'une certaine psychothérapie».

[137] La difficulté de se cantonner à l'«ici et maintenant» pourrait être illustrée par ces propos du cinéaste Jean-Luc Godard, qui dans un entretien avec une journaliste insistait plutôt sur la différence et l'opposition entre l'*ici* et l'*ailleurs*: «*Ici* pourra très bien être un ouvrier du livre qui supplie son patron de lui garder son emploi. Mais il faudra lui faire comprendre son véritable *ailleurs*, qui est: quel drôle d'emploi de son temps pour un ouvrier que d'imprimer du mal de la classe ouvrière!» (Un entretien avec J.-L. Godard, *Le Monde*, 25 septembre 1975.)

[138] Il faut noter que la communication orale a toujours été l'une des manifestations marquantes de la «sociabilité» québécoise; au cours des âges, elle n'a jamais cessé de

supplanter la tradition écrite... Roy, en s'attardant sur «le taire québécois» (1977 b), ne s'oppose nullement à Gilles Vigneault qui chante et écrit: «Les gens de mon pays, ce sont gens de paroles et gens de causerie qui parlent pour s'entendre et parlent pour parler» (1974; Montréal: Nouvelles Editions de l'Arc).

139 Galilée (1564-1642) fut dénoncé à Rome pour avoir confirmé et enseigné le système de Copernic. Celui-ci avait démontré que, contrairement aux idées admises jusqu'alors, la Terre n'occupe pas le centre de l'univers mais qu'avec les autres planètes elle tourne autour du soleil. Déféré devant le Tribunal de l'Inquisition, Galilée dut prononcer à genoux l'abjuration de sa doctrine.

140 Lyssenko (1898-1976), dont les théories sur l'hérédité furent imposées officiellement à la communauté scientifique soviétique de 1948 à 1965, fut à l'origine de l'interdiction de la génétique classique en U.R.S.S. Sur la base de ses théories, on élabora toute une politique agricole, qui aggrava notablement les difficultés en matière de production céréalière. Aujourd'hui, on admet couramment que les théories pseudo-scientifiques de Lyssenko n'étaient qu'imposture.

141 Morissette, L., St-Jean, L.: L'utilisation du «jeu historique» dans un groupe de formation en intervention. *Sociologie et sociétés, IX*, n° 2, pp. 181-193.

142 Cf. le compte rendu du V^e Congrès du Syndicat national des psychologues, à Antibes, en novembre 1976: «Les psychologues dans le brouillard». *Le Monde*, 17 novembre 1976.

143 Cf. *supra*, chapitre II, «Le désarroi français», p. 54.

144 Cf. *supra*, chapitre VII, «Des oppositions idéologiques absolutisées», pp. 135-136.

145 Cf. *supra*, chapitre VI, pp. 123-124.

146 Cf. *supra*, chapitre II, «Psychosociologie et problèmes socio-politiques», notamment pp. 72-74.

147 Il est fait allusion ici à un texte de Perls, dont la traduction française figure dans *Rêves et existence en gestalt-thérapie* (p. 9):

«Je suis ma voie, vous suivez la vôtre.
«Je ne suis pas en ce monde pour répondre à vos attentes.
«Et vous n'êtes pas en ce monde pour répondre aux miennes.
«Vous êtes vous, et je suis moi.
«Et si par bonheur nous nous rencontrons, c'est merveilleux.
«Sinon, nous n'y pouvons rien.»

148 Cf. *supra*, chapitre I: «Analyse institutionnelle et socianalyse», pp. 37-38. Pour compléter ce que nous avons écrit au chapitre I, on se reportera à un numéro récent de la revue *Pour* (n° 62-63, novembre-décembre 1978), qui fait le point sur l'évolution de l'analyse institutionnelle et de la socianalyse, en présentant sans détours les oppositions violentes qui agitent actuellement le mouvement institutionnaliste; on y trouve une série d'articles aussi passionnés que passionnants, signés par R. Lourau, G. Lapassade, R. Barbier, R. Hess, J. Ardoino, J. Guigou, P. Ville, A. Savoye, etc.

149 Cf. *supra*, chapitre I: «L'approche sociopsychanalytique», pp. 38-39. On trouvera un complément récent et des précisions sur la pensée théorique et la pratique de G. Mendel et de ses collaborateurs dans le dernier cahier collectif *Sociopsychanalyse 7*, intitulé *La misère politique actuelle* (1978; Paris: Payot), qui essaie de dresser un bilan de sept années d'action sociopsychanalytique.

150 Cf. en particulier: Reich, W. (1933). *La psychologie de masse du fascisme*. Paris: Payot, 1972.

151 Dans la ligne de ce témoignage, on lira une comparaison intéressante entre le modèle de changement social auquel se réfère la contre-culture (ou la «nouvelle culture») et les actions politiques que prônent le mouvement socialiste et la théorie marxiste dans Racine, L. (1977). Nouvelles thérapies et nouvelle culture. *Sociologie et sociétés, IX*, pp. 34-39.

152 Allusion au volume de Lourau, R. (1972): *Les analyseurs de l'Eglise*. Paris: Anthropos.

153 Lourau lui-même semble abonder dans le sens de ce commentaire lorsqu'il écrit:

« L'analyse institutionnelle n'a toujours pas trouvé son terrain, et se complaît dans des dérives et des dérivés qui finalement laissent peu de traces sur les quasi-terrains que nous pourrions investir. Ce ne sont pourtant pas les champs magnétiques qui manquent, ni les terrains aimantés, ni les lieux de forte attraction. » (1978 b, p. 106).

[154] Cf. *supra*, p. 106.

[155] Cf. *supra*, pp. 105-106.

[156] Cf. *supra*, chapitre VII, pp. 137-146.

[157] Cf. *supra*, chapitre VIII, pp. 154-155 et p. 159.

[158] Il est vrai que Lapassade lui-même, à la fin de son texte (p. 596), a ajouté une note dans laquelle il semble éprouver le besoin de minimiser la valeur et la portée de l'expérience d'Essaouira; il admet que cette expérience « pose des problèmes théoriques et techniques plus complexes » qu'il ne l'avait d'abord indiqué... Par ailleurs, le numéro de la revue *Pour* de novembre-décembre 1978 (nº 62-63) nous apprend que, actuellement, Lapassade, laissant de côté (provisoirement? ou définitivement?) l'analyse bioénergétique et la transanalyse, serait surtout accaparé par le fonctionnement de la filière « Administration économique et sociale » dont il a la responsabilité à l'Université Paris VIII, et par les menaces que fait planer sur l'avenir de cette Université la perspective de son prochain déménagement hors de Vincennes (Lapassade, 1978, pp. 124-128)... Dans le nº 29 de *Connexions* (1980), Lapassade dresse un bilan de vingt années d'activité psychosociologique.

[159] Au sujet de ce numéro de *Pour*, cf. *supra*, note 148 et note 158.

[160] Groupes d'analyse institutionnelle (1972). Les analyseurs arrivent. *Les temps modernes*, nº 317, 1025-1076.

[161] Ardoino, J., Barbier, R., Corpet, O. (1978). Les analyseurs s'en vont. *Pour*, nº 62-63, pp. 114-123. Dans cet article, la mention « Montsouris II » fait référence à une première rencontre du même type (Montsouris I) qui a eu lieu en 1972 au même endroit, dans une maison du Parc Montsouris à Paris.

[162] Notre citation reproduit une expression éloquente qui est employée dans le numéro 62-63 de la revue *Pour* à propos de l'évolution possible de l'analyse institutionnelle (pp. 121 et 123).

[163] L'antipsychiatrie, qui a suscité pendant un moment de nombreux espoirs et certaines adhésions inconditionnelles, traverserait, elle aussi, de l'avis même de ceux qui l'ont soutenue le plus ardemment, une grave crise. Cf. Jervis, G. (1977), *Le mythe de l'antipsychiatrie*; Paris: Solin. Cf. également: « L'antipsychiatrie se porte mal », *Psychologie*, nº 108, p. 39 (janvier 1979). Sur un thème qui n'est pas sans analogie avec les problèmes actuels de l'antipsychiatrie, à savoir celui de l'évolution du « mouvement communautaire » et du retour à la terre, on pourra consulter l'étude passionnante qui a été écrite par deux jeunes sociologues, D. Léger et B. Hervieu: *Le retour à la nature. Au fond de la forêt... l'Etat*; Paris: Le Seuil (1979). Les auteurs y présentent sans concession la déconfiture des utopies communautaires et des retours à la « ruralité » à visée « anarcho-spontanéiste ».

[164] Au sujet du succès actuel de la parapsychologie, on se reportera à la note 26, *supra*, pp. 178-179.

[165] Cf. Dabrowski, K., Granger, L., Beaulieu, L. *et al.* (1977). *Psychothérapies actuelles*. Sainte-Foy (Québec): Editions Saint-Yves; pp. 173-193.

[166] Le mot « télématique », qui est devenu rapidement d'usage courant, a été forgé par S. Nora et A. Minc dans une étude, qu'ils ont menée à la demande des autorités politiques françaises, sur « les moyens de conduire l'informatisation de la société », et dont les résultats ont été rendus publics au printemps 1978. Voici comment le journal *Le Monde* a présenté brièvement la « télématique » dans son numéro du 23 janvier 1979: « Le rapport Nora-Minc intitulé *L'informatisation de la société* définit la télématique comme "l'imbrication croissante des ordinateurs et des télécommunications"; c'est l'informatique de masse qui s'apprête à irriguer la société par une multitude de petites machines peu coûteuses reliées entre elles et véhiculant de l'information, "c'est-à-dire du pouvoir" ».

[167] Cf. conclusions du rapport Nora-Minc (*Le Monde*, 25 mai 1978). Lors d'un colloque consacré au thème « Informatique et Société », à Paris, en septembre 1979, l'un des orateurs a ainsi évoqué le risque de dépersonnalisation contenu dans la télématique : « La révolution informatique, en donnant à l'homme des esclaves intellectuels, conduira au même phénomène que la première révolution industrielle. Nous avons aujourd'hui des campagnes sans paysans; nous aurons des usines sans travailleurs, des bureaux sans employés, des hôpitaux sans médecins, etc. » (*Le Monde*, 30 septembre-1^e^ octobre 1979). C'est l'ère de « *la troisième vague* » décrite par Alvin Toffler (1980) : après la civilisation agricole et la civilisation industrielle, le monde aborde la civilisation de l'électronique.

[168] Garaudy, R. (1976). *Le projet espérance*. Paris : Robert Laffont.

[169] Cf. *supra*, chapitre IX, « Vers quel avenir ? », pp. 166-170.

[170] Cf. *supra*, pp. 106 et 164.

[171] C'est l'une des limites de notre étude (nous en avons déjà signalé quelques autres : cf. *supra* p. 90). Pour illustrer l'hétérogénéité de l'échantillon, il nous sera permis d'insister à nouveau sur au moins deux différences importantes qui séparent psychosociologues d'Europe et psychosociologues d'Amérique du Nord : les Français et les Belges ont une perspective plus théorico-spéculative, les Québécois sont plus pragmatiques et concrets; les premiers adoptent plus facilement, en politique, une visée révolutionnaire, les seconds se sentent généralement plus à l'aise dans une optique réformiste (mais il y a des exceptions !)...

[172] On consultera, par exemple, avec intérêt les considérations que faisait Max Pagès dès 1972 sur les exigences permanentes du travail de psychosociologue (1972 b, pp. 936-940), et aussi les quelques élaborations prospectives, assez générales, avancées par Sévigny en 1977 (p. 32).

# Index des noms cités

# Bibliographie

(Nous faisons figurer dans cette bibliographie tous les ouvrages et articles importants que nous avons eu à consulter, à un titre ou à un autre, pour mener à bien notre recherche, même si notre texte et nos notes n'y font pas explicitement référence.)


ALLPORT, G., FEIFEL, H., MASLOW, A., MAY, R., ROGERS, C. (1965). *Psychologie existentielle*. Paris: Epi, 1971.

AMADO, G., GUITTET, A. (1975). *La dynamique des communications dans les groupes*. Paris: Armand Colin.

AMBROSI, J. (1977). Haro sur les apprentis sorciers! Un professionnel s'indigne. *Psychologie*, nº 91, 17-20.

ANCELIN-SCHÜTZENBERGER, A. (1972). *L'observation dans les groupes de formation et de thérapie*. Paris: Epi.

ANCELIN-SCHÜTZENBERGER, A. (1976). Le groupe triadique. Groupe-analyse, dynamique de groupe et psychodrame. *Connexions*, nº 17, 119-129.

ANCELIN-SCHÜTZENBERGER, A., SAURET, M.-J. (1977). *Le corps et le groupe*. Toulouse: Privat.

ANZIEU, D. (1962). A propos du fonctionnement des groupes humains: considérations sur quelques «modèles» applicables au groupe de diagnostic. *Bulletin de psychologie, XV/9*, nº 202, 441-452.

ANZIEU, D. (1971a). De la méthode psychanalytique et de ses règles dans les situations de groupe. *Perspectives psychiatriques,* nº 33, 5-14.

ANZIEU, D. (1971b). L'illusion groupale. *Nouvelle revue de psychanalyse*, nº 4, 73-93.

ANZIEU, D. (1974). Introduction. *Bulletin de psychologie*. Groupes: psychologie sociale clinique et psychanalyse. Nº spécial 1974, 1-13.

ANZIEU, D. (1975a). *Le groupe et l'inconscient*. Paris: Dunod.

ANZIEU, D. (1975b). Le désir de former des individus. *Connexions*, nº 16, 29-36.

ANZIEU, D., MARTIN, J.-Y. (1968). *La dynamique des groupes restreints*. Paris: Presses Universitaires de France.

ANZIEU, D., BEJARANO, A., KAËS, R., MISSENARD, A., PONTALIS, J.-B. (1972). *Le travail psychanalytique dans les groupes*. Paris: Dunod.

ARDOINO, J. (1974a). La notion d'intervention, *in* ANDSHA (Association Nationale pour le Développement des Sciences Humaines Appliquées): *L'intervention dans les organisations et les institutions* (pp. 77-82). Paris: Epi.

ARDOINO, J. (1974b). Du changement social. Avant-propos, *in* Likert, R.: *Le gouvernement participatif de l'entreprise* (pp. V-XXI). Paris: Gauthier-Villars.

ARDOINO, J. (1975a). Du psychosociologue; essai sur les ambiguïtés et les significations d'une pratique. *Connexions*, nº 13, 55-76.

ARDOINO, J. (1975b). Prendre corps: incarnation ou réification. *Pour,* nº 41, 111-130.

ARDOINO, J. (1975c). Le désir et l'institution. Préface *in* Lapassade, G.: *Socianalyse et potentiel humain* (pp. V-XIII). Paris: Gauthier-Villars.

ARDOINO, J. (1975d). La lecture sélective ou le scotome réformateur. Préface, *in* Fouchard, R.: *Le piège de l'intervention interne* (pp. I-IX). Paris: Epi.

ARDOINO, J. (1976). Au filigrane d'un discours: la question du contrôle et de l'évaluation, *in* Morin, M.: *L'imaginaire dans l'éducation permanente; analyse du discours des formateurs* (pp. IX-XXXIX). Paris: Gauthier-Villars.

ARDOINO, J. (1977). *Education et politique: propos actuels sur l'éducation*. Paris: Gauthier-Villars.

ARDOINO, J., BARBIER, R., CORPET, O. (1978). Les analyseurs s'en vont. *Pour*, nº 62-63, 114-123.

ARGYRIS, C. (1967). De l'avenir des séminaires de formation. *Connexions* nº 1-2, 141-169, 1972.

BARBIER, R. (1973). Une analyse institutionnelle du service social. *Sociologie du travail, XV*, I/73, pp. 54-82.

BARBIER, R. (1975). Implication, animation et recherche-action dans les sciences humaines. *Connexions*, nº 13, 103-123.

BARBIER, R. (1977). *La recherche-action dans l'institution éducative*. Paris: Gauthier-Villars.

BARBIER, R. (1978). La recherche-action institutionnelle. *Pour*, nº 62-63, 80-91.

BARDIN, L. (1977). *L'analyse de contenu*. Paris: Presses Universitaires de France.

BASAGLIA, F. (1970). *L'institution en négation*. Paris: Le Seuil.

BASAGLIA, F. (sous la direction de ) (1973). *Qu'est-ce que la psychiatrie?* Paris: Presses Universitaires de France, 1977.

BEAUCHESNE, M. (1976). Un groupe thérapeutique pour qui? Une réhabilitation du corps? (groupes thérapeutiques et groupes de thérapeutes). *Perspectives psychiatriques, III*, nº 57, 235-241.

BEILLEROT, J. (1976). *Un stage d'enseignants ou la régression instituée*. Paris: Payot.

BEILLEROT, J. (1978a). Questions à propos de la formation des travailleurs sociaux. *Education permanente*, nº 43, 61-69.

BEILLEROT, J. (1978b). Misère politique et anti-misère, *in* Collectif: *Sociopsychanalyse 7* (pp. 161-174). Paris: Payot.

BELANGER, P. (1977). L'éducation des adultes au Québec ou le difficile projet d'une éducation permanente. *Education permanente*, nº 38, 43-66.

BERCOVITZ, A. (1977). L'intervention est un échange: échanges sur l'intervention. *Connexions*, nº 24, 33-49.

BEROUTI, R. (1973). Du groupe: limites de l'intervention du psychanalyste dans les groupes. *Connexions*, nº 5, 115-152.

BERTHERAT, T., BERNSTEIN, C. (1976). *Le corps a ses raisons*. Paris: Le Seuil.

BION, W.R. (1961). *Recherche sur les petits groupes*. Paris: Presses Universitaires de France, 1965.

BLANCHET, L. (1978). La santé mentale à Pointe St-Charles: vers une prise en charge collective. *Santé mentale au Québec, III*, n° 1, 36-43.

BLOUET-CHAPIRO, C. (1975). Images et problèmes de la psychosociologie dans un Institut d'Administration des Entreprises. *Connexions*, n° 14, 107-119.

BOSQUET, M. (1977). *Ecologie et liberté*. Paris: Editions Galilée.

BOSSEUR, C. (1974). *Clefs pour l'anti-psychiatrie*. Paris: Seghers.

BOYER, P. (1973). Le lieu du cérémonial. *Connexions*, n° 5, 69-96.

BRES, Y. (1970). *Freud et la psychanalyse américaine: Karen Horney*. Paris: Librairie philosophique J. Vrin.

BROHM, J.-M. (1975a). Marx, Freud, le freudo-marxisme, *in* H. Dahmer, P. Frappier, J.-M. Brohm: *Reich devant Marx et Freud* (pp. 56-86). Paris: édition Taupe Rouge.

BROHM, J.-M. (1975b). *Corps et politique*. Paris: J.-P. Delarge.

BUIN, Y. (1972). *L'œuvre européenne de Reich*. Paris: Editions Universitaires.

Cahiers de l'I.N.A.S. (PERETTI, A. de, *et al.*) (1974). *Exercices et dispositifs de groupe*, septembre 1974. Paris: Institut National d'Administration Scolaire et Universitaire.

CANTO-KLEIN, M., RAMOGNINO, N. (1974). Les faits sociaux sont pourvus de sens; réflexions sur l'analyse de contenu. *Connexions*, n° 11, 65-91.

CASTEL, R. (1973). *Le psychanalysme*. Paris: Maspero.

CHATEL, M.-M. (1972). Les groupes de rencontre aux Etats-Unis. *Connexions*, n° 1-2, 171-183.

Collectif (1972 à 1978). *Sociopsychanalyse 1, 2, 3, 4, 5, 6, 7* (sept cahiers). Paris: Payot.

Collectif (1975). Vivre l'amour et la politique: marier l'individuel et le collectif. *La Lettre*, n° 204-205.

CORBEIL, J., POUPARD, D. (1978). La Gestalt. *Santé mentale au Québec, III*, n° 1, 61-84.

CORNATON, M. (1969). *Groupes et société: initiation à la psychosociologie des groupes*. Toulouse: Privat.

COTE-LEGER, N. (1976). Les effets d'une session intensive de type gestaltiste sur le niveau d'actualisation de soi et la structure de la personnalité. Thèse, Doctorat en Psychologie, Université de Montréal.

COTINAUD, O. (1976). *Groupe et analyse institutionnelle: l'intervention psychosociologique et ses dérives*. Paris: Le Centurion.

CRUCHON, G. (1963). *Initiation à la psychologie dynamique*. Tours: Mame.

DABROWSKI, K., GRANGER, L., BEAULIEU, L. *et al.* (1977). *Psychothérapies actuelles*. Sainte-Foy (Québec): Editions Saint-Yves.

DEBEAUVAIS, M., LAPASSADE, G. (1973). Vincennes: autogestion ou cogestion? *Connexions*, n° 5, 53-67.

DEBRAY-RITZEN, P. (1972). *La scolastique freudienne*. Paris: Fayard.

DELEUZE, G., GUATTARI, F. (1972). *L'anti-Œdipe. Capitalisme et schizophrénie*. Paris: Les Editions de Minuit.

DELEUZE, G., GUATTARI, F. (1974). *Politique et psychanalyse*. Paris: Bibliothèque des mots perdus.

DE VISSCHER, P. (1966-1967). Vers une psychologie socio-culturelle du langage: points de vue et points de rencontre de la psychologie sociale, de la psychosociologie et de l'anthropologie culturelle. *Le langage et l'homme*, n° 2, n° 3 et n° 4 (octobre 1966, janvier 1967 et avril 1967), (46 pages).

DE VISSCHER, P. (1971). La psychologie sociale: définitions, visées et perspectives. Document inédit, Université de Liège (12 pages).

DORAIS, L.A. (1977). *L'autogestion universitaire: autopsie d'un mythe*. Montréal: Les Presses de l'Université du Québec.

DREYFUS, C. (1975). *Les groupes de rencontre*. Paris: Retz.

DUBOST, J. (1973). Note sur les mouvements institutionnels. *Connexions*, n° 7, 5-24.

DUBOST, J. (1975). Travail ouvrier et formation permanente. *Connexions*, n° 16, 19-28.

DUBOST, J. (1977). Recherche et action chez J.L. Moreno. *Connexions*, n° 24, 7-17.

DUBOST, J., LUDEMANN, O. (1977). Un nouveau courant de la recherche-action en Allemagne (R.F.A.). *Connexions*, n°21, 101-114.

DURAND-DASSIER, J. (1973). *Groupes de rencontre marathon; approche pratique*. Paris: Epi.

DURKIN, H.E. (1964). *Le groupe en profondeur: source et analyse des thérapies de groupe*. Paris: Epi, 1973.

ENRIQUEZ, E. (1972). Problématique du changement. *Connexions*, n° 4, 5-45.

ENRIQUEZ, E. (1976). De la formation et de l'intervention psychosociologiques. *Connexions*, n° 17, 137-159.

ENRIQUEZ, E. (1977). Interrogation ou paranoïa: enjeu de l'intervention sociopsychologique. *Sociologie et sociétés, IX*, n° 2, 79-104.

ETZIONI, A. (1964). *Les organisations modernes*. Gembloux: Duculot, 1971.

FAUCHEUX, C. (1959). Théorie et technique du groupe de diagnostic. *Bulletin de psychologie, XII*/6-9, n° 158-161, 397-420.

FAUCHEUX, C. (1967). Qu'est-ce que la psychosociologie? *in* Fondation Royaumont: *Le psychosociologue dans la cité* (pp. 17-51). Paris: Epi.

FEDIDA, P. (1967). *Dictionnaire de la psychanalyse*. Paris: Larousse.

FILLOUX, J.-C. (1962). Décision collective et socialisme. *Arguments*, n° 25-26, 5-6.

FONDATION ROYAUMONT (ANCELIN-SCHÜTZENBERGER, A. *et al.*) (1967). *Le psychosociologue dans la cité*. Paris: Epi.

FORNARI, F. (1971). Pour une psychanalyse des institutions. *Connexions*, n° 8, 91-122, 1973.

FORNARI, F. (1975). Génitalité et culture dans l'œuvre de Wilhelm Reich. *Connexions*, n° 15, 7-23.

FORTIN, A. (1970). La mesure du pouvoir dans les petits groupes naturels. Thèse, Doctorat en Psychologie, Université de Montréal.

FORTIN, A. (1973a). La formation en laboratoire: une approche pédagogique, *in* R. Tessier et Y. Tellier (sous la direction de): *Changement planifié et développement des organisations* (pp. 363-382). Paris: Epi; et Montréal: Editions de l'Institut de Formation par le Groupe.

FORTIN, A. (1973b). Le groupe de formation: légende et science, *in* R. Tessier et Y. Tellier (sous la direction de ): *Changement planifié et développement des organisations* (pp. 383-415). Paris: Epi; et Montréal: Editions de l'Institut de Formation par le Groupe.

FOUCHARD, R. (1975). *Le piège de l'intervention interne*. Paris: Epi.

FOULKES, S.H., ANTHONY, E.J. (1957). *Psychothérapie de groupe: approche psychanalytique*. Paris: Epi, 1969.

FOURCADE, J.-M. (1975). Lorsque la formation est une thérapie pour normaux. *Education permanente*, n° 28, 57-78.

FOURNIER, M., MAHEU, L. (1975). Nationalismes et nationalisation du champ scientifique québécois. *Sociologie et sociétés, VII*, n° 2, 89-114.

FRISCHER, D. (1977). *Les analysés parlent*. Paris: Stock.

GAGNE, R., JASMIN, B. (1977). La tache aveugle de la pédagogie non-directive: le mythe de l'enfant originaire. *Revue des sciences de l'éducation, III*, n° 2, 207-227.

GAGNON, G. (1978). Sociologie, mouvements sociaux, conduites de rupture: le cas québécois. *Sociologie et sociétés, X*, n° 2, 103-121.

GARAUDY, R. (1976). *Le projet espérance*. Paris: Robert Laffont.

GARNEAU, J. (1973). Experiencing et changement social, *in* R. Tessier et Y. Tellier (sous la direction de): *Changement planifié et développement des organisations* (pp. 146-170). Paris: Epi; et Montréal: Editions de l'Institut de Formation par le Groupe.

GENDLIN, E. (1964). *Une théorie du changement de la personnalité*. Montréal: Centre Interdisciplinaire de Montréal, 1972.

GENTIS, R. (1970). *Les murs de l'asile*. Paris: Maspero.

GENTIS, R (1971). *Guérir la vie*. Paris: Maspero.

GENTIS, R. (1973). *La psychiatrie doit être faite/défaite par tous*. Paris: Maspero.

GENTIS, R. (1980). *Leçons du corps*. Paris: Flammarion.

GIBELLO, B., MULLER, J. (1975). La Gestalt: une technique de thérapie et (ou) de formation et sa lecture par un psychanalyste. *Pour*, n° 41, 99-109.

GODIN, A. (1963). *La relation humaine dans le dialogue pastoral*. Paris: Desclée de Brouwer.

GODIN, A. (1975). Moi perdu ou moi retrouvé dans l'expérience charismatique; perplexité des psychologues. *Archives de sciences sociales des religions*, n° 40, 31-52.

GODIN, A. (1976). Psychologie et pédagogie appliquées à la religion, *in* Colloque de Namur: *Les enjeux des formations aux professions scientifiques* (pp. 136-143). Namur: Presses Universitaires de Namur.

GOLDSTEIN, K. (1934). *La structure de l'organisme*. Paris: Gallimard, 1951.

GOUNOD, S., MIRIEL, M.-A., PROCHASSON, J. (1976). Le corps, ce méconnu dans les groupes? *Perspectives psychiatriques, III*, n° 57, 195-204.

GRANGER, L. (1978). L'approche behaviorale et la santé communautaire. *Santé mentale au Québec, III*, n° 1, 101-112.

GRINBERG, L., SOR, D., TABAK DE BIANCHEDI, E. (1972). *Introduction aux idées psychanalytiques de Bion*. Paris: Dunod, 1976.

GROTJAHN, M. (1974). Retour du refoulé dans la famille psychanalytique. *Bulletin de psychologie*. Groupes: psychologie sociale clinique et psychanalyse. N° spécial 1974 (pp. 71-74).

Groupes d'analyse institutionnelle (1972). Les analyseurs arrivent. *Les temps modernes*, n° 317, 1025-1076.

GUATTARI, F. (1979). *L'inconscient machinique*. Paris: Ed. Encre.

GUELFAND, G., GUENOUN, R., NONIS, A. (1973). *Les tribus éphémères*. Paris: Epi.

GUELFAND, G., GUENOUN, R., NONIS, A. (1975). Le corps conflictuel. *Education permanente*, n° 28, 43-56.

GUIGOU, J. (1975a). Notes critiques sur le colloque A.R.I.P. d'octobre 1975. *Connexions*, n° 16, 85-87.

GUIGOU, J. (1975b). La stagification. *Education permanente*, n° 31, 3-25.

GUIGOU, J. (1976). Demande d'évaluation et évaluation de la demande. *Pour*, n° 46, 65-75.

GUIGOU, J. (1978a). Temps mort pour l'analyse institutionnelle? *Pour*, n° 62-63, 44-49.

GUIGOU, J. (1978b). *Les analyseurs de la formation permanente*. Paris: Anthropos.

GUILLAUME, P. (1937). *La psychologie de la forme*. Paris: Flammarion.

GUSDORF, G. (1963). *Pourquoi des professeurs?* Paris: Payot, 1969.

HAMANN, A. (1978). L'abandon corporel: une approche non-directive à la bio-énergie. *Santé mentale au Québec, III*, n° 1, 85-96.

HAMELINE, D. (1971). *Du savoir et des hommes*. Paris: Gauthier-Villars.

HAMELINE, D. (1975a). L'appareil, l'acteur et l'agent. *Connexions*, n° 13, 5-21.

HAMELINE, D. (1975b). Entre saltimbanques et géomètres. *L'Education*, n° du 11-12-75, 19-22.

HAMELINE, D. (1975c). Introduction et commentaires. *Un groupe de sensibilisation d'enseignants* («Protocoles 4»). Paris: Epi.

HAMELINE, D., DARDELIN, M.-J. (1977). *La liberté d'apprendre; Situation II: rétrospective sur un enseignement non-directif*. Paris: Les Editions Ouvrières.

HANNOUN, H. (1976). *L'attitude non-directive de Carl Rogers*. Paris: Les Editions E.S.F.

HESS, R. (1973). Le «fric de Garaudy». Bilan d'une intervention socianalytique. *Connexions*, n° 6, 59-74.

HESS, R. (1974). *Les maoïstes français: une dérive institutionnelle*. Paris: Anthropos.

HESS, R. (1975a). *La socianalyse*. Paris: Editions Universitaires.

HESS, R. (1975b). *La pédagogie institutionnelle aujourd'hui*. Paris: Jean-Pierre Delarge, Editions Universitaires.

HESS, R. (1978). Lexique de l'analyse institutionnelle. *Pour*, n° 62-63, 21-28.

HOCHMANN, J. (1971). *Pour une psychiatrie communautaire*. Paris: Le Seuil.

HOSTIE, R. (1963). *L'entretien pastoral*. Paris: Desclée de Brouwer.

HUGUET, M. (1975). Réflexions sur «l'approche clinique» en psychosociologie. *Bulletin de psychologie, XXIX*/8-13, n° 322, 450-456.

JAQUES, E. (1948). L'utilisation du groupe d'évolution comme méthode de facilitation du changement social. *Connexions*, n° 3, 95-115, 1972.

JAQUES, E. (1951). *Intervention et changement dans l'entreprise*. Paris: Dunod, 1972.

JAQUES, E. (1955). Des systèmes sociaux comme défenses contre l'anxiété dépressive et l'anxiété de persécution, *in* Lévy, A.: *Psychologie sociale: textes fondamentaux anglais et américains* (pp. 546-565). Paris: Dunod, 1965.

JEANNET, M. (1976). L'évaluation des interventions du psychologue praticien: une expérience suisse. *Connexions*, n° 20, 7-17.

JERVIS, G. (1977). *Le mythe de l'antipsychiatrie*. Paris: Solin.

KAES, R. (1975). «On déforme un enfant»: fantasme originaire, processus et travail de la formation. *Connexions*, n° 16, 37-49.

KAES, R., PONS, E. (1975). Evolution de la littérature scientifique sur les groupes humains, 1946-1975. *Bulletin de psychologie, XXIX*/18, n° 325, 977-982.

LADOUCEUR, L., BOUCHARD, M.-A., GRANGER, L. (1977). *Principes et applications des thérapies behaviorales*. St-Hyacinthe (Québec): Edisem; et Paris: Maloine.

LAFARGUE, G. (1975). Prothèse? Approche des orientations thérapeutiques du Laboratoire de Changement Social. *Pour,* n° 41, 76-83.

LANTHIER, J.-P., RODRIGUE, Y. (1973). La formation en relations humaines: bilan des recherches les plus récentes, *in* R. Tessier et Y. Tellier (sous la direction de): *Changement planifié et développement des organisations* (pp. 625-650). Paris: Epi; et Montréal: Editions de l'Institut de Formation par le Groupe.

LAPASSADE, G. (1967). *Groupes, organisations, institutions*. Paris: Gauthier-Villars, 1974.

LAPASSADE, G. (1971). *L'arpenteur: une intervention sociologique*. Paris: Epi.

LAPASSADE, G. (1972). L'analyse institutionnelle et l'intervention. *Connexions,* n° 4, 65-106.

LAPASSADE, G. (1973a). Le mouvement du potentiel humain. *L'homme et la société*, n° 29-30, 115-152.

LAPASSADE, G. (1973b). La rencontre institutionnelle. *L'homme et la société*, n° 29-30, 269-297.

LAPASSADE, G. (1973c). Analyse institutionnelle et socianalyse. *Connexions*, n° 6, 35-57.

LAPASSADE, G. (1974). *La bio-énergie*. Paris: Editions Universitaires.

LAPASSADE, G. (1975a). *Socianalyse et potentiel humain*. Paris: Gauthier-Villars.

LAPASSADE, G. (1975b). De la dynamique des groupes au potentiel humain (interview de G. Lapassade par C. Davaine). *Pour*, n° 41, 7-14.

LAPASSADE, G. (1975c). Le ghetto des groupes. *Bulletin de psychologie, XXIX*/8-13, n° 322, 583-596.

LAPASSADE, G. (1976). *Essai sur la transe*. Paris: Jean-Pierre Delarge, Editions Universitaires.

LAPASSADE, G. (1978). Des «socio-barbares» aux «nouveaux philosophes»: la dérive de l'analyse institutionnelle. *Pour*, n° 62-63, 124-128.

LAPASSADE, G., MORIN, E. (1962). La question micro-sociale. *Arguments*, n° 25-26, 2-4.

LAPASSADE, G., LOURAU, R. (1971). *Clefs pour la sociologie*. Paris: Seghers.

LAROCHE, J.-L. (1972). La psychologie communautaire, incitation ou obstacle au changement social? Communication au Symposium sur la psychologie communautaire: Université de Montréal, juin 1972.

LAROCHE, J.-L. (1974). Interrogation critique sur l'idéologie des pratiques psychologiques. Communication au Congrès de l'«Association canadienne-française pour l'Avancement des Sciences» (ACFAS), Montréal.

LAROCHE, J.-L. (1979). Regard critique sur la psychologie communautaire américaine. *Connexions*, n° 27, 117-124.

LE DU, J. (1976). *Le corps parlé: essai sur l'expression corporelle analytique*. Paris: Jean-Pierre Delarge.

LEGER, D., HERVIEU, B. (1979). *Le retour à la nature. Au fond de la forêt ... l'Etat*. Paris: Le Seuil.

LEVY, A. (1965). *Psychologie sociale: textes fondamentaux anglais et américains*. Paris: Dunod.

LEVY, A. (1972). Analyse critique du groupe d'évolution et ses développements récents. *Connexions*, n° 1-2, 13-42.

LEVY, A. (1973). Le changement comme travail. *Connexions*, n° 7, 97-114.

LEVY, A. (1975). Quelques remarques sur les déterminations et les indéterminations de la formation. *Connexions*, n° 16, 63-68.

LEVY, A. (1976). L'analyse dans les groupes de formation. *Connexions*, n° 17, 101-115.

LEVY, A. (1977). «Dire la loi pour que les choses soient claires; après ce ne sera plus notre problème». *Connexions*, n° 21, 7-40.

LEVY, G. (1978). Vers de nouvelles relations de pouvoir, *in* Collectif: *Sociopsychanalyse 7* (pp. 192-210). Paris: Payot.

LEVY, G., MENDEL, G. (1974). Sociopsychanalyse dans une institution psychanalytique, *in* Collectif: *Sociopsychanalyse 4* (pp. 67-197).

LEVY, G., RUEFF, C. (1976). *Enseignants, à vous de choisir!* Paris: Payot.

LEWIN, K. (1959). *Psychologie dynamique*. Paris: Presses Universitaires de France.

LISS, J. (1974). *Débloquez vos émotions*. Paris: Tchou, 1978.

LOBROT, M. (1965). *La pédagogie institutionnelle*. Paris: Gauthier-Villars.

LOBROT, M. (1974). *L'animation non-directive des groupes*. Paris: Payot.

LOBROT, M. (1975). Expression totale et potentiel humain. *Pour*, n° 41, 85-91.

LOUE, L. (1972). Le politique dans la formation professionnelle continue, *in* Collectif: *Sociopsychanalyse 2* (pp. 172-208). Paris: Payot.

LOUE, L. (1977). Conduites et exigences collectives dans l'exercice de l'action sociale. *Connexions,* n° 24, 109-125.

LOURAU, R. (1970). *L'analyse institutionnelle*. Paris: Editions de Minuit.

LOURAU, R. (1972). *Les analyseurs de l'Eglise*. Paris: Anthropos.

LOURAU, R. (1973a). Pour une théorie des analyseurs (fragments). *Connexions*, n° 6, 115-142.

LOURAU, R. (1973b). Analyse institutionnelle et question politique. *L'homme et la société*. n° 29-30, 21-34.

LOURAU, R. (1977). *Le gai savoir des sociologues*. Paris: Union Générale d'Editions.

LOURAU, R. (1978a). *L'Etat inconscient*. Paris: Les Editions de Minuit.

LOURAU, R. (1978b). Les nouveaux champs magnétiques. *Pour*, n° 62-63, 105-113.

LOWEN, A. (1967). *Le corps bafoué*. Paris: Tchou, 1976.

LOWEN, A. (1970). *Le plaisir*. Paris: Tchou, 1976.

LOWEN, A. (1975). *La bio-énergie*. Paris: Tchou, 1976.

MAILHIOT, B., (1968). *Dynamique et genèse des groupes*. Paris: Epi.

MAISONNEUVE, J. (1950). *La psychologie sociale*. Paris: Presses Universitaires de France, 1969.

MAISONNEUVE, J. (1968). *La dynamique des groupes*. Paris: Presses Universitaires de France.

MAISONNEUVE, J. (1972). Réflexions autour du changement et de l'intervention psychosociologique. *Connexions*, n° 3, 9-23.

MAISONNEUVE, J. (1976). Le corps et le corporéisme aujourd'hui. *Revue française de sociologie, XVII*, n° 4, 551-571.

MAISONNEUVE, J. (1978). Destin de l'iconique du corps dans un art en question. *Connexions*, n° 25, 7-39.

MANNONI, M. (1970). *Le psychiatre, son «fou» et la psychanalyse*. Paris: Le Seuil.

MANNONI, M. (1973). *Education impossible*. Paris: Le Seuil.

MANNONI, M. (1976). *Un lieu pour vivre*. Paris: Le Seuil.

MANNONI, M. (1979). *La théorie comme fiction*. Paris: Le Seuil.

MARCHAND, C. (1978). Expérience d'une intervention de groupe. *Santé mentale au Québec, III*, n° 1, 44-49.

MARCUSE, H. (1955). *Eros et civilisation*. Paris: Les Editions de Minuit, 1970.

MARIET, F. (1975). *Psychosociologie d'aujourd'hui*. Paris: Bordas.

MASLOW, A. (1968). *Vers une psychologie de l'être*. Paris: Fayard, 1972.

MAY, R. (1967). *Le désir d'être: psychothérapie existentielle*. Paris: Epi, 1972.

MENDEL, G. (1972 a). De la régression du politique au psychique, *in* Collectif: *Sociopsychanalyse 1* (pp. 11-63). Paris: Payot.

MENDEL, G. (1972 b). La théorie de la plus-value de pouvoir et la pratique de sa désoccultation, *in* Collectif: *Sociopsychanalyse 2* (pp. 11-127). Paris: Payot.

MENDEL, G. (1973). Psychanalyse et sociopsychanalyse, *in* Collectif: *Sociopsychanalyse 3* (pp. 13-62). Paris: Payot.

MENDEL, G. (1978). La sociopsychanalyse institutionnelle: une pratique et une théorie locales du pouvoir collectif, *in* Collectif: *Sociopsychanalyse 7* (pp. 89-100). Paris: Payot.

MERTENS DE WILMARS, C. (1966). L'intervention sur les organisations. *Revue de psychologie et des sciences de l'éducation, II*, n° 1, 21-44.

MERTENS DE WILMARS, C. (1971). Identification, modèles culturels et changement. *L'évolution psychiatrique, XXXVI*, I, 129-177.

MERTENS DE WILMARS, C. (1972). Réflexions sur les groupes de sensibilisation, *in* Association Internationale de Psychologie Appliquée: *Actes du XVII*[e] *Congrès International* (pp. 843-846). Bruxelles: Editest.

MERTENS, C., MORVAL, J. (1969). Les fondements théoriques du groupe de base. *L'évolution psychiatrique, XXXIV*, II, 359-370.

MERTENS, C., MORVAL, J. (1977). *Du groupe à l'organisation*. Bruxelles: Editions A. de Boeck.

MORENO, J.L. (1934). *Les fondements de la sociométrie*. Paris: Presses Universitaires de France, 1954.

MORIN, E. (1973). *Le paradigme perdu: la nature humaine*. Paris: Le Seuil.

MORISSETTE, L., SAINT-JEAN, L. (1977). L'utilisation du «jeu historique» dans un groupe de formation en intervention. *Sociologie et sociétés, IX*, n° 2, 181-193.

MORVAL, J. (1968). Possibilités de recherche en matière de training-group. *Revue de psychologie et des sciences de l'éducation, III*, n° 4, 100-104.

MORVAL, J. (1972 a). La position de Max Pagès au sujet de la vie affective des groupes. *Revue de psychologie et des sciences de l'éducation, VII*, n° 1, 53-65.

MORVAL, J. (1972 b). Le groupe de formation en milieu universitaire, *in* Association Internationale de Psychologie Appliquée: *Actes du XVII*[e] *Congrès International* (pp. 863-866). Bruxelles: Editest.

MOSCOVICI, S. (1961). *La psychanalyse, son image et son public*. Paris: Presses Universitaires de France, 1976.

MULLER, J. (1974). Groupes de formation: quelques idées reçues contestées et peut-être contestables. *Bulletin de psychologie*. Groupes: psychologie sociale clinique et psychanalyse. N° spécial 1974 (pp. 23-30).

NINANE, P. (1977). L'intervention psychosociologique comme moment de confrontation. *Connexions*, n° 24, 19-31.

NOREAU, J.-J., TESSIER, R., TREMBLAY, B. (1970). *L'évolution d'une stratégie de changement*. Montréal: Ministère de l'Education et Editions de l'Institut de Formation par le Groupe.

PAGES, M. (1952). La psychothérapie non directive. *L'évolution psychiatrique*, juillet-septembre 1952, 413-450.

PAGES, M. (1959). Note sur le T-group ou groupe de diagnostic. *Bulletin de psychologie, XII*/6-9, n° 158-161, 453-464.

PAGES, M. (1963). Note sur la vie affective des groupes. *Bulletin de psychologie, XVI*/6-7, n° 214, 326-335.

PAGES, M. (1968). *La vie affective des groupes: esquisse d'une théorie de la relation humaine*. Paris: Dunod, 1976.

PAGES, M. (1971). La culture de Bethel en 1969. *Bulletin de psychologie, XXV*/5-7, n° 296, 296-303.

PAGES, M. (1972 a). Pour un laboratoire de changement social. *Bulletin de psychologie, XXVI*/17-18, n° 308, 925-927.

PAGES, M. (1972 b). Inconscient collectif et changement social. *Bulletin de psychologie, XXVI*/17-18, n° 308, 928-940.

PAGES, M. (1973). La libération du corps. *L'homme et la société*, n° 29-30, 153-175.

PAGES, M. (1974). Préface, *in* VIe Congrès International des Sciences de l'Education (Commission 12): *Psychologie sociale et nouvelles approches pédagogiques* (pp. 11-21). Paris: Epi.

PAGES, M. (1975 a). Vers une psychosociologie du changement social. *Pour*, n° 41, 59-68.

PAGES, M. (1975 b). Entretien avec Max Pagès: propos recueillis par J.-P. Granger. *Pour*, n° 41, 69-75.

PAGES, M. (1977). *Le travail amoureux: éloge de l'incertitude*. Paris: Dunod.

PAGES, M., DESCENDRE, D. (1977). Recherche sur les phénomènes de pouvoir dans les grandes organisations industrielles. *Sociologie et sociétés*, *IX*, n° 2, 122-147.

PALMADE, G. (1972). Une conception des groupes d'évolution. *Connexions*, n° 1-2, 43-82.

PARIS, G. (1975). Etude de la croissance de la compétence interpersonnelle des professeurs par l'utilisation conjointe de deux instruments de changement: le groupe de formation et le test Perpe. Thèse, Doctorat en Psychologie, Université de Montréal.

PERETTI, A. de (1966). *Liberté et relations humaines, ou l'inspiration non-directive*. Paris: Epi.

PERETTI, A. de (1972). *Risques et chances de la vie collective*. Paris: Epi.

PERETTI, A. de (1974). *Pensée et vérité de Carl Rogers*. Toulouse: Privat.

PERLS, F.S. (1969). *Rêves et existence en gestalt-thérapie*. Paris: Epi, 1972.

PINEAU, G. (1975). Une stratégie périphérique de changement organisationnel en éducation. *Education permanente*, n° 27, 129-145.

POITOU, J.-P. (1978). *La dynamique des groupes: une idéologie au travail*. Paris: Editions du Centre National de la Recherche Scientifique.

PONTALIS, J-.B. (1959). Réflexions naïves sur quelques expériences de groupe: phénomènes et idéologie. *Bulletin de psychologie, XII*/6-9, n° 158-161, 352-358.

PONTALIS, J.-B. (1968). *Après Freud*. Paris: Gallimard.

POULIN, N. (1975). Le paradigme de l'ouverture et de la fermeture à l'expérience chez Gendlin et Shostrom: étude critique. Mémoire de maîtrise inédit, Université de Montréal.

RACINE, L. (1977). Nouvelles thérapies et nouvelle culture. *Sociologie et sociétés, IX*, n° 2, 34-54.

RANJARD, P. (1972). Sociopsychanalyse de la «dynamique de groupe», *in* Collectif: *Sociopsychanalyse 1* (pp. 65-92). Paris: Payot.

RANJARD, P. (1973). La manipulation. Approche sociopsychanalytique, *in* Collectif: *Sociopsychanalyse 3* (pp. 215-250). Paris: Payot.

RAPOPORT, R.N. (1973). Les trois dilemmes de la recherche-action. *Connexions*, n° 7, 115-131.

REICH, W. (1933 a). *L'analyse caractérielle*. Paris: Payot, 1971.

REICH, W. (1933 b). *La psychologie de masse du fascisme*. Paris: Payot, 1972.

RIOUX, M. (1974). *Les Québécois*. Paris: Le Seuil.

ROBERT, G., ROYER, D., TELLIER, Y. (1969). *La dynamique des groupes appliquée dans une classe d'adultes*. Montréal: Ministère de l'Education et Editions de l'Institut de Formation par le groupe.

ROCHER, G. (1973). *Le Québec en mutation*. Montréal. Editions Hurtubise HMH.

ROGERS, C. (1970). *Les groupes de rencontre*. Paris: Dunod, 1973.

ROGERS, C. (1977). Et après? *Sociologie et sociétés, IX*, n° 2, 55-67.

RONDEAU, R. (1974). Les techniques non-verbales dans les nouveaux groupes de thérapie. *Psychiatries*, n° 16, 41-58.

ROUCHY, J.-C. (1972 a). Phénomènes inconscients dans les groupes et les organisations. *Connexions*, n° 1-2, 83-100.

ROUCHY, J.-C. (1972 b). Une intervention psychosociologique. *Connexions*, n° 3, 25-63.

ROUCHY, J.-C. (1973). De l'analyse institutionnelle. *Connexions*, n° 6, 83-98.

ROUCHY, J.-C. (1976). Psychologie et formation. *Connexions*, n° 17, 51-68.

ROUCHY, J.-C. (1977). Intervenir dans le fil de l'événement. *Connexions*, n° 21, 81-100.

ROUDINESCO, E. (1977). *Pour une politique de la psychanalyse*. Paris: Maspero.

ROUSSEL, F. (1972). *Le moniteur d'orientation rogerienne*. Montréal: Les Presses de l'Université de Montréal.

ROUSSIN-TESSIER, M., LARIVEY, M., ROYER, D. (1971). *Groupe et croissance personnelle*. Montréal: Editions de l'Institut de Formation par le Groupe.

ROUSTANG, F. (1976). *Un destin si funeste*. Paris: Les Editions de Minuit.

ROY, J.-Y. (1977 a). Classe, Oedipe, Conscience, Souffrance. *Sociologie et sociétés, IX*, n° 2, 105-121.

ROY, J.-Y. (1977 b). *Etre psychiatre*. Montréal: Editions l'Etincelle.

ROYER, D., *Concepts fondamentaux en analyse bio-énergétique*. Document inédit, sans indication de date. Montréal: Institut de Formation par le Groupe.

ROYER, D., *La fonction respiratoire en analyse bio-énergétique*. Document inédit, sans indication de date. Montréal: Institut de Formation par le Groupe.

RUBIN, J. (1970). *Do it*. Paris: Le Seuil, 1971.

RUEFF, C. (1978). Les groupes de sociopsychanalyse, leur existence, leur pratique, *in* Collectif: *Sociopsychanalyse 7* (pp. 101-112). Paris: Payot.

RUITENBEEK, H.M. (1970). *Les nouveaux groupes de thérapie*. Paris: Epi, 1973.

SAGNE, J.C. (1974). L'utopie communautaire: pour une psychosociologie des groupes contestataires de cohabitation. *Bulletin de psychologie*. Groupes: psychologie sociale clinique et psychanalyse. N° spécial 1974 (pp. 304-313).

SAINSAULIEU, R. (1976 a). La formation permanente comme intervention sur l'entreprise et la société industrielle. *Connexions*, n° 17, 3-16.

SAINSAULIEU, R. (1976 b). Analyse sociologique de la fonction d'évaluation dans l'entreprise. *Connexions*, n° 19, 31-44.

SAINT-ARNAUD, Y. (1974). *La personne humaine: introduction à l'étude de la personne et des relations interpersonnelles*. Montréal: Editions de l'Homme.

SAINT-ARNAUD, Y. (1978). *Les petits groupes: participation et communication*. Montréal: Les Presses de l'Université de Montréal et Centre Interdisciplinaire de Montréal.

SAINT-GERMAIN, G. (1979). *Psychothérapie et vie spirituelle. Expériences vécues*. Montréal: Fides.

SARTRE, J.-P. (1960). *Critique de la raison dialectique*. Paris: Gallimard.

SAURET, M.-J. (1973). A propos des communautés thérapeutiques: principes et courants sous-jacents. *Connexions*, n° 8, 39-57.

SAURET, M.-J. (1978). Psychanalyse et psychothérapies: d'un sujet à d'autres. *Connexions*, n° 25, 41-59.

SAVOYE, A. (1978). Sociologie abstraite ou sociologie d'intervention? *Pour*, n° 62-63, 68-79.

SCHOTT-BILLMANN, F. (1978). *Corps et possession*. Paris: Gauthier-Villars.

SCHUTZ, W. (1967). *Joie: l'épanouissement des relations humaines*. Paris: Epi, 1974.

SERRAF, G. (1967). Fonctions et relations du psychosociologue de recherche. *La Revue française du marketing*, n° 23, 2e trimestre 1967 (26 pages).

SERRAF, G. (1974). Société en crise: crise de croissance du marketing. *La Revue française du marketing*, n° 53, 4e trimestre 1974 (35 pages).

SERRAF, G. (1976). Propositions pour définir un véritable marketing des problèmes sociaux. *La Revue française du marketing*, n° 60, 1e trimestre 1976 (39 pages).

SERVAIS, E. (1975). Pédagogie institutionnelle et counseling: jalons pour une analyse sociale d'une forme de thérapie. *Connexions*, n° 13, 125-144.

SEVIGNY, R. (1977). Intervention psychosociologique: réflexion critique. *Sociologie et sociétés, IX*, n° 2, 7-33.

SNYDERS, G. (1973). *Où vont les pédagogies non-directives?* Paris: Presses Universitaires de France.

TARRAB, G. (1971). *Mythes et symboles en dynamique de groupe*. Montréal: Editions Aquila.

TARRAB, G. (1975). Recherche: «Quels sont les comportements les plus propices pour assumer des positions de leadership dans les groupes informels ou en voie de structuration?». *Le travailleur social, 43*, n° 1, 56-61.

TELLIER, Y., TESSIER, R. (1968). *Leadership, autorité et animation de groupe*. Montréal: Editions de l'Institut de Formation par le Groupe.

TERRIER, G. (1977). De l'équipe à l'institution. Vicissitudes de l'introduction de la psychanalyse dans le secteur sanitaire et social. *Connexions*, n° 23, 5-40.

TESSIER, R. (1973 a). Conditions psychosociologiques du changement social dans le milieu de l'éducation, *in* R. Tessier et Y. Tellier (sous la direction de): *Changement planifié et développement des organisations* (pp. 562-624). Paris: Epi; et Montréal: Editions de l'Institut de Formation par le Groupe.

TESSIER, R. (1973 b). SEMEA: un premier pas vers l'autonomie et la participation pédagogique dans les écoles élémentaires du Québec. *Connexions*, n° 5, 4-30.

TESSIER, R., TELLIER, Y. (sous la direction de) (1973). *Changement planifié et développement des organisations*. Paris: Epi; et Montréal: Editions de l'Institut de Formation par le Groupe.

TOURAINE, A. (1978). *La voix et le regard*. Paris: Le Seuil.

TOURAINE, A., DUBET, F., HEGEDUS, Z., WIEVORKA, M. (1978). *Lutte étudiante*. Paris: Le Seuil.

UNRUG, M.-C. d' (1974). *Analyse de contenu et acte de parole: de l'énoncé à l'énonciation*. Paris: Editions Universitaires.

UNRUG, M.-C. d' (1976). *Les techniques psychosociologiques dans la formation: usages et abus*. Paris: Les Editions E.S.F. et Entreprise Moderne d'Edition.

VIDAL, J.P. (1978). L'acting-out collectif et la règle d'abstinence dans les groupes de formation. *Bulletin de psychologie, XXXII*/1-2, n° 338, 65-73.

VILLE, P. (1973). L'analysme. *L'homme et la société*, n° 29-30, 201-218.

VILLE, P. (1978). Le dispositif socianalytique. *Pour*, n° 62-63, 59-67.

VINCENT, J.-M. (1973). Remarques critiques sur l'analyse institutionnelle. *Connexions*, n° 6, 99-113.

WEBER, L. (1978). Politique, psychanalyse et socianalyse. *Pour*, n° 62-63, 36-43.

WIDLÖCHER, D. (1970). *Freud et le problème du changement*. Paris: Presses Universitaires de France.

WINN, A. (1971). Réflexions sur la stratégie du T-group et le rôle de l'agent de changement dans le développement organisationnel. *Bulletin de psychologie, XXV*/5-7, n° 296, 250-256.

WINN, A. (1972). Le changement social dans l'industrie: de la prise de conscience à la mise en pratique. *Connexions*, n° 4, 107-120.

# Table des matières

*Printed in Belgium by Solédi - Liège*

# PSYCHOLOGIE ET SCIENCES HUMAINES

*collection publiée sous la direction de MARC RICHELLE*

50 G. Rucquoy
LA CONSULTATION CONJUGALE

51 R. Titone
LE BILINGUISME PRECOCE

52 G. Kellens
BANQUEROUTE ET BANQUEROUTIERS

53 François Duyckaerts
CONSCIENCE ET PRISE DE CONSCIENCE

54 Jacques Launay, Jacques Levine et Gilbert Maurey
LE REVE EVEILLE-DIRIGE ET L'INCONSCIENT

55 Alain Lieury
LA MEMOIRE

56 Louis Corman
NARCISSISME ET FRUSTRATION D'AMOUR

57 E. Hartmann
LES FONCTIONS DU SOMMEIL

58 Jean-Marie Paisse
L'UNIVERS SYMBOLIQUE DE L'ENFANT ARRIERE MENTAL

59 Jacques Van Rillaer
L'AGRESSIVITE HUMAINE

60 Georges Mounin
LINGUISTIQUE ET TRADUCTION

61 Jérôme Kagan
COMPRENDRE L'ENFANT

62 Michael S. Gazzaniga
LE CERVEAU DEDOUBLE

63 Paul Cazayus
L'APHASIE

64 X. Seron, J.L. Lambert, M. Van der Linden
LA MODIFICATION DU COMPORTEMENT

65 W. Huber
INTRODUCTION A LA PSYCHOLOGIE DE LA PERSONNALITE

66 Emile Meurice
PSYCHIATRIE ET VIE SOCIALE

67 J. Château, H. Gratiot-Alphandéry, R. Doron et P. Cazayus
LES GRANDES PSYCHOLOGIES MODERNES

68 P. Sifnéos
PSYCHOTHERAPIE BREVE ET CRISE EMOTIONNELLE

69 Marc Richelle
B.F. SKINNER OU LE PERIL BEHAVIORISTE

70 J.P. Bronckart
THEORIES DU LANGAGE

71 Anika Lemaire
JACQUES LACAN, 2e éd. revue et augmentée

72 J.L. Lambert
INTRODUCTION A L'ARRIERATION MENTALE

73 T.G.R. Bower
DEVELOPPEMENT PSYCHOLOGIQUE DE LA PREMIERE ENFANCE

74 J. Rondal
LANGAGE ET EDUCATION

75 Sheila Kitzinger
PREPARER A L'ACCOUCHEMENT

76 Ovide Fontaine
INTRODUCTION AUX THERAPIES COMPORTEMENTALES

77 Jacques-Philippe Leyens
PSYCHOLOGIE SOCIALE

78 Jean Rondal
VOTRE ENFANT APPREND A PARLER

79 Michel Legrand
LE TEST DE SZONDI

80 H.J. Eysenck
LA NEVROSE ET VOUS

81 Albert Demaret
ETHOLOGIE ET PSYCHIATRIE

82 Jean-Luc Lambert et Jean A. Rondal
LE MONGOLISME

83 Albert Bandura
L'APPRENTISSAGE SOCIAL